"十四五"职业教育国家规划教材

供中职医药卫生类各专业使用

生物化学基础

主　编　赵勋蘼　王　懿　莫小卫
副主编　梁林生　柳晓燕　张　信　马红雨
编　者　(按姓氏汉语拼音排序)
程燕飞　安徽省淮南卫生学校
高宝珍　太原市卫生学校
李翠玲　吕梁市卫生学校
梁林生　吕梁市卫生学校
刘　丽　太原市卫生学校
刘保东　长治卫生学校
柳晓燕　安徽省淮南卫生学校
马红雨　开封大学医学部
莫小卫　梧州市卫生学校
王　懿　酒泉卫生学校
杨丽萍　昆明卫生职业学院
杨玉玲　天水市卫生学校
张　健　大连铁路卫生学校
张　信　天水市卫生学校
赵勋蘼　广西医科大学护理学院

科学出版社
北　京

内 容 简 介

本教材主要阐述生物大分子的结构与组成、物质代谢过程中的基本理论知识和基本技能。根据培养目标与学生特点，本教材以深入浅出、化繁为简、化难为易、图文并茂为其特点，突出重点、化解难点，加入“案例”“链接”“考点”“小结”“自测题”等非正文编排，增强其知识性、启发性、针对性、适用性、可读性和实用性，并简要介绍生物化学新进展，提升学生的职业能力与可持续发展能力。

本教材可供中职医药卫生类各专业使用。

图书在版编目（CIP）数据

生物化学基础／赵勋靡，王懿，莫小卫主编．—北京：科学出版社，2017.1
“十四五”职业教育国家规划教材
ISBN 978-7-03-050956-7

Ⅰ.生…　Ⅱ.①赵…　②王…　③莫…　Ⅲ.生物化学－中等专业学校－教材　Ⅳ.Q5

中国版本图书馆 CIP 数据核字（2016）第 298511 号

责任编辑：张映桥／责任校对：张怡君
责任印制：李　彤／封面设计：张佩战

科学出版社 出版
北京东黄城根北街 16 号
邮政编码：100717
http://www.sciencep.com
北京虎彩文化传播有限公司 印刷
科学出版社发行　各地新华书店经销
*
2017 年 1 月第　一　版　开本：787×1092　1/16
2023 年 8 月第八次印刷　印张：10 1/4
字数：243 000

定价：32.00 元

（如有印装质量问题，我社负责调换）

中等职业教育数字化课程建设项目
教材出版说明

为贯彻《国家中长期教育改革和发展规划纲要（2010—2020）》、《教育信息化十年发展规划（2011—2020）》等文件精神，落实教育部最新《中等职业学校专业教学标准（试行）》要求；为调动广大教师参与数字化课程建设，提高其数字化内容创作和运用能力，结合最新数字化技术促进职业教育发展，科学出版社于 2015 年 9 月正式启动了中等职业教育护理、助产专业数字化课程建设项目。

科学出版社前身是 1930 年成立于上海的龙门联合书局，1954 年，龙门联合书局与中国科学院编译局合并组建成立科学出版社，现隶属中国科学院，员工达 1200 余名，其中硕士研究生及以上学历者 627 人（截至 2016 年 7 月 1 日），是我国最大的综合性科技出版机构。依托中国科学院的强大技术支持，我社于 2015 年推出最新研发成果："爱医课"互动教学平台（见封底）。该平台可将教学中的重点内容以视频、语音及三维模型等方式呈现，学生用手机扫描常规书页即可免费浏览书中配套 3D 模型、动画、视频、护考模拟试题等教学资源。

本项目分数字化教材建设与资源建设两部分。数字化课程建设项目与"爱医课"互动教学平台进行的首次有益结合而成的教材，是我国中等职业层次首套数字化创新教材。2015 年 10 月开展了建设团队的全国遴选工作，共收到全国 62 所院校 575 位老师的申请资料，于 2016 年 1 月在湖北武汉召开了项目启动会及教材编写会。

（一）数字化教材的编写指导思想

本次编写充分体现了职业教育特色，紧紧围绕"以就业为导向，以能力为本位，以发展技能为核心"的职业教育培养理念，遵循"理论联系实际"的原则，强调"必需、够用"的编写标准，以数字化课程建设为方向，以创新教材为呈现形式。

（二）本套数字化教材的特点

1. 按照专业教学标准安排课程结构 本套数字化教材严格按照专业教学标准的要求设计科目、安排课程。全套教材分公共基础课、专业技能课、专业选修课及综合实训四类，共计 39 种，体系完整。

2. 紧扣最新护考大纲调整内容 本套系列教材参考了"国家护士执业资格考试大纲"的相关标准，围绕考试内容调整学习范围，突出考点与难点，方便学生的在校日常学习与护考接轨，适应护理职业岗位需求。

3. 呈现形式新颖 "数字化"是未来教育的发展方向，本项目 39 种教材均将传统纸质教材与"爱医课"教学平台无缝对接，形式新颖。它能充分吸引职业院校学生的学习兴趣，提高课堂教学效果。使学生用"碎片化时间"学习，寓教于乐，乐中识记、乐中理解、乐中运用，为翻转课堂提供了有效的实现手段。

（三）本项目出版教材目录

本项目经中国科学院、科学出版社领导的大力支持，获年度重大项目立项。39 种教材具体情况如下：

中等职业教育数字化课程配套创新教材目录

序号	教材名	主编	书号
1	《语文》	孙　琳　王　斌	978-7-03-048363-8
2	《数学》	赵　明	978-7-03-048206-8
3	《公共英语基础教程（上册）》（双色）	秦博文	978-7-03-048366-9
4	《公共英语基础教程（下册）》（双色）	秦博文	978-7-03-048367-6
5	《体育与健康》	张洪建	978-7-03-048361-4
6	《计算机应用基础》（全彩）	施宏伟	978-7-03-048208-2
7	《计算机应用基础实训指导》	施宏伟	978-7-03-048365-2
8	《职业生涯规划》	范永丽　汪　冰	978-7-03-048362-1
9	《职业道德与法律》	许练光	978-7-03-050751-8
10	《人际沟通》（第四版，全彩）	钟　海　莫丽平	978-7-03-049938-7
11	《医护礼仪与形体训练》（全彩）	王　颖	978-7-03-048207-5
12	《医用化学基础》（双色）	李湘苏　姚光军	978-7-03-048553-3
13	《生理学基础》（双色）	陈桃荣　宁　华	978-7-03-048552-6
14	《生物化学基础》（双色）	赵勋靡　王　懿　莫小卫	978-7-03-050956-7
15	《医学遗传学基础》（第四版，双色）	赵　斌　王　宇	978-7-03-048364-5
16	《病原生物与免疫学基础》（第四版，全彩）	刘建红　王　玲	978-7-03-050887-4
17	《解剖学基础》（第二版，全彩）	刘东方　黄嫦斌	978-7-03-050971-0
18	《病理学基础》（第四版，全彩）	贺平泽	978-7-03-050028-1
19	《药物学基础》（第四版）	赵彩珍　郭淑芳	978-7-03-050993-2
20	《正常人体学基础》（第四版，全彩）	王之一覃庆河	978-7-03-050908-6
21	《营养与膳食》（第三版，双色）	魏玉秋　戚　林	978-7-03-050886-7
22	《健康评估》（第四版，全彩）	罗卫群　崔　燕	978-7-03-050825-6
23	《内科护理》（第二版）	崔效忠	978-7-03-050885-0
24	《外科护理》（第二版）	闵晓松　阴　俊	978-7-03-050894-2
25	《妇产科护理》（第二版）	周　清　刘丽萍	978-7-03-048798-8
26	《儿科护理》（第二版）	段慧琴　田　洁	978-7-03-050959-8
27	《护理学基础》（第四版，全彩）	付能荣　吴姣鱼	978-7-03-050973-4
28	《护理技术综合实训》（第三版）	马树平　唐淑珍	978-7-03-050890-4
29	《社区护理》（第四版）	王永军　刘　蔚	978-7-03-050972-7
30	《老年护理》（第二版）	史俊萍	978-7-03-050892-8
31	《五官科护理》（第二版）	郭金兰	978-7-03-050893-5
32	《心理与精神护理》（双色）	张小燕	978-7-03-048720-9
33	《中医护理基础》（第四版，双色）	马秋平	978-7-03-050891-1
34	《急救护理技术》（第三版）	贾丽萍　王海平	978-7-03-048716-2
35	《中医学基础》（第四版，双色）	伍利民　郝志红	978-7-03-050884-3
36	《母婴保健》（助产，第二版）	王瑞珍	978-7-03-050783-9
37	《产科学及护理》（助产，第二版）	李　俭　颜丽青	978-7-03-050909-3
38	《妇科护理》（助产，第二版）	张庆桂	978-7-03-050895-9
39	《遗传与优生》（助产，第二版，双色）	潘凯元　张晓玲	978-7-03-050814-0

注：以上教材均配套教学PPT课件，在“爱医课”平台上提供免费试题、微视频等多种资源，欢迎扫描封底二维码下载

科学出版社
2016年12月

前　言

党的二十大报告指出“人民健康是民族昌盛和国家强盛的重要标志。把保障人民健康放在优先发展的战略位置，完善人民健康促进政策。”贯彻落实党的二十大决策部署，积极推动健康事业发展，离不开人才队伍建设。“培养造就大批德才兼备的高素质人才，是国家和民族长远发展大计。”教材是教学内容的重要载体，是教学的重要依据、培养人才的重要保障。本次教材修订旨在贯彻党的二十大报告精神，坚持为党育人、为国育才。

本教材根据中等职业学校护理、助产专业教学标准展开编写，结合培养目标和对象，以生物化学基础内容为中心，密切联系临床护理实践与护士执业资格考试，将案例教学法融入教材编写，凸显数字化课程建设核心特色，为中职学生奠定必需的生化基础。

本教材共计 13 章。绪论概括介绍生物化学发展简史、基本内容及与医学各学科关系。第 2 ～ 5 章分别阐述了蛋白质、核酸、酶及维生素的结构与功能。第 6 ～ 9 章叙述糖、脂类、氨基酸的代谢概况以及物质分解代谢过程中能量产生的方式和过程。第 10 章讲述遗传物质代谢与遗传信息的传递过程。第 11 ～ 13 章分别阐述了与临床医学密切相关的肝脏生物化学、水与电解质代谢、酸碱平衡等内容。

在本教材编写过程中，参编教师们付出了极大心血，同时得到广西医科大学护理学院、酒泉卫生学校、梧州市卫生学校、开封大学医学部、天水市卫生学校、吕梁市卫生学校、安徽省淮南卫生学校、沈阳市中医药学校、太原市卫生学校、大连铁路卫生学校、长治卫生学校、昆明卫生职业学院等单位与科学出版社及其“爱医课”数字化教学互动平台的大力支持，还参考了诸多学者著作（参考书目录附后），在此，对上述编者、学校和专家学者，一并表示最诚挚谢意！

由于时间紧任务重，对本书中存在的诸多不足与缺憾，诚请广大师生及专家学者，在使用和参考本教材过程中，提出宝贵意见，以利再版修订！

赵勋蘼　王　懿　莫小卫

2023 年 8 月

目　　录

1 第一章　绪　论

生物化学是一门探索生命奥秘的学科。

同学们，你们是否对诸如："奶牛吃进去的是草，挤出来的却是奶""民以食为天""龙生龙、凤生凤，老鼠的儿子会打洞"等生命现象充满了好奇并想一探究竟？那么就让我们乘生物化学之舟，在生命科学的知识海洋中畅游，追寻那些生命现象的谜底，探索生命的无穷奥秘吧！

一、生物化学的概念

生物化学是运用化学的原理和方法研究生物体的化学组成和生命过程中化学变化规律的一门学科；它主要是从分子水平来探讨生命现象的本质，又称生命的化学，简称生化。生物化学研究生物体的物质组成、化学结构以及各种化学变化，从分子水平揭示生命全过程（发育、生长、衰老、死亡）和生殖、遗传的奥秘。生物化学是生命科学及医学的重要组成部分，是现代生命科学的共同语言和基础。它的研究对象是生物体，医学生物化学的研究对象是人体。

二、生物化学发展史简介

生物化学是一门既古老又较年轻的学科。我国对生物化学知识的应用可以追溯到远古时期。我们的祖先早在公元前 21 世纪就已经能酿酒，其中发酵所用的曲，又称酒母（即酶）；公元前 21 世纪前用麦、谷、豆等原料制造麦芽糖（饴糖）、醋和酱类。生物化学比较年轻是因为直到 1903 年才使用"生物化学"一词并成为一门独立的学科。

我国近代生物化学的发展起始于 20 世纪 20 年代以后，我国著名生物化学家吴宪（1883 ～ 1959）教授在血液化学分析、蛋白质变性理论、营养学、免疫化学等的研究领域作出了突出贡献。1965 年中国科学院上海生物化学研究所的科学家们首次人工方法合成了具有生物活性的牛胰岛素；1981 年，我国科学家又成功地合成了酵母苯丙氨酰 tRNA。此外我国科学家还在酶学、蛋白质结构、新基因的克隆和功能等方面取得了重要成就。

最近 50 年是生物化学发展最迅速的阶段，在这一阶段生物化学取得了许多里程碑式的重大突破。生物化学的发展过程一般分为叙述生物化学、动态生物化学和机能生物化学三个阶段。

三、人体生物化学研究的主要内容

1. 叙述生物化学　研究生物体的物质组成。要研究生物体的化学变化，首先要了解生物体的物质组成，这是生物化学最基本的研究内容，是生物化学的基础。生物体是由无机物和有机物两大类物质组成的。无机物包括水和无机盐，有机物包括蛋白质、核酸、糖类、脂类和维生素。蛋白质和核酸与生命现象有明确的、直接的关系，又称生物大分子。蛋白质是生物体性状的表现者，而核酸则是遗传信息的携带者。蛋白质和核酸分别由氨基酸和核苷酸组成，因此氨基酸和核苷酸分别称为蛋白质和核酸的基本组成单位或构件分子。

2. 动态生物化学 研究新陈代谢。生命的存在有赖于所在环境的物质交换，即新陈代谢。新陈代谢是生命的基本特征，是生物体有别于非生物体的重要标志。几乎每一种物质的代谢都是由肠道的消化吸收、血液的运输、细胞内的物质代谢及最终产物的排出等几个阶段组成。新陈代谢包括分解代谢和合成代谢。分解代谢是由大分子物质转变为小分子物质的过程，合成代谢是由小分子物质转变为大分子物质的过程。新陈代谢在体内受到严格的调节和控制，以保证机体对环境的适应。

3. 机能生物化学 对蛋白质、酶、核酸等生物大分子进行组成、序列、空间结构等研究，并发展到人工合成，创立了基因工程，是当代生物化学的主要研究内容。

四、生物化学与医药学的关系

生物化学作为重要的医学基础课程，其研究内容与疾病的发生、诊断和治疗均有密切关系。

1. 生物化学与疾病的发生 DNA 的结构改变可导致细胞变异；血红蛋白结构异常会发生镰刀状红细胞贫血；胰岛素分泌不足可发生糖尿病；酪氨酸酶缺陷和苯丙氨酸羟化酶缺陷分别会导致白化病和苯丙酮尿症；糖酵解过多可造成乳酸酸中毒；食物中缺乏维生素 D_3，儿童可致佝偻病，成人可致骨软化症。

2. 生物化学与疾病的诊断 临床上测定血清丙氨酸氨基转移酶，可了解肝脏功能是否正常；检测血清中甲胎蛋白，可协助诊断是否有肝癌的发生；测定红细胞膜上的胆碱酯酶活性，可了解有机磷中毒的程度及评估治疗效果；测定血浆蛋白的种类和含量，可作为肝、肾疾病的诊断依据；分析 DNA 的结构可了解是否有致病基因的存在等。

3. 生物化学与疾病的治疗 通过介入技术将链激酶或尿酶注入冠状动脉血栓形成处，可将血栓溶解，血管再通；多晒太阳可促进维生素 D_3 的合成，从而预防和配合治疗佝偻病；通过限制苯丙酮尿症患者苯丙氨酸摄入量，对帮助患者正常发育有一定作用。

4. 生物化学与药物的关系 生物化学与药学有着密切的联系，是药学专业基础课程。其迅速发展的理论和技术在制药工业中得到广泛应用，促进了医学和药学等相关学科的发展。

总之，生物化学知识和技术在疾病的预防、诊断、治疗中的应用十分广泛。这也是学习生物化学的目的之一。

小结

1. 生物化学是运用化学的原理和方法研究生物体的化学组成和生命过程中化学变化规律的一门学科；它主要是从分子水平来探讨生命现象的本质，又称生命的化学，简称生化。生物化学的研究对象是生物体，医学生物化学的研究对象是人体。生物化学的研究内容是生物体的物质组成、新陈代谢和生物大分子的结构与功能等。

2. 生物化学的发展过程可分为三个阶段，即叙述生物化学、动态生物化学和机能生物化学阶段。

自测题

一、填空题

1. 医学生物化学的研究对象是________。

2. 生物化学即"________的化学"，简称________。生物化学是研究生物体的________、________及各种化学变化的科学，是从________上解释一切生命现象的科学，是生命科学及医学的重要组成部分。

二、简答题

1. 生物化学药物主要有哪几类?

2. 如何学好生物化学?

（赵勋蘼 王 懿 莫小卫）

2

第二章 蛋白质的结构与功能

蛋白质是生命的物质基础，一切有生命的物质均含有这类生物大分子。蛋白质不仅是生物体的主要构成成分，而且在生命活动中起着十分重要的作用，几乎参与机体一切的生命活动，是生命活动的主要承担者。如具有催化作用的酶、调节代谢的某些激素、起免疫作用的抗体等都是蛋白质。因此，没有蛋白质就没有生命。

第 1 节 蛋白质的分子组成

一、蛋白质的元素组成

1. 组成蛋白质的元素 组成蛋白质的元素很多，主要有碳（C）、氢（H）、氧（O）、氮（N）、硫（S）。此外有些蛋白质还含有少量的磷、铁、铜、锌、锰等元素。

2. 蛋白质的元素组成特点 各种蛋白质含氮量平均为 16%，即 1g 氮相当于 6.25g 蛋白质。生物组织中的氮元素绝大部分存在于蛋白质分子中，所以测定生物样品中蛋白质含量时，只要测出样品中含氮量就可计算出蛋白质含量：

每克样品中含氮克数 ×6.25 = 样品中所含蛋白质克数。

链接

“三鹿奶粉”事件

2008 年 6 月 28 日兰州市医院收治了首例患“肾结石”病症的婴幼儿，家长反映，孩子出生后一直服用三鹿婴幼儿奶粉。后经检测奶粉中含有三聚氰胺。三聚氰胺为化工原料，其分子中含有大量的氮元素，添加在食品中，可以提高检测食品中蛋白质的检测数值。用普通的全氮测定法测食品中的蛋白质数值时，根本不会区分这种伪蛋白氮。

二、蛋白质的基本单位——氨基酸

1. 蛋白质的基本组成单位 不同种类的蛋白质经酸、碱或蛋白水解酶作用后，最终的水解产物都是氨基酸。因此，氨基酸是蛋白质的基本组成单位。

2. 氨基酸的种类及特点 自然界中的氨基酸有 300 多种，但是构成人体蛋白质的却仅有 20 种（表 2-1），除脯氨酸是环状亚氨基酸外，其余都属于 α- 氨基酸，这些 α- 氨基酸除甘氨酸因没有不对称碳原子，无 *L*- 型或 *D*- 型之分外，都属于 *L*-α- 氨基酸。

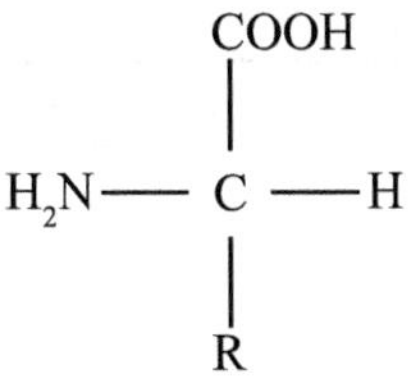

L-α-氨基酸

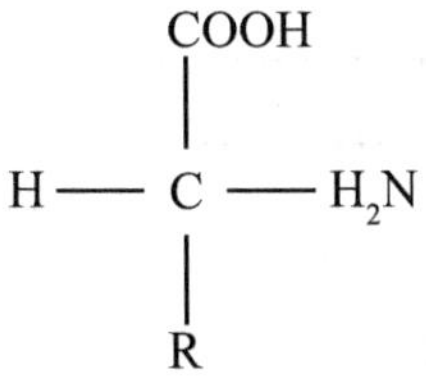

D-α-氨基酸

根据氨基酸α-碳原子上连接的R侧链不同，可把氨基酸分为非极性疏水性侧链氨基酸、极性中性侧链氨基酸，酸性侧链氨基酸和碱性侧链氨基酸。

考点：氨基酸的结构特点。

表2-1　组成蛋白质的20种氨基酸及分类

结构式	中文名	英文名	三字符号	等电点 pI
1. 非极性疏水性侧链氨基酸				
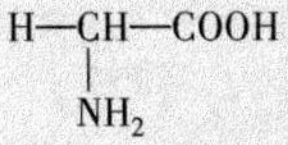	甘氨酸	glycine	Gly	5.97
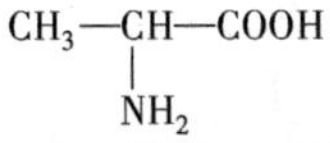	丙氨酸	alanine	Ala	6.00
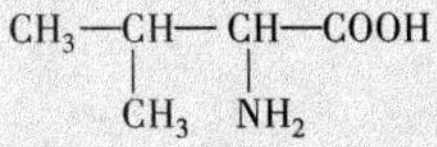	缬氨酸	valine	Val	5.96
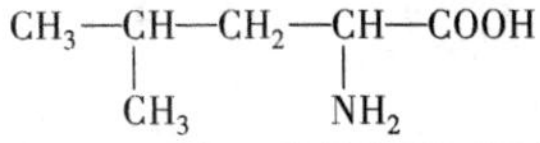	亮氨酸	leucine	Leu	5.89
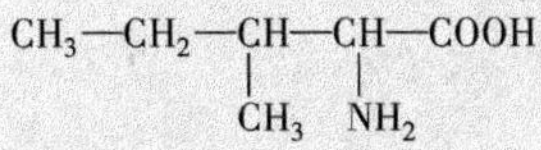	异亮氨酸	isoleucine	Ile	6.02
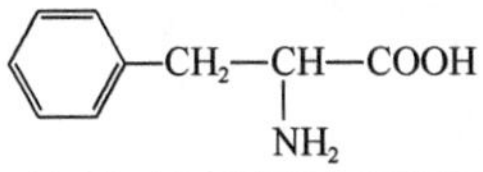	苯丙氨酸	phenylalanine	Phe	5.48
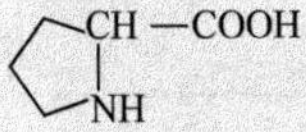	脯氨酸	proline	Pro	6.30
2. 极性中性侧链氨基酸				
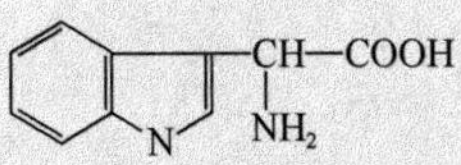	色氨酸	tryptophan	Trp	5.89
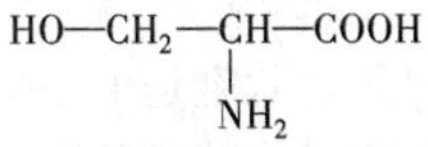	丝氨酸	serine	Ser	5.68
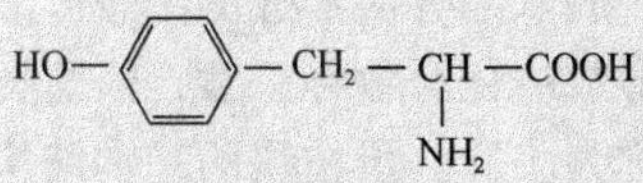	酪氨酸	tyrosine	Tyr	5.66
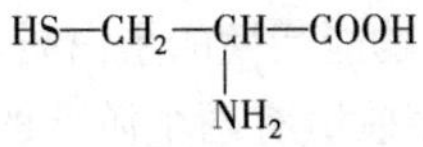	半胱氨酸	cysteine	Cys	5.07
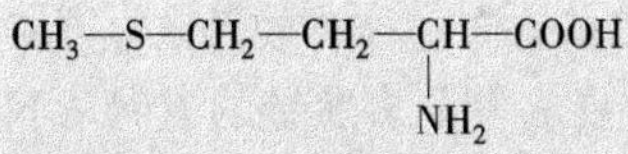	甲硫氨酸	methionine	Met	5.74

续表

结构式	中文名	英文名	三字符号	等电点 pI
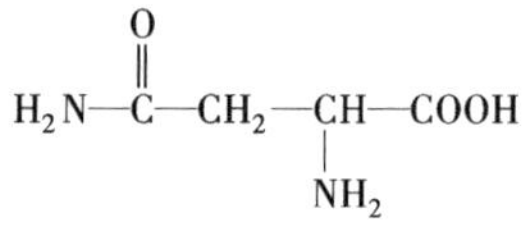	天冬酰胺	asparagine	Asn	5.41
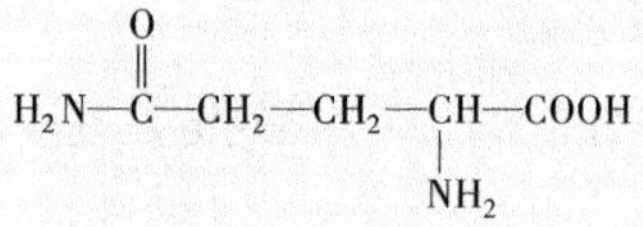	谷氨酰胺	glutamine	Gln	5.65
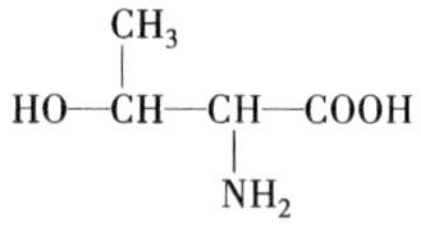	苏氨酸	threonine	Thr	5.60
3. 酸性侧链氨基酸				
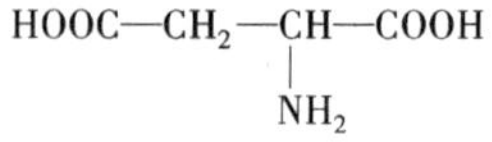	天冬氨酸	aspartic acid	Asp	2.97
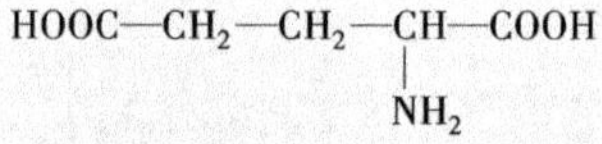	谷氨酸	glutamic acid	Glu	3.22
4. 碱性侧链氨基酸				
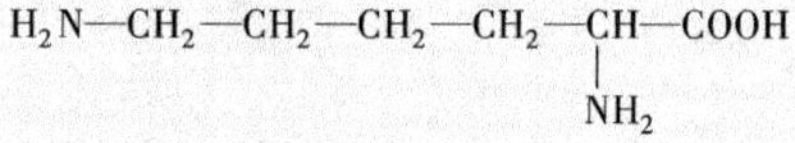	赖氨酸	lysine	Lys	3.22
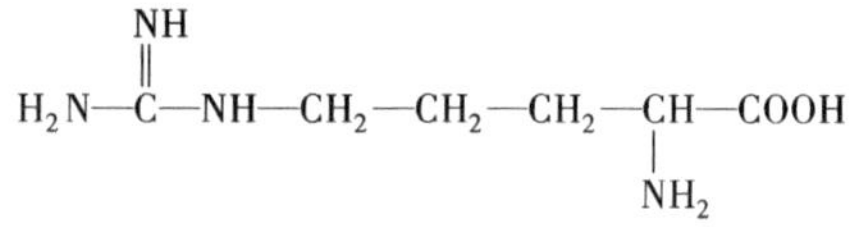	精氨酸	arginine	Arg	10.76
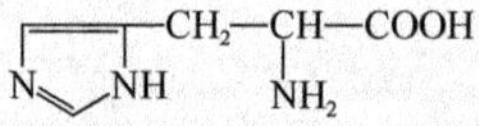	组氨酸	histidine	His	7.59

第 2 节　蛋白质的分子结构

一、肽和肽键

在蛋白质分子中，氨基酸之间通过肽键相互连接，构成的化合物称肽。肽键是由一个氨基酸的 α- 羧基（—COOH）与另一氨基酸的 α- 氨基（$—NH_2$）脱水缩合所形成的酰胺键。由两个氨基酸缩合形成的化合物称二肽，由三个氨基酸缩合形成的化合物称三肽，依此类推。一般十个以下氨基酸形成的肽统称为寡肽，十个以上的称为多肽。蛋白质的基本结构形式是多肽链，多肽链盘曲、折叠形成特定的空间结构，就成为具有一定功能活性的蛋白质。肽链中的每个氨基酸部分已不是完整的氨基酸，故称为氨基酸残基。多肽链有两个游离的末端：一端有游离的氨基，称为氨基末端或 N- 末端；另一端有游离的羧基称为羧基末端或 C- 末端。在书写多肽链中氨基酸顺序时，N- 末端在左侧，C- 末端在右侧。多肽链的方向从 N- 末端开始指向 C- 末端，如由谷氨酸、半胱氨酸、甘氨酸构成的三肽称为谷胱甘肽。

考点：肽和肽键的概念。

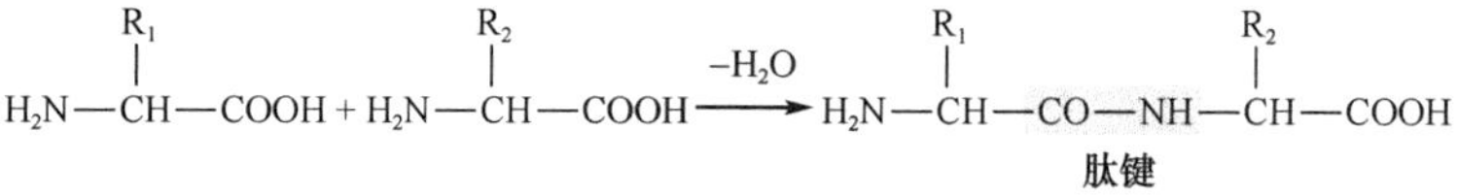

肽键

二、蛋白质的一级结构

多肽链中氨基酸的组成与排列顺序称为蛋白质的一级结构。一级结构是蛋白质的基本结构，维持蛋白质一级结构稳定的化学键是肽键，它也是蛋白质分子中的主键。

在已测知的蛋白质一级结构中，胰岛素是世界上第一个被确定一级结构的蛋白质。它由 51 个氨基酸残基构成，有 A、B 两条多肽链，两条链通过二硫键相连，其结构（图 2-1）。

S-S（A 链 6 与 11）

A链　H₂N-甘-异亮-缬-谷-谷酰-半胱-半胱-苏-丝-异亮-半胱-丝-亮-酪-谷酰-亮-谷-天冬酰-酪-半胱-天冬酰-COOH
1 2 3 4 5 6 7 8 9 10 11 12 13 14 15 16 17 18 19 20 21

S-S（A 链 7 与 B 链 7；A 链 20 与 B 链 19）

B链　H₂N-苯丙-缬-天冬酰-谷酰-组-亮-半胱-甘-丝-组-亮-缬-谷-丙-亮-酪-亮-缬-半胱-甘-谷-精-甘-苯丙-苯丙-
1 2 3 4 5 6 7 8 9 10 11 12 13 14 15 16 17 18 19 20 21 22 23 24 25
酪-苏-脯-赖-丙-COOH
26 27 28 29 30

图 2-1　牛胰岛素的一级结构

三、蛋白质的空间结构

在蛋白质分子中，肽键的 C-N 键具有部分双键的性质，不能自由旋转，于是肽键上 4 个原子和相邻的两个 α- 碳原子形成一个平面，称为肽键平面（图 2-2）。

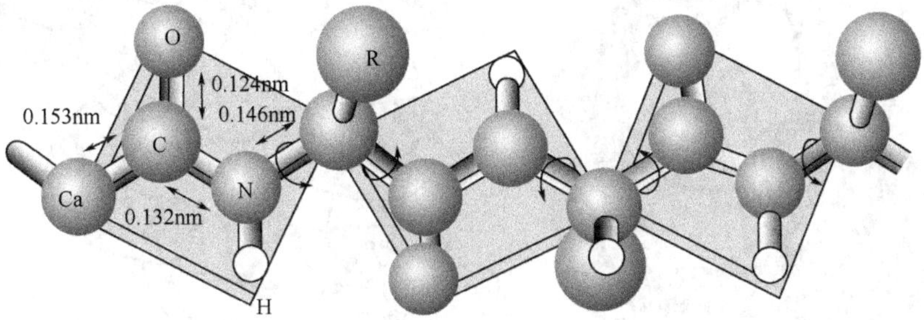

图 2-2　肽键平面示意图

蛋白质的多肽链折叠、盘曲，使分子内各原子形成一定的空间排布及相互关系，称为蛋白质的空间结构。包括二级结构、三级结构和四级结构。维持蛋白质空间结构稳定的化学键主要有氢键、盐键、疏水键、范德瓦尔斯力等非共价键和二硫键，统称为次级键。

1. 蛋白质的二级结构　是指多肽链主链沿长轴方向折叠或盘曲所形成的局部有规律的、重复出现的空间结构，主要有 α- 螺旋（图 2-3）、β 折叠（图 2-4）、β 转角和无规卷曲等四种形式。维持二级结构稳定的主要化学键是氢键。

2. 蛋白质的三级结构　具有二级结构的多肽链进一步折叠或盘曲所形成的空间结构（包括主链和侧链）称为蛋白质的三级结构（图 2-5）。仅由一条多肽链构成的蛋白质，只有形成了三级结构后才具有生物学功能。稳定三级结构化学键的次级链包括：氢键、盐键、疏水键、范德瓦尔斯力和二硫键，其中以疏水键最重要。

3. 蛋白质的四级结构　每一条具有独立三级结构的多肽链称为亚基，各亚基之间借非共价键相互连接。各亚基之间的空间排布及亚基间的连接和相互作用所形成的更高级的空间结构称为蛋白质的四级结构（图 2-6）。

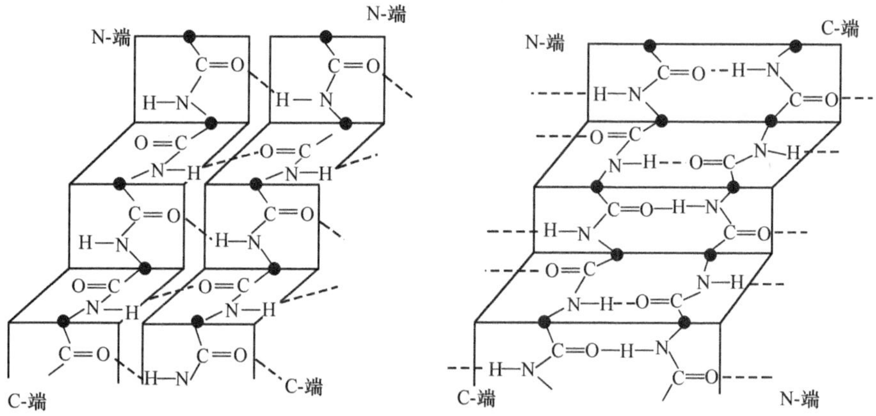

（a）顺向平行β-片层　　（b）逆向平行β-片层

图 2-3　α- 螺旋结构

图 2-4　β- 折叠结构

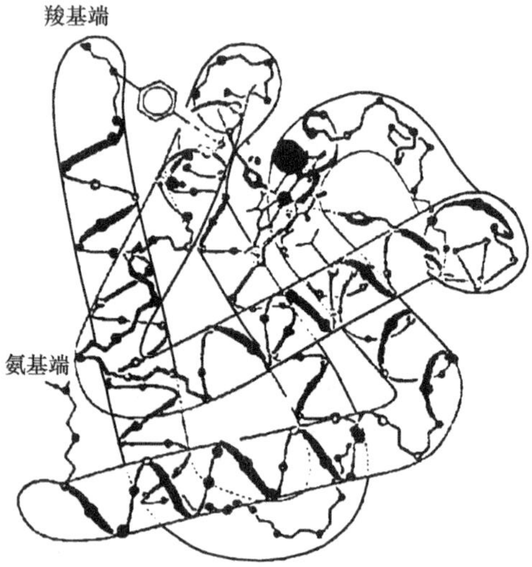

图 2-5　蛋白质的三级结构——肌红蛋白

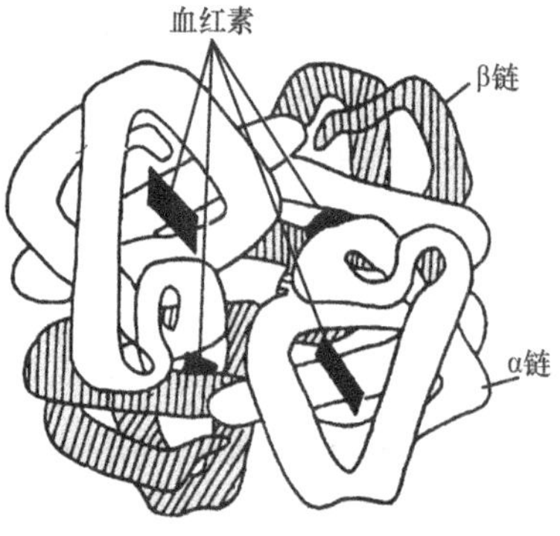

图 2-6　血红蛋白的四级结构

四、蛋白质结构与功能的关系

蛋白质的功能与其空间结构密切相关。一方面，不同的空间结构决定了各种蛋白质的不同功能；另一方面，改变蛋白质的空间结构可以使其活性增强或减弱，甚至使其失活。而蛋白质的一级结构决定空间结构，空间结构是生物活性的直接体现。

考点：蛋白质一级结构的概念、空间结构及维持其稳定的化学键。

第 3 节　蛋白质的理化性质

一、蛋白质的两性解离及等电点

蛋白质分子中既含有碱性基团（如—NH_2），能发生碱式电离，成为阳离子；又含有酸性基团（如—COOH），能发生酸式电离，成为阴离子，所以蛋白质是两性电解质。蛋白质在溶液中以何种离子形式存在，取决于分子中酸性基团与碱性基团的数量、比例以及溶液的 pH。当蛋白质溶液处于某一 pH 时，蛋白质分子解离成正、负电荷的趋势相等，净电荷为零，呈兼性离子状态，此时溶液的 pH 称为该蛋白质的等电点（pI）。当溶液 pH ＞ pI 时，蛋白质带负电荷，呈阴离子；当溶液 pH ＜ pI 时，蛋白质带正电荷，呈阳离子（图 2-7）。

考点：蛋白质等电点的概念。

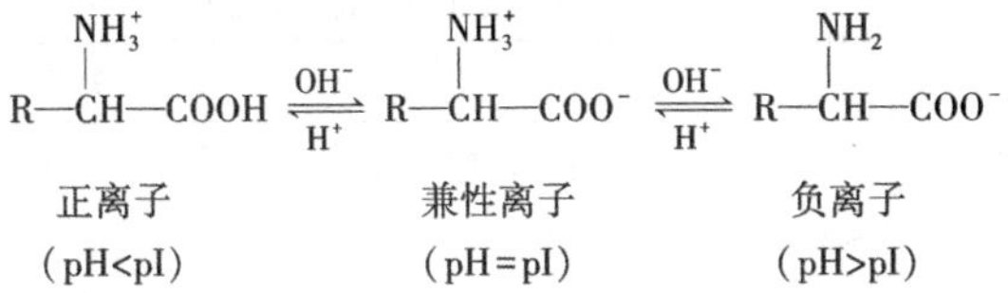

图 2-7　蛋白质的阳离子、兼性离子和阴离子

二、蛋白质的胶体性质

蛋白质是高分子化合物，分子量很大，其颗粒大小已达到胶体颗粒的范围（1 ～ 100nm），所以其溶液为胶体溶液，具有胶体溶液性质，如不能透过半透膜等。蛋白质胶体溶液的稳定因素有两个：①蛋白质颗粒表面的同种电荷。在非等电点状态时蛋白质颗粒表面带有一定量的同种电荷，由于同种电荷互相排斥，使蛋白质颗粒不易发生碰撞而聚集沉淀。②蛋白质颗粒表面的水化膜。蛋白质颗粒表面有许多亲水基团，可吸引水分子，使其表面形成一层水化膜，即使蛋白质颗粒之间发生碰撞，也是颗粒表面水分子和水分子之间的碰撞，蛋白质颗粒本身没有真正接触，从而使蛋白质不易聚集沉淀。

考点：蛋白质溶液稳定的因素。

三、蛋白质的沉淀

破坏蛋白质溶液稳定的因素，蛋白质就会发生沉淀。使蛋白质沉淀的方法有盐析法、有机溶剂、重金属盐和生物碱试剂等。变性的蛋白质易于沉淀，但不一定都发生沉淀。当溶液的 pH 接近其等电点时，变性的蛋白质则更容易聚集而沉淀。沉淀的蛋白质易发生变性，但并不一定都变性，如盐析。

四、蛋白质的变性

蛋白质在某些物理和化学因素的作用下，空间结构被破坏，导致其理化性质改变和生物学活性丧失的现象，称为蛋白质变性。引起蛋白质变性的物理因素有高温、高压、紫外线照射等；化学因素有强酸、强碱、重金属盐、有机溶剂等。蛋白质变性的实质是维持蛋白质空间结构的次级键断裂，空间结构被破坏，但肽键没有断裂，即一级结构并没有改变。

蛋白质变性后表现为生物活性丧失、溶解度降低、易被蛋白酶水解等。

考点：蛋白质变性的概念，实质与应用

蛋白质变性在临床上应用广泛，如高温、高压、酒精、紫外线可消毒灭菌；误服重金属盐中毒者，可口服牛奶或生蛋清以减缓重金属离子的吸收；活性蛋白质制剂如酶、疫苗等放在适宜的低温下保存，以防止其变性失活。

五、蛋白质的紫外吸收性质与呈色反应

1. 蛋白质的紫外吸收 蛋白质分子中含有具有共轭双键的酪氨酸和色氨酸残基，这些氨基酸的侧链基团具有紫外吸收能力，在 280nm 波长处有特征性吸收峰。在此范围内，蛋白质溶液的光吸收值（A_{280}）与其含量成正比。因此，可利用蛋白质的这一特点测定溶液中蛋白质含量。

2. 蛋白质的呈色反应 蛋白质分子中的肽键及某些氨基酸残基的化学基团，可与某些化学试剂发生呈色反应（表 2-2）。利用这些呈色反应可以对蛋白质进行定性、定量测定。

表 2-2　常见的蛋白质呈色反应

反应名称	试剂	颜色	反应有关基因	有此反应的蛋白质
双缩脲反应	NaOH、$CuSO_4$	紫色或粉红色	两个以上肽键	所有蛋白质
酚试剂反应	碱性 $CuSO_4$ 及磷钨酸 - 钼酸	蓝色	酚基、吲哚基	Tyr
茚三酮反应	茚三酮	蓝色	自由氨基及羧基	α- 氨基酸

（1）茚三酮反应：同氨基酸一样，蛋白质分子中的 α- 游离氨基可以与茚三酮反应，生成蓝紫色化合物。因此可作为蛋白质定性、定量分析方法。

（2）双缩脲反应：在稀碱溶液中，两个或两个以上肽键的化合物与硫酸酮共热形成络合盐，呈现紫色或红色的反应。因此双缩脲反应可检测蛋白质水解程度。

（3）酚试剂反应：蛋白质分子中色氨酸和酪氨酸可以将酚试剂中的磷钨酸和磷钼酸还原，生成蓝色化合物。此方法灵敏度高。

第 4 节　蛋白质的分类

一、按组成分类

按蛋白质分子组成成分不同，可分为单纯蛋白质和结合蛋白质两大类。

1. 单纯蛋白质 完全由氨基酸组成的蛋白质，如清蛋白、球蛋白等。

2. 结合蛋白质 由蛋白质和非蛋白质（又称辅基）两部分组成，如糖蛋白、脂蛋白、核蛋白等。

二、按功能分类

根据蛋白质的功能不同，可将蛋白质分为酶蛋白、调节蛋白和运输蛋白等。

小结

蛋白质的基本组成单位是氨基酸，自然界中的氨基酸有 300 多种，但是构成人体蛋白质的氨基酸却仅有 20 种。

蛋白质一级结构是指多肽链中氨基酸的组成与排列顺序。二级、三级、四级结构为蛋白质的空间结构。二级结构是指多肽链主链沿长轴方向折叠或盘曲所形成的有规律的、重复出现的空间结构，主要有α-螺旋、β折叠、β转角和无规卷曲四种形式；三级结构是指具有二级结构的多肽链进一步折叠或盘曲所形成的空间结构（包括主链和侧链）。

当蛋白质溶液处于某一pH时，蛋白质分子解离成正、负电荷的趋势相等，净电荷为零，呈兼性离子状态，此时溶液的pH称为该蛋白质的等电点(pI)。

蛋白质变性是指蛋白质在某些物理和化学因素的作用下，空间结构被破坏，导致其理化性质改变和生物学活性丧失的现象。

自 测 题

一、名词解释

1. 蛋白质一级结构　2. 蛋白质变性　3. 蛋白质等电点

二、填空题

1. 组成蛋白质的元素主要有________、________、________、________、________。
2. 构成天然蛋白质的氨基酸有300种，但构成人体蛋白质的氨基酸仅有________种。
3. 维持蛋白质一级结构的化学键是________。
4. 维持蛋白质空间结构的非共价键有________，________，________，________等键和二硫键。

三、选择题

1. 蛋白质的组成基本单位是（　　）
   A. 多肽　B. 二肽　C. 氨基酸
   D. 一级结构　E. 以上都不是
2. 蛋白质中的氮含量约占（　　）
   A. 6.25%　B. 10%　C. 19%
   D. 16%　E. 24%
3. 蛋白质变性是由于（　　）
   A. 蛋白质一级结构的改变
   B. 蛋白质亚基的解聚
   C. 蛋白质空间构象被破坏
   D. 某些酸类沉淀蛋白质
   E. 不易被胃蛋白酶水解
4. 蛋白质分子中，维持一级结构的主要化学键是（　　）
   A. 氢键　B. 肽键　C. 二硫键
   D. 盐键　E. 疏水键
5. 组成蛋白质的氨基酸共有（　　）
   A. 20种　B. 64种　C. 4种
   D. 8种　E. 无数种
6. 某患者的营养配餐样品中氮的含量为2g，其蛋白质的含量为（　　）
   A. 6.25g　B. 12.5g　C. 25g
   D. 32g　E. 16g
7. 下列哪种因素不是引起蛋白质变性的化学因素（　　）
   A. 强酸　B. 强碱　C. 煮沸
   D. 乙醇　E. 有机溶剂
8. 只有一条肽链的蛋白质必须具备哪级结构才有生物学功能（　　）
   A. 一级　B. 二级　C. 三级
   D. 四级　E. 五种
9. 血红蛋白变性后（　　）
   A. 一级结构改变，生物活性改变
   B. 并不改变一级结构，仍有生物活性
   C. 肽键断裂，生物活性丧失
   D. 空间构象改变，但仍有生物活性
   E. 空间构象改变，生物活性丧失
10. 亚基是指具有哪级结构的多肽链（　　）
    A. 一级　B. 二级　C. 三级
    D. 四级　E. 都不是

四、简答题

1. 组成蛋白质的基本单位是什么？其结构有何特点？
2. 维持蛋白质胶体溶液稳定的因素是什么？

（陈　旭）

3

第三章　核酸的结构与功能

你知道生命体的遗传密码存在于什么物质中吗？这个问题从生物化学的角度来回答，答案就是核酸！那就让我们通过本章学习来探究遗传物质——核酸的知识与奥秘吧。

链接

绷带里的奇妙物质——传承生命的核酸

1868 年，一个寒冷清晨，德国杜宾根大学的一个实验室里弥漫着难闻的气味。微弱的灯光下，有一个忙碌的身影，他就是瑞士科学家弗勒瑞克•米歇尔。年仅 25 岁的米歇尔，为了获取实验材料从医院里收取了大量又脏又臭的外科手术绷带，而揭开遗传物质研究的序幕就从这些外科手术绷带里开始。

米歇尔仔细地用稀释的硫酸钠溶液分离出绷带上的脓细胞，然后用猪胃黏膜的酸性提取液处理。米歇尔发现，在留存的核中，有一种含磷量远高于蛋白质的强有机酸。这种有机酸米歇尔将它取名为“核素”，后被命名为核酸。

核酸是生物体内的生物信息大分子物质，核苷酸是核酸的基本组成单位。核酸可分为脱氧核糖核酸（DNA）和核糖核酸（RNA）两大类。DNA 主要存在于细胞核内，是遗传信息的载体；RNA 主要存在于细胞质中，少量分布于细胞核和线粒体中，参与细胞核内遗传信息的传递和表达。核酸与蛋白质一样，都是生命活动中重要的生物大分子，具有复杂的结构和极其重要的生物学功能。

案例 3-1

2016 感动中国十大人物之一张宝艳、秦艳友夫妇建起“宝贝回家寻子网”，帮助家长们寻找孩子。2009 年，张宝艳提出的“关于建立打击拐卖儿童 DNA 数据库的建议”得到公安部采纳，DNA 数据库为侦破案件、帮被拐儿童准确找到亲人，提供了有力的技术支持。截至 2015 年 11 月，“宝贝回家”志愿者协会帮助超过 1200 个被拐及走失的孩子寻找到亲人。

问题： 1. 为什么 DNA 鉴定能帮被拐儿童准确找到亲人？

2. 什么是遗传信息？

第 1 节　核酸的分子组成

一、核酸的元素组成

核酸分子的主要元素组成为 C、H、O、N 和 P，其中磷含量比较恒定，为 9% ～ 10%，通过测定生物样品中含磷量，可推算出核酸的含量。

二、核酸的基本成分

核酸水解产物是核苷酸，核苷酸进一步水解产生磷酸和核苷，核苷再进一步水解生成碱基和戊糖，所以，核酸的基本组成单位是核苷酸，核苷酸由碱基、戊糖和磷酸组成（图 3-1）。

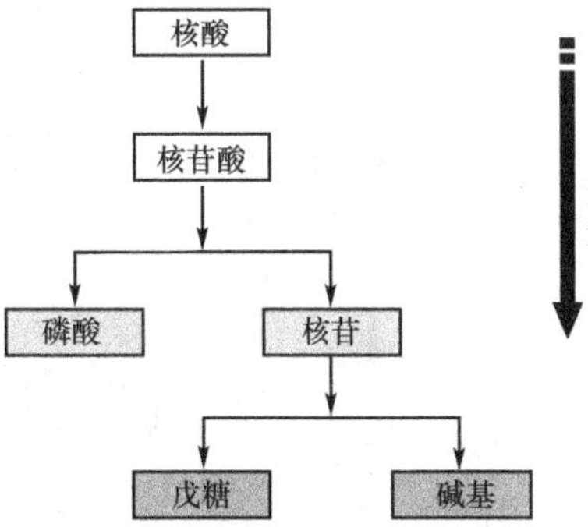

图 3-1　核酸的水解产物

1. 碱基　核酸分子中的碱基是含氮的杂环化合物，分为嘌呤和嘧啶两类。常见的嘌呤有腺嘌呤（A）和鸟嘌呤（G）；常见的嘧啶有胞嘧啶（C）、胸腺嘧啶（T）和尿嘧啶（U）。DNA 分子中含有 A、G、C、T 四种碱基，其中 T 是 DNA 分子中的特有的碱基；RNA 分子中含有 A、G、C、U 四种碱基，而 U 则是 RNA 分子中的特有碱基。此外，核酸中还含有不常见的其他碱基，称稀有碱基。碱基的结构式：

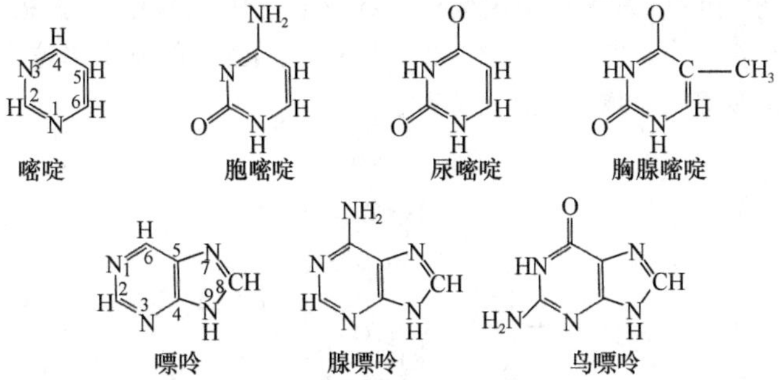

考点：RNA 与 DNA 碱基组成的区别

2. 戊糖　核酸中所含的糖是五碳糖，即戊糖。RNA 分子中的戊糖在第 2 位碳上含氧，称 β-D- 核糖；DNA 分子中的戊糖在第二位碳上不含氧，称为 β-D-2- 脱氧核糖，为区别碱基的原子，戊糖的碳原子用 C-1′、C-2′……表示。

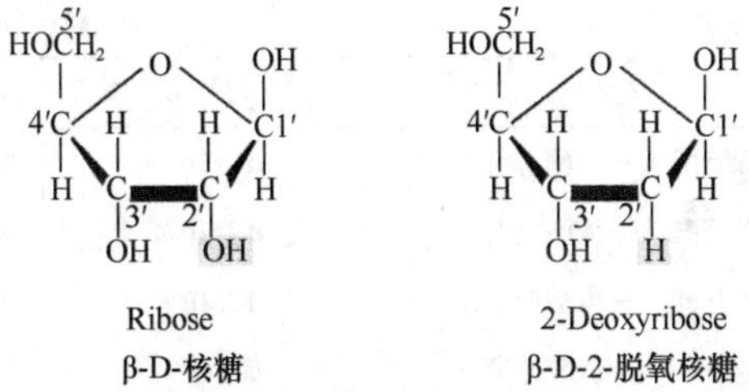

考点：RNA 与 DNA 的戊糖区别

3. 磷酸　核酸分子中含有磷酸，所以呈酸性。核酸分子中的磷酸与戊糖连接。

三、核酸的基本单位——核苷酸

1. 核苷　核苷是碱基与戊糖以糖苷键相连接所形成的化合物。戊糖的 C-1′ 原子分别与嘌呤的 N-9 原子、嘧啶的 N-1 原子相连接形成了糖苷键。核糖与碱基形成的化合物称为核糖核苷，简称核苷，核苷共有四种（腺苷、胞苷、鸟苷、尿苷）；脱氧核糖与碱基形成的化合物称为脱氧核糖核苷，简称脱氧核苷，脱氧核苷也有四种（脱氧腺苷、脱氧鸟苷、脱氧胞苷、脱氧胸苷）。

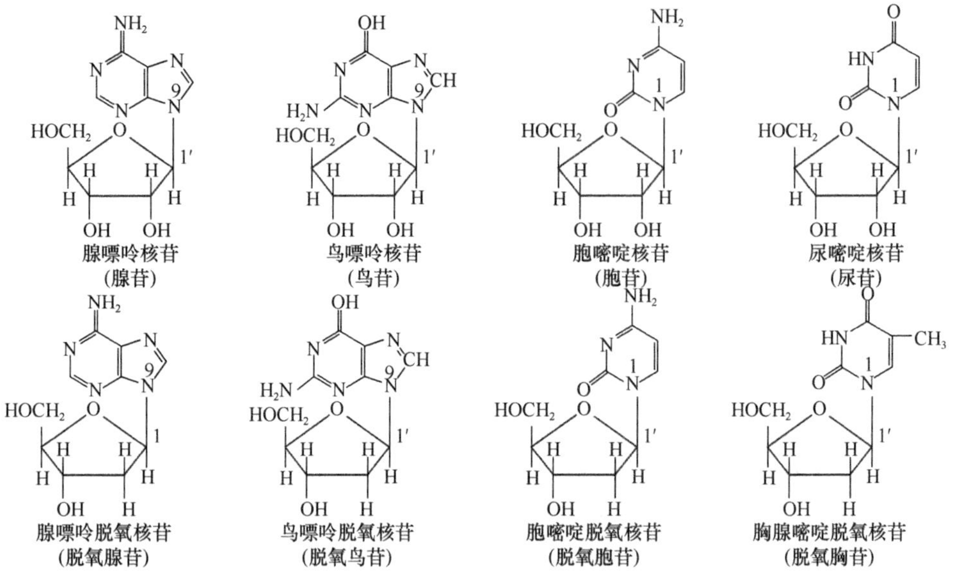

2. 核苷酸　核苷或脱氧核苷中戊糖的 C-5′ 上的羟基与磷酸通过脱水缩合，以磷酸酯键相连而生成核苷酸或脱氧核苷酸（图 3-2，表 3-1）。RNA 的基本单位是核苷酸 (NMP)，DNA 的基本单位是脱氧核苷酸 (dNMP)（表 3-2）。

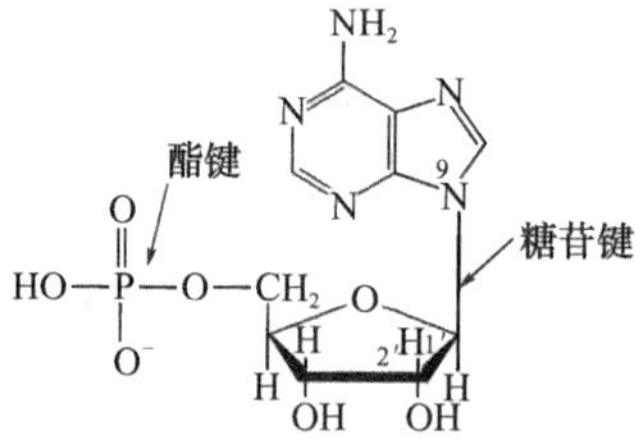

图 3-2　腺苷酸（一磷酸腺苷）

表 3-1　常见的核苷酸及其缩写符号

核糖核酸 (NMP)		脱氧核糖核苷酸 (dNMP)	
符号	名称	符号	名称
AMP	腺苷酸（一磷酸腺苷）	dAMP	脱氧腺苷酸（一磷酸脱氧腺苷）
GMP	鸟苷酸（一磷酸鸟苷）	dGMP	脱氧鸟苷酸（一磷酸脱氧鸟苷）
CMP	胞苷酸（一磷酸胞苷）	dCMP	脱氧胞苷酸（一磷酸脱氧胞苷）
UMP	尿苷酸（一磷酸尿苷）	dTMP	脱氧胸苷酸（一磷酸脱氧胸苷）

表 3-2　RNA 与 DNA 化学组成的区别

考点：RNA 与 DNA 的基本组成单位

名称	戊糖	碱基	基本单位
RNA	核糖	A、G、C、U	AMP、GMP、CMP、UMP
DNA	脱氧核糖	A、G、C、T	dAMP、dGMP、dCMP、dTMP

四、几种重要的游离核苷酸

1. 多磷酸核苷　含有 1 个磷酸基团的核苷酸称为一磷酸核苷 (NMP)，有 2 个磷酸基团的核苷酸称为二磷酸核苷（NDP），有3个磷酸基团的核苷酸称为三磷酸核苷（NTP），如AMP是一磷酸腺苷，ADP是二磷酸腺苷，ATP是三磷酸腺苷。二磷酸核苷、三磷酸核苷中的磷酸是以高能磷酸键"～"连接，它们都是高能磷酸化合物；三磷酸核苷分子中含有3个磷酸基团，其中有2个是高能磷酸键，如ATP（图3-3）。三磷酸核苷（或三磷酸脱氧核苷）是合成RNA和DNA的原料，并在多种物质的合成中，起活化或供能作用，尤其是ATP，与能量的生成、储存和利用密切相关，在细胞的能量代谢中有重要意义。

2. 环化核苷酸　在体内还有一类自由存在的环化核苷酸，重要的有3′、5′-环化腺苷酸（cAMP）和3′、5′-环化鸟苷酸（cGMP），作为细胞信号转导过程中的第二信使，在信息传递中有重要作用（图3-4）。

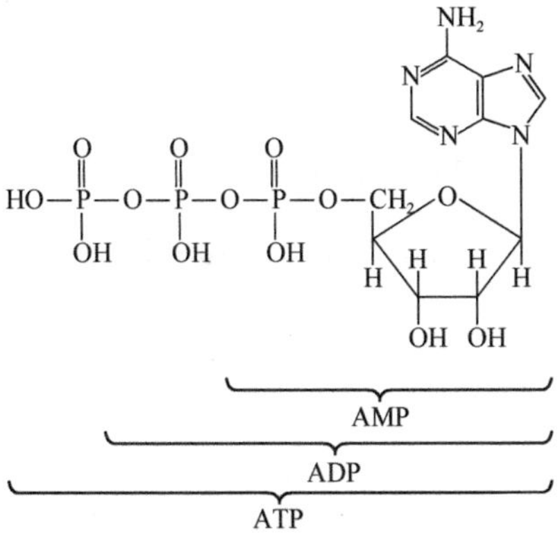

图3-3　多磷酸核苷结构

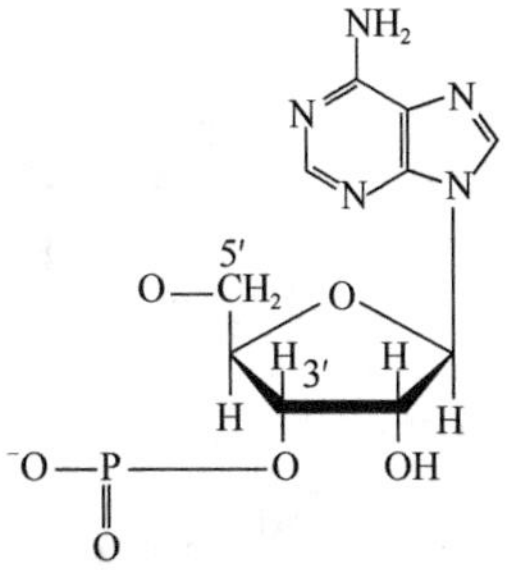

图3-4　3′、5′-环化腺苷酸（cAMP）

每种核苷酸都有缩写符号，可根据下表快速命名核苷酸，识别缩写符号（表3-3）。如GTP的中文名称为鸟苷三磷酸。dTMP的中文名称为脱氧胸苷一磷酸。

表3-3　核苷酸的缩写符号

脱氧	核苷	磷酸基团数目	磷酸
d	A（腺苷）	M（一）	P
	G（鸟苷）	D（二）	
	T（胸苷）	T（三）	
	C（胞苷）		
	U（尿苷）		

第2节　核酸的分子结构

一、核酸的一级结构

核酸分子中，一个核苷酸的C-3′的羟基和相邻的核苷酸C-5′的磷酸基团脱水缩合形成的酯键称为3′，5′-磷酸二酯键。核酸是由许多核苷酸通过3′，5′-磷酸二酯键连接而形成的多聚核苷酸链。多个核苷酸以此方式连接成的线状大分子，称为多聚核苷酸，即RNA。多个脱氧核苷酸以此方式连接成的线状大分子，称为多聚脱氧核苷酸，即DNA。

核酸分子具有方向性，长链的一端5′碳上带游离的磷酸基团，称为5′-末端，另一端核苷酸3′碳上带游离的羟基，称为3′-末端。核苷酸链和脱氧核苷酸链的书写规则应从5′-末端到 3′- 末端。DNA 和 RNA 分子中连接基本单位的化学键以及链的方向性是相同的（图 3-5）。

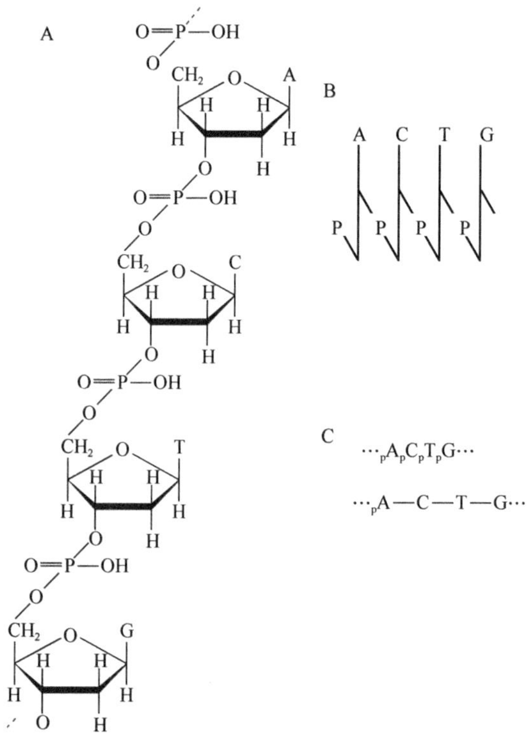

图 3-5　DNA 分子中多核苷酸链

核酸的一级结构是指多核苷酸链中核苷酸的排列顺序。具体来说，DNA 的一级结构是指多聚脱氧核苷酸从 5′- 末端到 3′- 末端的排列顺序。RNA 的一级结构是指多聚核苷酸从 5′- 末端到 3′- 末端的排列顺序。

核酸分子中相同的戊糖和磷酸交替连接成分子骨架，而四种不同碱基则伸向骨架一侧。因此多聚核苷酸链可用简化形式写出，其中竖线表示糖的碳链，A、G、C、T 表示不同的碱基，P 和斜线代表 3′, 5′- 磷酸二酯键。也可最终简化为用碱基符号 A、G、C、U、T 等代表核苷酸（或脱氧核苷酸），即多聚核苷酸链（或多聚脱氧核苷酸链）中碱基的排列顺序。

考点：核酸一级结构的概念与化学键

自然界中的 DNA 和 RNA 的长度可以高达几十万个碱基，生物的遗传信息就储存在 DNA 的碱基的序列中，不同的 DNA 分子的碱基数目和排列顺序各不相同。DNA 携带的遗传信息（碱基排列顺序），通过复制遗传给子代。假如有 100 个脱氧核苷酸组成的 DNA 片断，就有 4^{100} 种排列顺序。N 个脱氧核苷酸组成的 DNA，就有 4^{N} 种排列顺序，这样就存在巨大的遗传信息编码的可能性，这也是生物多样性的物质基础。

二、核酸分子的空间结构

（一）DNA 的空间结构

1. DNA 的二级结构　1953 年，Watson 和 Crick 提出了著名的 DNA 双螺旋结构模型（图 3-6），由此揭开了现代分子生物学发展的序幕，对生命科学的发展做出了巨大的贡献。

链接

DNA 双螺旋结构的发现对人类发展的意义

1953 年 4 月 25 日，《自然》杂志发表了由沃森和克里克合著的 DNA 双螺旋结构论文，沃森和克里克因此分享了 1962 年的诺贝尔生理学和医学奖。DNA 双螺旋结构解开了“生命之谜”，它阐释了遗传信息的构成和传递途径，从分子水平阐明了许多生命的奥秘，开启了分子生物学时代。在之后近 50 年，如雨后春笋般诞生了如分子遗传学、分子免疫学、细胞生物学等新学科。

DNA 分子双螺旋结构模型主要特点如下：

(1) DNA 分子是由两条反向平行的多聚脱氧核苷酸链构成，一条链是 5′ → 3′ 方向，另一条链是 3′ → 5′ 方向，两条链沿同一中心轴盘绕而成右手双螺旋结构。

(2) 各脱氧核苷酸之间，磷酸基团和脱氧核糖借 3′，5′- 磷酸二酯键相连，磷酸基团和脱氧核糖形成 DNA 的亲水性基本骨架，并位于螺旋的外侧，疏水的碱基位于螺旋内侧。螺旋每旋转一周，螺距为 3.4nm。每个螺距内包含有 10 个碱基对，每两个相邻的碱基对之间的垂直距离为 0.34nm。DNA 双螺旋结构的螺旋直径为 2nm（图 3-6）。

(3) 碱基位于双螺结构内侧，两条链上的碱基通过碱基互补规律组成互补碱基对，即 A 和 T 通过两个氢键配对，G 和 C 通过三个氢键配对（图 3-7）。两条互补的多核苷酸链则称为互补链，故 DNA 分子中嘌呤与嘧啶的摩尔数总是相等。碱基互补规律在 DNA 复制过程中起重要作用，决定着生物遗传信息的传递与表达。

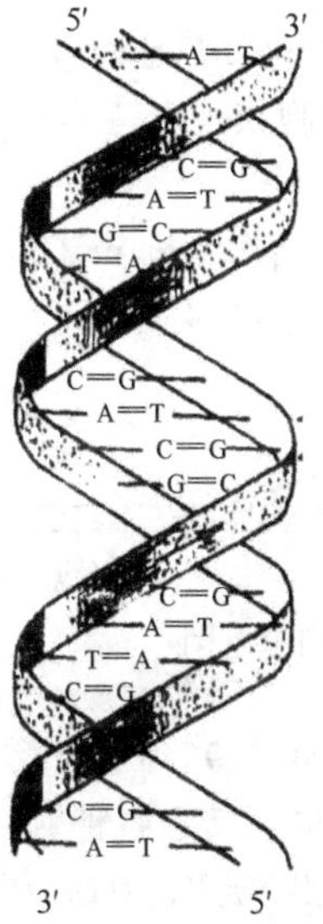

图 3-6　DNA 的双链结构模型

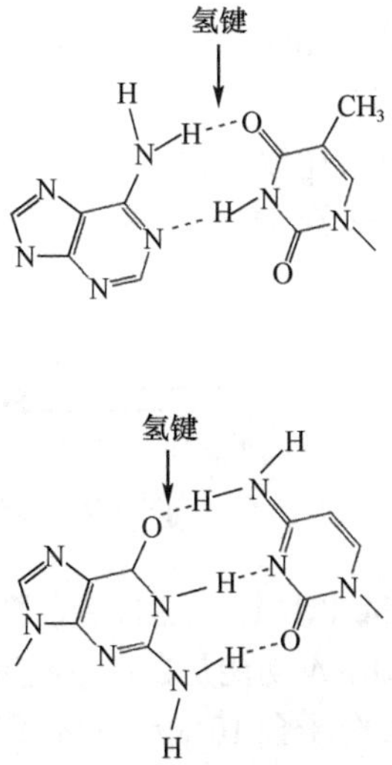

图 3-7　碱基互补规则示意图

(4) 稳定 DNA 双螺旋结构的主要作用力是氢键和碱基堆积力，DNA 双螺旋的横向结构靠互补碱基之间的氢键维持，纵向结构靠碱基平面的疏水性碱基堆积力。碱基堆积力是相邻两个碱基对平面在旋进过程中彼此重叠而产生的。

考点： DNA 分子双螺旋结构的主要特点

2. DNA 的高级结构　DNA 的超螺旋结构是 DNA 在双螺旋结构基础上进一步盘曲，在蛋白质的参与下形成更加复杂的紧密空间结构。

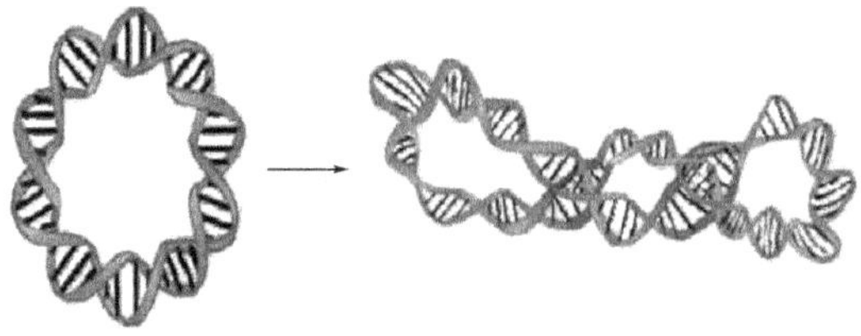

图 3-8 原核生物 DNA 环状结构与超螺旋结构

原核生物、线粒体、叶绿体中的 DNA 是共价封闭的环状双螺旋，这种环状双螺旋结构还需要再螺旋化形成超螺旋结构（图 3-8）。

真核生物 DNA 在细胞周期的间期以染色质形式存在，它高度有序地存在于细胞核内，DNA 与组蛋白组成核小体，核小体是染色质的基本组成单位。核小体结构中，组蛋白（H_2A、H_2B、H_3、H_4 分子）各两分子构成组蛋白八聚体，DNA 双链盘绕在八聚体表面形成核心颗粒，核心颗粒之间靠 DNA 和组蛋白 H_1 相连。许多核小体连成串珠状，再经过反复盘旋折叠，在细胞分裂期形成染色体。

（二）RNA 的空间结构

RNA 通常以单链存在。RNA 在遗传信息传递和表达过程中，发挥重要作用。与 DNA 相比，RNA 分子较小，仅含数十个至数千个核苷酸，但其种类、大小、结构比 DNA 复杂得多，功能也呈现多样化。本节主要介绍信使 RNA、转运 RNA 和核糖体 RNA 三种类型。

1. 信使 RNA（mRNA） 在蛋白质生物合成过程中，mRNA 是蛋白质合成的直接模板。mRNA 在细胞核内转录 DNA 遗传信息，自身成为遗传信息载体即信使，由核内合成后转移到胞液，作为蛋白质合成的模板指导蛋白质的生物合成。mRNA 种类最多，大小不一，mRNA 的长短决定了它指导合成的蛋白质的分子量大小。

mRNA 的前体物质是不均一 RNA（hnRNA），真核生物的 hnRNA 经加工、修饰转变为成熟的 mRNA。成熟 mRNA 结构特点如下：

（1）真核生物的 mRNA 在 3′- 末端有一段长 80 ～ 250 个碱基的多聚腺苷酸结构，称多聚 A 尾（polyA）。polyA 的结构与 mRNA 从细胞核移至胞质、维持 mRNA 的稳定性以及翻译起始的调控有关。

（2）多数真核生物 mRNA 分子在 5′- 末端有一帽子结构，即 m7GpppN（7- 甲基鸟嘌呤核苷三磷酸）。帽子结构与蛋白质生物合成的起始有关（图 3-9）。

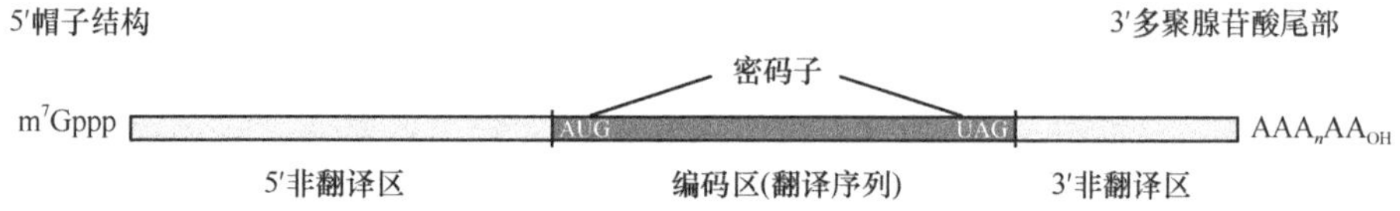

图 3-9 真核生物 mRNA 的结构示意图

2. 转运 RNA（tRNA） tRNA 分子量最小，都是由 74 ～ 95 个核苷酸构成，约占细胞总 RNA 的 15%。tRNA 功能是在蛋白质生物合成中作为载体，转运各种氨基酸。

每个 tRNA 分子含 10% ～ 20% 稀有碱基，如二氢尿嘧啶（DHU）、次黄嘌呤（I）、假尿嘧啶（ψ）等。tRNA 只有一条单链组成，3′- 末端是 CCA-OH 序列，是 tRNA 结合和转运氨基酸的部位，活化的氨基酸就连接于 3′- 末端的羟基上。3′- 末端的 CCA-OH 序列和与之相连续的数个碱基片段共同构成氨基酸臂。

tRNA 的二级结构中，其分子链中存在局部碱基配对区域。因为 RNA 分子中的碱基是 A 、G、C、U，与 DNA 的碱基是 A 、G、C、T 不同，故 RNA 碱基配对是 A 与 U 通过两个氢键配对，G 和 C 通过三个氢键配对，形成局部双螺旋区，链内碱基不配对的部分产生突环，称为茎环。这些茎环的存在，使 tRNA 形状类似三叶草，称为三叶草结构（图 3-10）。三叶草结构的左右两环根据其含有的稀有碱基为特征，分别称为 DHU 环和 TψC 环。位于下方的环称为反密码环，环中间的三个碱基是反密码子，不同 tRNA 的反密码子不同，可与 mRNA 上相应的三联体密码子碱基互补。携带特定氨基酸的 tRNA 依据其特异的反密码子来识别 mRNA 上的密码子，可将其所携带的氨基酸正确地定位在合成的多肽链上。

考点: tRNA 的三叶草结构与功能的关系

tRNA 的三级结构是倒 L 型，使 tRNA 有较大的稳定性。

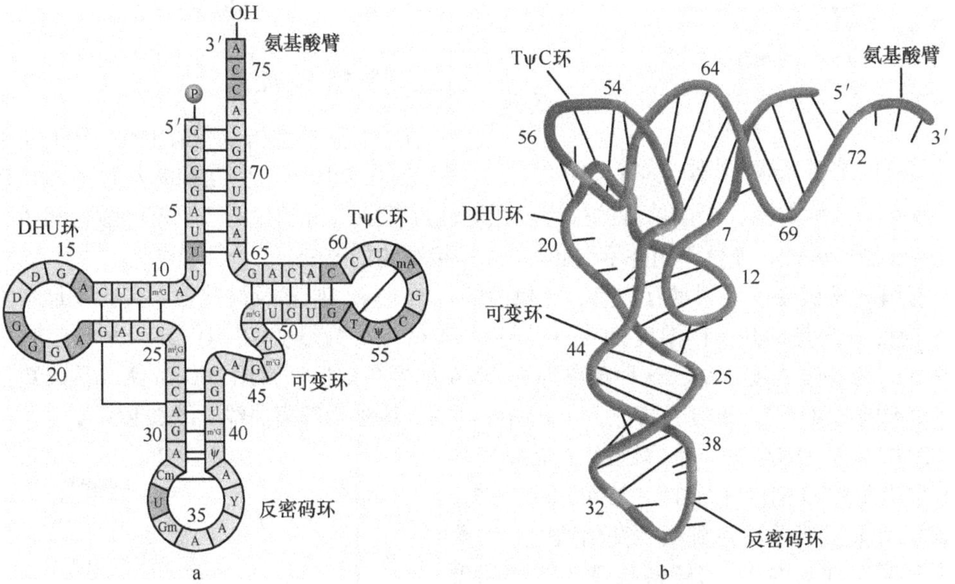

图 3-10 tRNA 的二、三级结构

3. 核糖体 RNA(rRNA) 核糖体 RNA 是细胞内含量最多的 RNA，约占细胞总 RNA 的 80% 以上，它们与核糖体蛋白共同构成核糖体。

在蛋白质生物合成中，各种 rRNA 和多种蛋白质结合成核糖体。原核生物和真核生物的核糖体均由可解聚的大小两个亚基组成。核糖体的功能是在蛋白质合成中起装配机作用，是蛋白质生物合成的场所。在蛋白质合成的装配过程中，mRNA、tRNA 与核糖体大小亚基结合，依次解读密码子，氨基酸有序鱼贯进入，肽链被启动合成和延长。

案例 3-1 分析

1. DNA 是生物遗传信息的载体，不同人的 DNA 的碱基数目和排列顺序不同，遗传信息也千差万别，但子代与亲代之间遗传信息存在相似性。所以，鉴定亲子关系目前用得最多的是 DNA 分型鉴定。利用 DNA 进行亲子鉴定，只要做十几至几十个 DNA 位点的检测，如果全部一样，就可以确定亲子关系，如果有 3 个以上的位点不同，则可排除亲子关系，有一两个位点不同，则应考虑基因突变的可能，再加做一些位点的检测进行辨别。DNA 亲子鉴定，否定亲子关系的准确率几近 100%，肯定亲子关系的准确率可达到 99.99%。

2. 遗传信息是指核酸分子中核苷酸的排列顺序。

第 3 节 核酸的理化性质

一、紫外线吸收性质

由于碱基成分的紫外吸收特征，DNA 和 RNA 的溶液均具有 260nm 紫外吸收峰，这

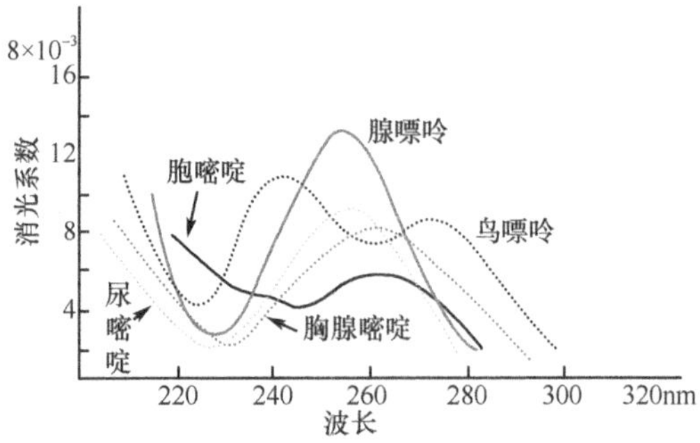

图 3-11　各种碱基紫外吸收光谱（pH7.0）

是 DNA 和 RNA 定量和定性分析的常用方法（图 3-11）。

二、DNA 的变性、复性和分子杂交

（一）DNA 变性

DNA 变性是指双螺旋 DNA 分子在某些理化因素作用下，使互补碱基对间的氢键断裂，双螺旋结构解离，变成单链的过程。在变性过程中，由于并不涉及核苷酸之间磷酸二酯键的断裂，因此，变性作用并不引起 DNA 一级结构的改变。

能引起核酸变性的因素有加热、有机溶剂、酸、碱、尿素及酰胺等。实验室最常用的 DNA 变性方法是加热。因温度升高而引起 DNA 变性称为热变性。在 DNA 解链过程中，其 260nm 紫外吸光度增加，这种现象称为 DNA 的增色效应。常用 260nm 紫外吸收数值变化监测不同温度下 DNA 变性情况，由此所绘制的曲线称为解离曲线（图 3-12）。

图中显示 DNA 从开始解链到完全解链是在一个相当窄的范围内完成的，在解链过程中，将 DNA 紫外光的吸收度达到最大变化值一半时所对应的温度，称为 DNA 的解链温度（融解温度，Tm）。在此温度时 50% 的 DNA 双链被打开。DNA 的 Tm 值高低与 DNA 分子中的碱基组成密切相关，G-C 对含量越多，Tm 值就越高；A-T 对含量越多，则 Tm 值就越低，这是因为 G-C 对之间有三个氢键，而 A-T 对之间有两个氢键，所以含有 G-C 对多的 DNA 分子更为稳定，变性时所消耗的能量较多。

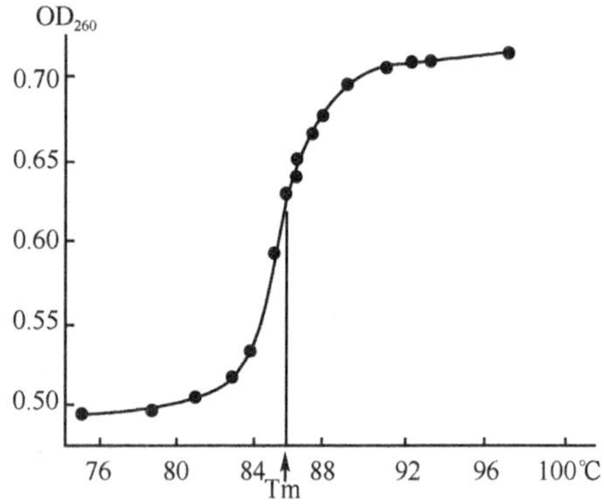

图 3-12　DNA 的解链曲线

（二）DNA 复性

当 DNA 变性后，缓慢除去变性条件，解开的两条链又可重新缔合而形成双螺旋结构，这个过程叫作 DNA 复性。复性后的 DNA，其理化性质和生物活性都可以恢复。

热变性后 DNA 单链只能在温度缓慢下降时才可重新配对复性，这一过程也称退火。但如果迅速冷却至 4℃以下，复性不能发生，这一特性被用来保持 DNA 的变性状态（图 3-13）。

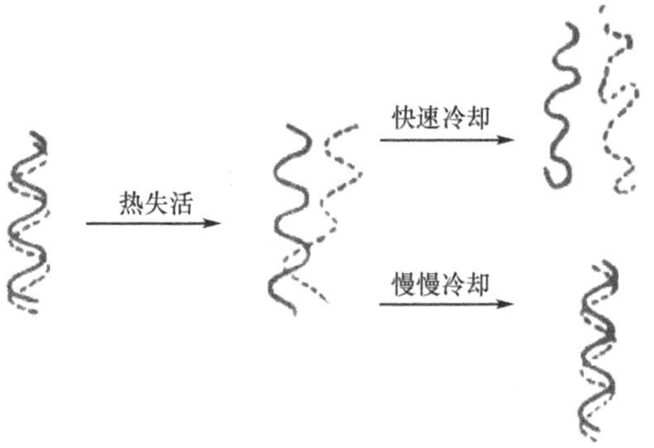

图 3-13　DNA 热变性与复性

（三）核酸分子杂交

近年发展起来的分子杂交技术就是以核酸的变性与复性为基础。将具有一定互补序列的不同的 DNA 单链或 RNA 单链，在一定条件下按碱基互补规律结合成双链的过程称为分子杂交。核酸分子杂交可发生在 DNA-DNA、RNA-RNA、DNA-RNA 之间。

核酸分子杂交技术可用于基因定位、

确定两种核酸分子间的序列相似性，同时该方法也是基因芯片技术的基础。核酸分子杂交技术已经广泛应用于遗传病诊断、肿瘤病因学、病原体检测等医学领域。

将一段核苷酸链（可以是 DNA 片段或 RNA 片段），用放射性核素或荧光标记作为探针。在一定条件下将探针和待测 DNA 杂交，如果核苷酸探针与待测 DNA 或 RNA 有互补序列，可产生杂交双链，形成的杂交双链检测其放射性核素或荧光标记位置，即得知与探针有互补关系的 DNA 或 RNA 的碱基序列（图 3-14）。

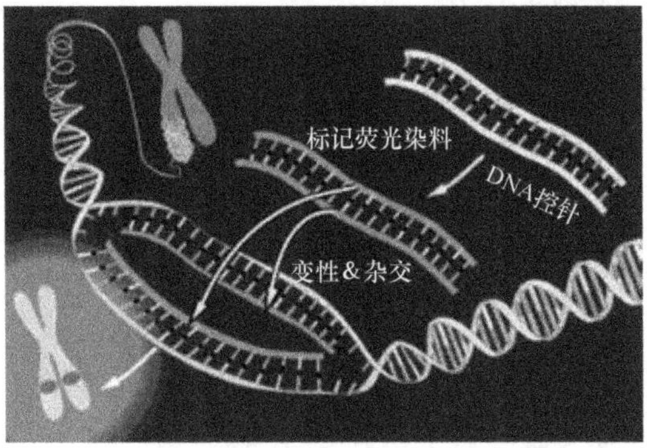

图 3-14　探针技术的基本原理

小结

核酸是由核苷酸聚合而成的生物大分子，是遗传信息的携带者，包括脱氧核糖核酸（DNA）和核糖核酸（RNA）。核苷酸由磷酸、戊糖和碱基组成。DNA 含 A、C、G、T 四种碱基，RNA 含 A、C、G、U 四种碱基。

核酸的一级结构是指多核苷酸链中核苷酸的排列顺序（也称碱基序列）。DNA 的二级结构是双螺旋结构，通过 A-T 和 G-C 碱基互补规律相互以氢键连接，构成遗传信息传递、DNA 半保留复制的基础。双螺旋 DNA 进一步扭曲而成的超螺旋称为 DNA 的三级结构。

RNA 主要有 mRNA、tRNA、rRNA，它们均参与遗传信息的传递与表达过程。mRNA 是蛋白质合成的直接模板，tRNA 是转运氨基酸的载体；rRNA 是蛋白质合成场所——核糖体的组成成分。

DNA 在热或其他变性剂的作用下，双螺旋结构遭到破坏，发生变性。变性 DNA 产生增色效应。核酸加热变性过程中紫外光吸收值达到最大值的一半时的温度称为核酸的解链温度（Tm），Tm 值的大小与 G-C 含量成正相关。变性的 DNA 单链在适当条件下又能恢复双螺旋结构，即复性作用。不同来源的变性核酸一起复性，则可能发生杂交，杂交是许多分子生物学技术的基础。

自测题

一、名词解释

1. 碱基互补规律　2.DNA 变性　3. 解链温度　4. DNA 复性　5. 分子杂交

二、填空题

1. 核酸的基本组成单位是，核苷酸由________、________和________组成。
2. DNA 分子中含有四种碱基________、________、________、________；RNA 分子中含有四种碱基________、________、________、________。
3. ATP 称为________，其分子中含有________个磷酸基团，________个高能磷酸键。
4. DNA 的二级结构为________，tRNA 的二级结构为________。
5. 在蛋白质合成中，信使 RNA 是蛋白质合成的________，转运 RNA 是________，核糖体 RNA 参与________的构成。
6. 成熟的________有帽子和尾巴结构。
7. DNA 变性时，________对含量越多，________值

就越高。

三、选择题

1. 下列哪组物质是 DNA 的基本组成成分（ ）
   A. 脱氧核糖，A，U，C，G，磷酸
   B. 核糖，A，T，C，G，磷酸
   C. 脱氧核糖，A，T，C，G，磷酸
   D. 脱氧核糖，A，T，C，U，磷酸
   E. 核糖，A，U，C，G，磷酸
2. 组成核酸分子的碱基主要有（ ）
   A. 2 种　B. 3 种
   C. 4 种　D. 5 种
   E. 6 种
3. 下列哪种碱基只存在于 RNA 而不存在于 DNA 中（ ）
   A. 腺嘌呤　B. 鸟嘌呤
   C. 胞嘧啶　D. 胸腺嘧啶
   E. 尿嘧啶
4. 只存在于脱氧核糖核酸中的碱基是
   A. 腺嘌呤　B. 鸟嘌呤
   C. 胞嘧啶　D. 胸腺嘧啶
   E. 尿嘧啶
5. 核酸中核苷酸之间的连接方式是（ ）
   A. 2’，3’- 磷酸二酯键
   B. 3’，5’- 磷酸二酯键
   C. 2’，5’- 磷酸二酯键
   D. 糖苷键
   E. 肽键
6. DNA 的二级结构是（ ）
   A. 多聚 A 结构　B. 核小体结构
   C. 双螺旋结构　D. 三叶草结构
   E. 多个脱氧核苷酸的排列顺序有
7. Waston 和 Crick 的 DNA 结构模型描述正确的是（ ）
   A. 每个螺旋含 11 个碱基对，遵守右手螺旋法则
   B. 对应碱基之间以共价键形式结合
   C. 碱基配对原则是 A-U、C-G 配对
   D. DNA 两条多聚核苷酸链反方向缠绕
   E. 碱基处于螺旋结构的外侧
8. DNA 双螺旋结构模型中每旋转一圈的碱基对数是（ ）
   A. 8　B. 9
   C. 10　D. 11
   E. 12
9. DNA 两条链之间形成双螺旋的化学键是（ ）
   A. 磷酸二酯键　B. N—C 糖苷键
   C. 戊糖内 C—C 键　D. 碱基内 C—C 键
   E. 碱基间氢键
10. 在加热变性时，DNA 分子变化表现为（ ）
    A. 磷酸二酯键断裂　B. 形成超螺旋
    C. 碱基丢失，螺旋减少　D. 形成左手螺旋
    E. 双螺旋解链
11. 维系 mRNA 稳定性的主要结构是（ ）
    A. 内含子　B. 苯环结构
    C. 三叶草结构　D. 多聚腺苷酸尾巴
    E. 双螺旋结构
12. 含有 2 个高能磷酸键的化合物是（ ）
    A. ATP　B. ADP
    C. AMP　D. UDP
    E. CMP

四、简答题

1. DNA 和 RNA 的分子组成与分子结构有哪些区别？
2. 简述 DNA 双螺旋结构的要点。

（马红雨）

4 第四章 酶

生物体由细胞构成，每个细胞由于酶的存在才表现出新陈代谢等各种生命现象。酶是人体内新陈代谢的催化剂，人类的许多疾病与酶的结构、功能、含量改变有关。

第1节 概 述

案例 4-1

某患儿，男，7岁，经常出现鼻塞，流清涕，鼻痒，喉部不适，咳嗽，就医后诊断为慢性鼻炎。医生给予鼻炎康口服液和溶菌酶肠溶片治疗时，嘱其溶菌酶肠溶片要整片吞服，不可研碎。

问题：1. 溶菌酶肠溶片不可研碎服用是因为酶促反应中的哪一项特点？

2. 酶促反应有什么特点？

一、酶的概念

酶是由活细胞产生的能够在体内外起催化作用的蛋白质，也称生物催化剂。20世纪80年代人们又发现少数核酸也具有催化作用，称为核酶。酶所催化的化学反应称为酶促反应。在酶促反应中被酶催化的物质称底物（S）；催化反应生成的物质称产物（P）；酶所具有的催化能力称酶活性，若失去催化能力称酶失活。

二、酶促反应的特点

酶是一类生物催化剂，所以它与一般催化剂一样能够显著改变反应速度而其本身在反应前后都没有发生改变。酶的化学本质是蛋白质，所以酶具有不同于一般催化剂的特点。

（一）高度的催化效率

酶的催化效率通常比非催化反应高 $10^8 \sim 10^{20}$ 倍，比一般催化剂高 $10^7 \sim 10^{12}$ 倍。例如过氧化氢酶催化过氧化氢水解的速度是 Fe^{2+} 催化作用的 6×10^5 倍左右；脲酶催化尿素水解的速度是 H^+ 催化作用的 7×10^{12} 倍。

（二）高度的特异性

与一般催化剂不同，酶对其所催化的底物具有较严格的选择性。即酶只能催化一种或一类化合物，使其发生一定的化学反应，生成一定的产物，这种现象称为酶的特异性。根据酶对底物分子结构选择的严格程度不同可分三类：

1. 绝对特异性 酶只催化特定结构的底物，进行一种专一的反应，生成一种特定结构的产物。例如脲酶只能催化尿素水解生成 NH_3 和 CO_2，而对尿素衍生物甲基尿素则无此水解作用。

2. 相对特异性 酶能催化一类化合物或一种化学键进行反应称为相对特异性。例如磷酸酶可水解磷酸酯键，只要含有磷酸酯键的磷酸酯都可以被其水解，只是水解的速度不同。

3. 立体异构特异性 有些酶只催化底物的一种立体异构体称为立体异构特异性。例如乳酸脱氢酶仅催化 L- 乳酸，而不作用于 D- 乳酸。

（三）高度的不稳定性

酶的化学本质是蛋白质，凡能使蛋白质变性的理化因素（强酸、强碱、重金属盐、有机溶剂、高温、紫外线、剧烈震荡等）都可以使酶变性失活。

（四）酶的活性可调节性

酶促反应可受多种因素（如产物、底物、激素等）的调控，有的可提高酶的活性，有的可抑制酶的活性，从而适应不断变化的生命活动的需要。

案例 4-1 分析

1. 酶具有高度的不稳定性。溶菌酶肠溶片研碎服用，溶菌酶则有可能在胃酸的酸性条件下变性失活。

2. 酶促反应的特点有：高度的催化效率、高度的特异性、高度不稳定性和可调节性。

三、酶的命名与分类

（一）酶的命名

1. 习惯命名法

(1) 根据酶所催化的底物命名：如催化淀粉水解的酶称淀粉酶。

(2) 根据酶所催化的反应类型命名：如催化脱氢反应的酶称脱氢酶。

(3) 根据酶所催化的底物和反应类型命名：如乳酸脱氢酶。

2. 系统命名法 在习惯命名中，酶的名称短、使用方便，但也缺乏系统性，常常出现一名数酶或一酶数名，为了避免酶名称的重复，1961 年国际酶学委员会制定了酶的系统命名法。系统命名法强调必须标明酶的底物及催化反应的类型，如底物不止一个，则在两底物之间用“：”隔开。例如乳酸：NAD^+ 氧化还原酶。由于许多酶作用的底物是两个或多个，且化学名称较长，使酶的系统名称过长且太复杂，人们仍多使用习惯命名法。

（二）酶的分类

考点： 酶促反应的概念及特点

按照酶催化反应的类型不同分为 6 类：氧化还原酶类、转移酶类、水解酶类、异构酶类、裂解酶类、合成酶类。

第 2 节　酶的结构与功能

一、酶的分子组成

酶的化学本质是蛋白质，蛋白质所有的化学性质酶也具有。所以酶同样具有蛋白质的各级结构。按酶的分子组成可分为：

1. 单纯酶　仅由氨基酸组成。一般催化水解反应，如蛋白酶、淀粉酶、脂肪酶等。

2. 结合酶　由蛋白质部分和非蛋白质部分组成。前者称酶蛋白，后者称辅助因子。只有两者结合在一起时才具有催化活性，称全酶。酶蛋白和辅助因子单独存在时均无活性。

结合酶（全酶）= 酶蛋白 + 辅助因子

一种酶蛋白只能与一种辅助因子结合，而一种辅助因子可以和多种酶蛋白结合。因此酶蛋白决定酶的特异性，辅助因子决定反应类型，发挥接受或供给电子、原子或化学基团的作用。如乳酸脱氢酶催化的反应：

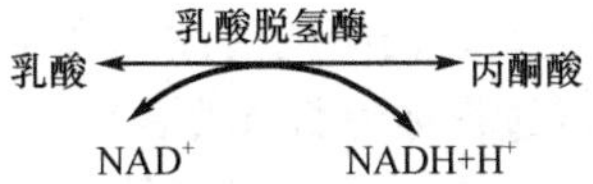

在这个反应中，NAD^+ 是乳酸脱氢酶的辅酶，具有传递氢和电子的作用。

辅助因子有两类：一类是无机金属离子，如 Cu^{2+}、Mg^{2+}、Zn^{2+}、K^+ 等；另一类是小分子有机化合物，主要是 B 族维生素。根据辅助因子与酶蛋白结合牢固程度不同又分为辅酶和辅基。与酶蛋白结合疏松，可用透析等方法分开称辅酶，反之称为辅基。

二、酶的活性中心

酶的分子很大，而酶分子中存在的各种化学基团并不一定都与酶的活性有关。与酶活性密切相关的基团称为酶的必需基团。这些必需基团在一级结构上可能相距很远，但在空间结构中酶的必需基团彼此靠近，形成具有一定空间构象的区域，能与底物专一地结合并将底物转化为产物，这一区域称为酶的活性中心（图 4-1）。

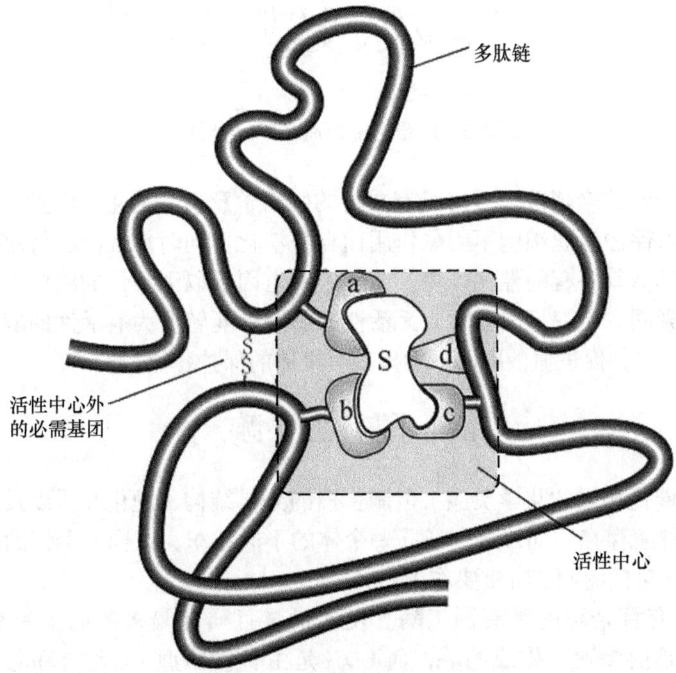

图 4-1　酶活性中心示意图

酶的必需基团有两类：一类是活性中心内的必需基团，包括结合基团和催化基团。结合基团能识别底物并与底物结合，从而形成复合物；催化基团可催化底物发生化学反应，并使之转化为产物；另一类是活性中心外的必需基团，维持活性中心的空间结构。酶的活性中心是酶分子中具有三维结构的区域，大多为凹陷和裂缝。不同酶分子活性中心的结构是各不相同的，它只能结合与之相适应的底物，发生一定的化学反应，这样就从结构基础上说明了酶催化作用的特异性。

三、酶原与酶原激活

有些酶在细胞合成或初分泌时并不具备酶的活性，只有在一定条件下，这些酶的前体被水解致使构象发生改变后，才能表现出酶的活性。这种无活性的酶的前体称为酶原。酶原在一定条件下转变为有活性酶的过程称为酶原激活。

酶原激活实质上是酶的活性中心的形成或暴露的过程。例如胰蛋白酶原从胰腺初分泌时并无活性，当随胰液进入小肠后，在 Ca^{2+} 存在下受肠激酶的激活使分子构象发生改变，从而形成酶的活性中心，成为有催化活性的胰蛋白酶（图 4-2）。

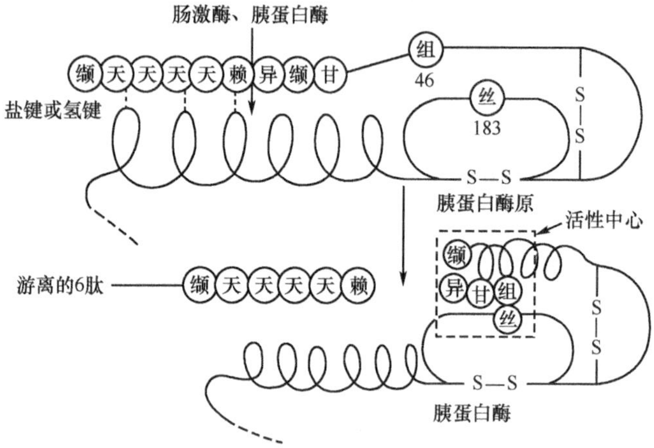

图 4-2　胰蛋白酶原激活的示意图

某些酶以酶原形式合成或初分泌具有重要的生物学意义。消化管内蛋白酶以酶原的形式分泌，这样可以保护组织细胞不因酶作用而自身消化。同时保证酶在特定的部位、环境和特定的条件下发挥其特有的催化作用。血浆中凝血因子以无活性的酶原形式存在，能防止血液在血管内凝固。当一旦出血时，无活性的酶原就能转变为有活性的酶，催化纤维蛋白酶原变成纤维蛋白，促进血液凝固，发挥其对机体的保护作用。

四、同　工　酶

同工酶是指催化相同的化学反应，但酶蛋白的分子结构、理化性质以及免疫学特性不同的一组酶。这种酶存在于同一种属或同一个体的不同组织；或同一个体的同一细胞的不同亚细胞结构中，对代谢调节有重要作用。

现在已发现有百余种酶具有同工酶。发现最早且研究最多的同工酶是乳酸脱氢酶（LDH）。同工酶是由多亚基构成的酶，而 LDH 是由骨骼肌型（M 型）和心肌型（H 型）2 种 4 个亚基构成的，因此也称为四聚体酶。根据亚基组成的数量不同分为 $LDH_1(H_4)$、$LDH_2(H_3M)$、$LDH_3(H_2M_2)$、$LDH_4(HM_3)$、$LDH_5(M_4)$。由于不同组织器官中 LDH 的种类、含量和分布比例不同从而使不同组织器官形成特有的同工酶谱（表 4-1）。

表 4-1 人体各组织器官中 LDH 同工酶分布

人体组织器官	同工酶百分比 (%)				
	LDH_1	LDH_2	LDH_3	LDH_4	LDH_5
心	67	29	4	< 1	< 1
肝	2	4	11	27	56
骨骼肌	4	7	21	27	41
肾	52	28	16	4	< 1
红细胞	42	36	15	5	2
血清	27	38	22	9	4

同工酶的测定对于疾病的诊断具有重要意义。正常情况下心肌中 LDH_1 含量最多，LDH_5 在肝、骨骼肌中含量较高。当急性心肌梗死或心肌细胞损伤时，心肌中的 LDH_1 大量释放入血，致使血清中 $LDH_1 > LDH_2$。

五、酶的作用机理

（一）酶可降低反应的活化能

反应物从初态转变为活化状态所需要的能量称为活化能。酶比一般催化剂更有效降低反应所需活化能，使底物只需较少能量就可进入到活化状态，从而转变为产物（图 4-3）。

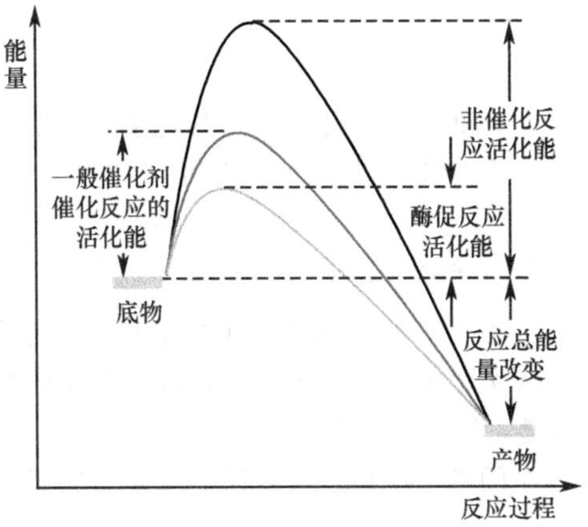

图 4-3 反应活化能的改变

（二）中间产物学说

现已证实，酶在催化反应时，先是底物 (S) 与酶 (E) 的活性中心靠近，生成酶底复合物 (ES)，然后 ES 再分解为反应产物 (P)，并同时释放出酶 (E)。释放出的酶又可与底物结合，继续发挥其催化功能，所以少量酶就可催化大量的底物。可用反应式表示：

$$E+S \longleftrightarrow ES \longleftrightarrow E+P$$

（三）相互诱导契合假说

"诱导契合"假说指出，酶并不是事先就以一种与底物互补的形状存在，底物的结构和酶的活性中心的结构并不是刚好吻合的。生物反应中，酶和底物结合的过程中，受到诱导之后酶或底物分子或两者的构象均发生改变后才互补结合。底物一旦结合上去，就能诱导酶蛋白的构像发生相应的变化，从而使酶和底物契合，而这个动态的的辨认过程称为酶 - 底物结合的相互诱导契合。形成酶 - 底物结合物，并引起底物发生反应。

考点： 全酶的概念、意义；酶的活性中心的概念；酶原与酶原激活存在的意义；同工酶的概念

第 3 节 影响酶促反应速度的因素

酶促反应速度的表示：单位时间内底物的消耗量（或减少量）或产物的生成量。酶活性的充分发挥是决定酶促反应速度的主要因素。酶的本质是蛋白质，酶蛋白的空间构象受很多因素的影响发生改变，从而使酶的活性改变。因此，研究影响酶促反应速度的各种因

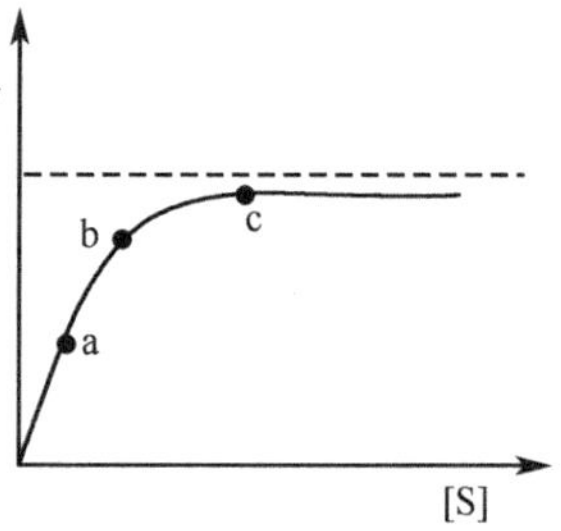

图 4-4　底物浓度的影响

素对疾病的诊断和治疗有着重要的意义。

一、底物浓度的影响

在酶浓度及其他条件不变的情况下，反应速度与底物浓度的关系可用矩形双曲线表示（图 4-4）。在酶量恒定时，当底物浓度很低，酶没有全部与底物结合时，随着底物浓度的增高，酶促反应速度呈直线上升（0 ～ a）；当底物浓度继续增高时，大部分酶已与底物结合，酶促反应速度增加渐缓（a ～ b 段）；当底物浓度继续升高，所有酶都与底物结合，达到最大反应速度后，酶促反应速度不再增加（c 点）。

二、酶浓度的影响

在底物浓度足够大及其他条件不变时，反应速度与酶浓度呈正比关系（图 4-5）。即酶浓度越大，反应速度越快。

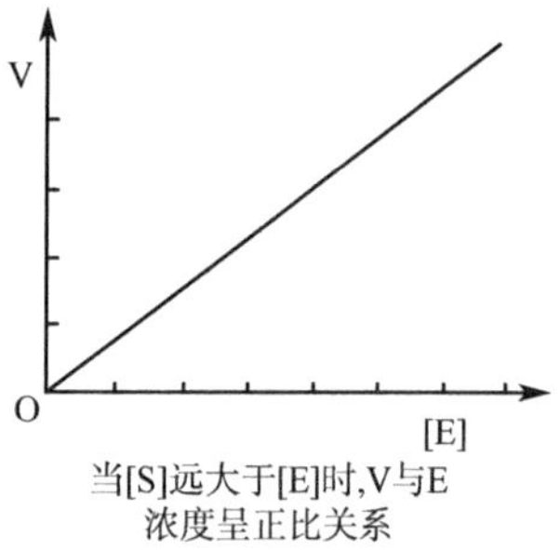

图 4-5　酶浓度的影响

案例 4-2

患者，男，38 岁，工作中一只手指被机器意外切掉。同事见状立即为其包扎并把断指保存在含有大量冰块的保温箱中，送患者到省医院就诊。

问题：断指为何要保存在 0℃的低温环境中？

三、温度的影响

酶促反应速度达到最大值时环境的温度称为酶的最适温度（图 4-6）。人体内大多数酶的最适温度在 37℃左右。

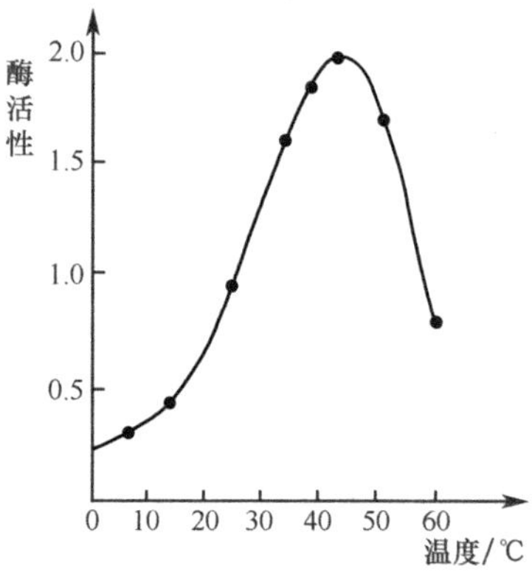

图 4-6　温度的影响

酶是生物催化剂，温度对酶促反应速度有双重影响：一方面，在低温状态下，随着温度的升高，可以加速酶促反应进程。酶在低温条件下受抑制活性降低，但酶的结构并没有被破坏，一旦温度回升酶活性便可恢复；另一方面，当温度超过最适温度仍继续升高，由于酶的本质是蛋白质，随着温度升高酶蛋白变性、酶失活，从而反应速度降低。许多酶在 60℃以上开始变性，80℃时多数酶的变性不可逆。

温度对酶促反应速度的影响在临床上具有重要意义。如临床上低温麻醉就是利用酶的这一性质来减慢细胞代谢速度，从而提高人体对氧和营养物质缺乏的耐受性。同时利用高温使酶变性的原理进行消毒灭菌也是如此。

案例 4-2 分析

在低温情况下，酶活性降低，新陈代谢速度减慢，断指的细胞存活时间得以延长，为断指再接创造条件。

四、pH 的影响

环境 pH 对酶活性影响很大。在某一 pH 时，酶活性最大，酶促反应速度达到最大时的环境 pH 称为酶的最适 pH（图 4-7）。pH 能影响酶与底物的解离，也影响酶分子活性中心必需基团的解离，从而影响酶与底物的结合。各种酶的最适 pH 不同，生物体内大多数酶的最适 pH 近中性，但也有例外，如胃蛋白酶的最适 pH 为 1.8。溶液的 pH 高于或低于最适 pH 时，酶的活性降低。偏离最适 pH 越远酶活性越低，甚至令酶变性失活。因此在测定酶活性时，要选择适宜的缓冲溶液以保持酶活性的相对恒定。

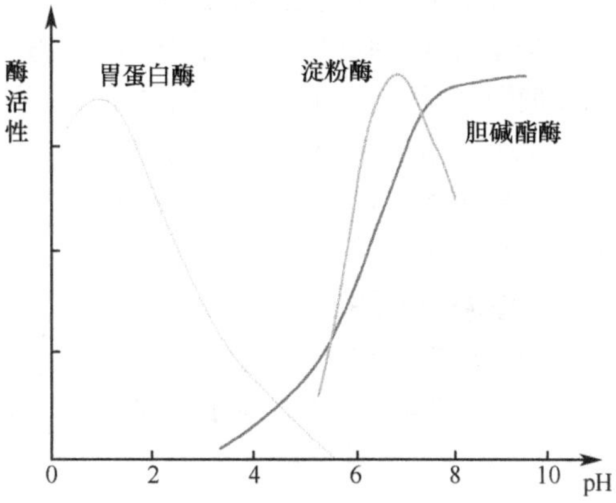

图 4-7 pH 的影响

五、激活剂的影响

凡能使酶从无活性变成有活性或使酶活性增高的物质称为酶的激活剂。根据酶激活剂的依赖程度分为：

1. 必需激活剂 是酶促反应中不可缺少的，如果缺乏酶促反应则无法进行。大多数是常见的阳离子，如 Ca^{2+}、Mg^{2+}、Fe^{2+}、K^{+} 等。

2. 非必需激活剂 虽可使酶的活性升高，但没有它酶还是有活性的，酶促反应仍能进行。如阴离子 Cl^{-} 可使淀粉酶活性升高。

案例 4-3

某患者，女，30 岁，因急性中毒入院就诊。查体：体温 36℃、脉搏 100 次 / 分、呼吸 16 次 / 分、瞳孔直径约 1mm、多汗、流涎、轻度呼吸困难并伴有大蒜味、意识障碍。医生给予立即洗胃、输液。

问题： 1. 该患者为何物中毒？

2. 此中毒是属哪种抑制作用？

六、抑制剂的影响

凡能使酶活性降低，但又不使酶变性的物质称酶的抑制剂（I）。

抑制剂对酶有一定选择性，与酶的活性中心内或外的必需基团结合，从而抑制酶的催化活性，去除抑制剂后酶仍可表现其原有活性。而引起变性的因素（如强酸、强碱等）则对酶没有选择性。根据抑制作用不同分两类：

（一）不可逆性抑制作用

抑制剂以共价键与酶活性中心的必需基团结合，使酶失活。因结合牢固用透析或超滤等物理方法不能将其除去，称为不可逆性抑制。

常见的有机磷农药可与胆碱酯酶活性部位丝氨酸的羟基共价结合，从而使酶失活。正常情况下，乙酰胆碱在胆碱酯酶的催化下水解生成乙酰和胆碱，但有机磷进入机体后抑制了胆碱酯酶的活性使乙酰胆碱不能被水解，以致其在体内堆积产生中毒症状，如缩瞳、出汗、流涎、呼吸困难等。而解磷定与有机磷的亲和力更大，能解除有机磷对胆碱酯酶的抑制，从而使酶恢复活性。临床上常用解磷定来抢救有机磷农药中毒的患者。

某些重金属离子（Hg^{2+}、Ag^{2+} 等）可与酶分子上的巯基（—SH）结合，使含巯基酶失活导致人畜中毒。临床上常用含巯基的二巯基丙醇等化合物取代酶分子上的重金属离子从而使酶恢复活性。

案例分析 4-3

1. 该患者是有机磷农药中毒。

2. 有机磷农药中毒属于酶的不可逆性抑制。临床上常用解磷定来抢救有机磷农药中毒的患者。

（二）可逆性抑制作用

抑制剂以非共价键与酶结合，使酶的活性降低或丧失。用透析或超滤等物理方法可将其去除，称可逆性抑制作用。根据抑制剂与酶结合的位置不同分为：

1. 竞争性抑制 抑制剂的结构与底物相似，可竞争与酶的活性中心结合，从而阻碍酶与底物的结合，酶的活性受到抑制。

竞争性抑制作用的强弱取决于抑制剂和底物的相对浓度和两者亲合力的大小。可用增加底物浓度的办法减轻抑制剂对酶的抑制作用。例如丙二酸对琥珀酸脱氢酶有抑制作用，是因丙二酸与琥珀酸结构相似。若丙二酸浓度增大时抑制作用增强；若增加琥珀酸的浓度则抑制作用减弱。

$$\begin{array}{l} E+S \longleftrightarrow ES \rightarrow E+P \\ + \\ I \\ \updownarrow \\ EI \end{array}$$

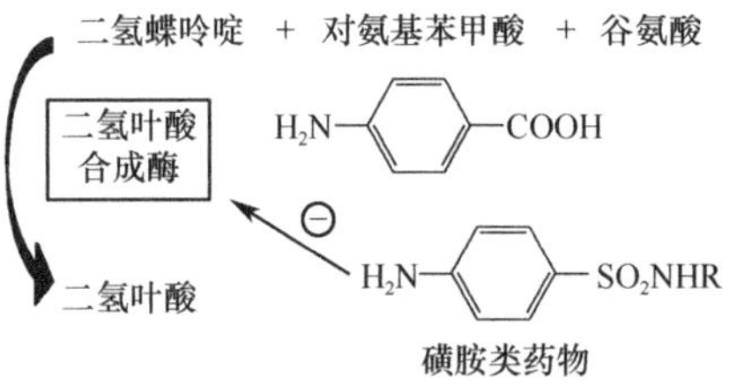

图 4-8 磺胺类药物抑菌机制

竞争性抑制作用在临床上应用广泛。以磺胺类药物抑菌作用为例：细菌进入人体后可利用对氨基苯甲酸二氢叶酸合成酶催化合成二氢叶酸，再进一步生成四氢叶酸而参与合成核酸，从而繁殖生长。而磺胺类药与对氨基苯甲酸结构相似可竞争二氢叶酸合成酶，进而阻碍核酸合成，导致细菌生长繁殖受抑制（图 4-8）。

2. 非竞争性抑制 抑制剂与底物结构无相似之处，抑制剂与酶活性中心外的必需基团可逆结合，使酶的活性受到抑制。对酶的抑制程度只取决于抑制剂浓度的大小。

考点：温度、pH、抑制剂对酶促反应的影响。

$$\begin{array}{lcl} E+S & \longleftrightarrow & ES \rightarrow E+P \\ + & & + \\ I & & I \\ \updownarrow & & \updownarrow \\ EI+S & \longleftrightarrow & EIS \end{array}$$

第4节 酶与医学的关系

一、酶与疾病的发生

有些疾病的发生是由于某些酶缺损或受到抑制所致。例如乳糖酶可水解乳汁中的乳糖，如果婴儿缺乏此酶则会引起腹泻；6-磷酸葡萄糖脱氢酶缺乏导致蚕豆病；氰化物中毒是抑制了细胞色素氧化酶；有机磷农药中毒是由于抑制了胆碱酯酶。

二、酶与疾病的诊断

正常情况下，细胞内的酶在血液中的含量很低。当某些器官组织细胞损伤时，细胞内的酶释放入血，使血中该酶含量升高；或因病导致细胞合成酶的能力下降，而使血中某种酶活性下降。因此通过对血、尿等体液和分泌液中某种酶活性的测定有助于疾病的诊断。例如急性肝炎时血浆丙氨酸氨基转移酶（ALT）活性升高；急性胰腺炎时血清淀粉酶活性升高；肝功能低下时凝血酶原活性下降。

三、酶与疾病的治疗

酶作为药物用于疾病治疗已被人们所认识。最早是用于助消化，如胃蛋白酶、多酶片、胰酶片等；现用于外科扩创、化脓伤口的净化（如胰蛋白酶、溶菌酶等）及溶栓（链激酶、尿激酶、纤溶酶等）。

小结

酶是具有催化功能的蛋白质。酶促反应的特点是：具有高度的催化效率、高度的特异性、高度的不稳定性和可调节性。酶发挥催化功能的关键结构区域称为酶的活性中心，由酶分子上的必需基团构成。必需基团主要是活性中心内的结合基团、催化基团及活性中心外的必需基团。

无活性的酶的前体称为酶原。酶原在一定条件下转变为有活性的酶的过程即为酶原的激活。以酶原形式存在并在特定条件下激活对机体有重要生理意义。

影响酶活性的因素主要有底物浓度、酶浓度、温度、pH、激活剂和抑制剂。

酶的异常或酶活性被抑制与许多疾病的发生与发展有关。测定体液中的酶活性可协助诊断多种疾病。

自测题

一、名词解释

1. 酶 2. 酶的活性中心 3. 酶原

二、填空题

1. 酶促反应具有________、________、________和________等催化特点。
2. 影响酶促反应速度的因素有________、________、________、________和________。
3. 全酶由________和________组成，在催化反应时，二者所起的作用不同，其中________决定酶的特异性，________决定其反应类型，起传递电子、原子或化学基团的作用。

4. 根据国际系统分类法，所有的酶按所催化的化学反应的性质可分为六类________、________、________、________、________和________。

5. 酶活性中心的必需基团分为________和________两种，其中________直接与底物结合，决定酶的专一性，________是发生化学变化的部位，决定催化反应的性质。

6. 磺胺类药物可以抑制________酶，从而抑制细菌生长繁殖。

7. 酶是生物催化剂，其化学本质是________。

8. 磺胺类药物能抑制细菌的生长，因为它是________结构类似物，能________性地抑制________酶的活性。

9. 乳酸脱氢酶有________种________个亚基组成。体内有________种乳酸脱氢酶的同工酶，在临床诊断上有应用价值。

三、选择题

1. 酶的化学本质是（　　）
   A. 蛋白质　　B. 核酸
   C. 小分子有机物　　D. 多肽
   E. 活性中心

2. 脲酶只能催化尿素水解，而对尿素的衍生物不起作用为何特点（　　）
   A. 高催化效率　　B. 绝对特异性
   C. 相对特异性　　D. 立体异构特异性
   E. 活性可调节性

3. 决定结合酶特异性的是（　　）
   A. 小分子有机化合物　　B. 辅助因子
   C. 酶蛋白　　D. 酶原
   E. 以上都是

4. 辅酶与辅基的主要区别是（　　）
   A. 分子大小不同
   B. 与酶蛋白结合牢固度不同
   C. 化学本质
   D. 催化作用不同
   E. 以上都不是

5. 酶的活性中心是指（　　）
   A. 酶分子的催化基团
   B. 酶分子上的结合基团
   C. 酶分子上的中心部位
   D. 由必需基团构成的具有一定空间构象的区域
   E. 以上都对

6. 酶原存在的生理意义是（　　）
   A. 加速代谢　　B. 避免自身损伤
   C. 使酶活性升高　　D. 恢复酶的活性
   E. 使酶促反应进行

7. 肝及肌组织中活性最高的是（　　）
   A. LDH_1　　B. LDH_2
   C. LDH_3　　D. LDH_4
   E. LDH_5

8. 酶促反应速度与酶浓度成正比的条件是（　　）
   A. 底物浓度足够大　　B. 酶浓度足够大
   C. 酸性条件　　D. 碱性条件
   E. 竞争性抑制剂

9. 温度对酶促反应速度的影响叙述正确的是（　　）
   A. 60℃以后温度越高活性越大
   B. 低温使酶活性受抑制，但温度升高也不能恢复酶的活性
   C. 高温破坏酶活性，温度降低后恢复
   D. 低温可降低酶活性
   E. 酶活性大小与温度成正比关系

10. 中年男性病人，与同学聚会大量酗酒后出现呕吐、急腹症，经查疑为急性胰腺炎，应测血中何酶（　　）
    A. 乳酸脱氢酶　　B. 淀粉酶
    C. 胆碱酯酶　　D. 谷丙转氨酶
    E. 磷酸酶

11. 全血胆碱酯酶活性测定有助于明确诊断的急性中毒是（　　）
    A. 一氧化碳中毒　　B. 有机氮中毒
    C. 肉毒碱中毒　　D. 有机磷中毒
    E. 氰化物中毒

12. pH 对酶促反应的影响很大，越远离最适 pH 时反应速度（　　）
    A. 越快　　B. 越慢
    C. 不一定　　D. 不变
    E. 以上都有可能

13. 竞争性抑制作用可通过增加何物而解除（　　）
    A. 抑制剂浓度　　B. 胆碱酯酶

C. 底物浓度　　D. 磺胺

E. 对氨基苯甲酸

14. 竞争性抑制剂的作用方式是（　）

A. 与辅基结合

B. 与辅酶结合

C. 使酶变性失活

D. 改变酶的非必需基团

E. 占据酶的活性中心

15. 急性心梗用尿激酶治疗，其作用在于（　）

A. 增强心肌收缩　　B. 促进心肌代谢

C. 溶解冠脉血栓　　D. 疏通心肌微循环

E. 减轻心脏前负荷

（梁林生）

5

第五章 维 生 素

第1节 概 述

一、维生素的概念

维生素是维持人体正常生理功能所必需的营养素，是人体内不能合成或合成量甚少，必须由食物供给的一组低分子有机化合物。维生素既不构成机体组织的组成成分，也不氧化供能，而是在调节人体物质代谢和维持正常生理功能等方面发挥着极其重要的作用。

维生素是维持人体生长和健康所必需的营养物质。维生素的每日需要量甚少，以mg或μg计，大多数维生素在机体内不能自行合成，必须由食物摄取。维生素通常以辅酶形式参与体内的酶促反应，有着其他物质所不能取代的功能。

二、维生素的分类

根据溶解性，维生素可分为脂溶性维生素和水溶性维生素两大类。

脂溶性维生素有维生素A、D、E、K；水溶性维生素包括维生素B族（B_1、B_2、B_6、B_{12}、叶酸、泛酸、PP、生物素）和维生素C。

脂溶性维生素的特点：

1. 是疏水性化合物，不溶于水而溶于脂肪及有机溶剂。
2. 常与脂类共存，伴随脂类物质的吸收而吸收。
3. 主要储存于肝脏，摄取过多，可引起中毒。

脂溶性维生素的吸收途径与脂肪类似，被淋巴组织吸收，依靠各种蛋白质载体在血液中进行运输。脂溶性维生素可以与脂类物质一起贮存在肝和脂肪组织，由于可以贮存，所以其中某些维生素摄入过多可引起维生素中毒。

水溶性维生素的特点：

1. 溶于水，易从尿中排出。
2. 体内没有非功能性的单纯的储存形式。
3. 易出现缺乏症状。

水溶性维生素一般可直接吸收进入血液中，自由地进行转移。多数都不能在组织中大量贮存，过量的部分会通过尿液排出。

三、维生素缺乏症的原因

1. 维生素摄入量不足 食物中供给的维生素不足或因储存、加工、烹调不合理使维生素破坏或丢失。

2. 机体吸收障碍 多见于消化系统疾病的患者，如长期腹泻、消化道梗阻及胆道疾患，常伴有维生素吸收障碍。

3. 需要量增加而未得到及时补充 如生长期儿童、孕妇、乳母、重体力劳动者及长期高烧、慢性消耗性疾病患者对维生素的需要增加，如得不到及时补充可引起维生素缺乏症。

考点： 维生素的概念、维生素的分类

4. 某些药物引起的维生素缺乏 长期服用抗生素，抑制肠道正常菌群的生长，可引起某些由肠道细菌合成的维生素缺乏，如维生素 K、B_6、叶酸等。

第 2 节 脂溶性维生素

案例 5-1

刘某是某公司的领导，工作很忙，其 2 岁的儿子一直由奶奶和爷爷照顾，两位老人年事已高，行动不便，故很少领孩子到户外活动。最近发现孩子盗汗、夜间常常惊醒，有枕秃。

问题： 1. 该儿童患有哪种营养性疾病？

2. 经常带孩子到室外活动能预防佝偻病吗？

一、维生素 A（抗干眼病维生素）

（一）来源

动物的肝脏、鱼肝油、奶类、蛋类及鱼卵是最好的来源。植物性食物，胡萝卜、菠菜、苋菜、杏、芒果等含 β- 胡萝卜素，后者在肠壁及肝中可转变为维生素 A。天然维生素有维生素 A_1（视黄醇）和 A_2(3- 脱氢视黄醇）。维生素 A_1 主要存在于哺乳动物和海水鱼中；维生素 A_2 主要存在于淡水鱼中。

维生素 A 原是指本身不具有维生素 A 活性，但在体内可以转变为维生素 A 的物质；在植物界中至少有 10 种胡萝卜素可转化为维生素 A，其中在人类营养中约 2/3 的维生素 A 来自 *β*- 胡萝卜素，经小肠中的加氧酶作用转化为视黄醇，因此，把 *β*- 胡萝卜素称为维生素 A 原。

（二）结构

维生素 A_1、A_2 皆为含 *β*- 白芷酮环的不饱和一元醇（图 5-1）。

β- 胡萝卜素的分子含 2 个白芷酮环和 1 个 C_{18} 不饱和链（图 5-2）。

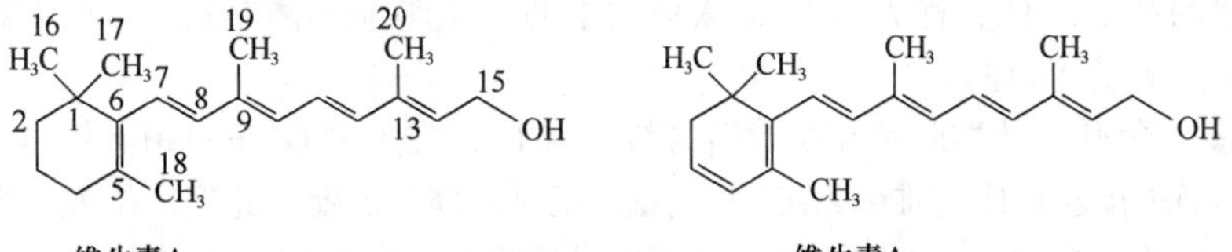

维生素A_1 视黄醇　　维生素A_2 3-脱氢视黄醇

图 5-1 维生素 A 的结构式

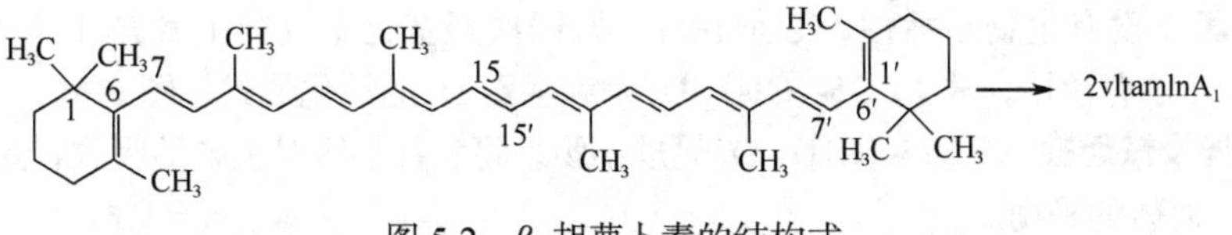

图 5-2 *β*- 胡萝卜素的结构式

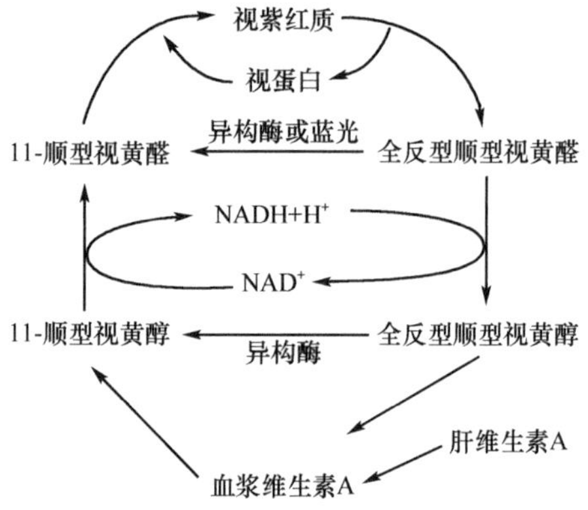

图 5-3 视紫红质分解与合成过程

（三）功能及缺乏症

1. 构成视紫红质 由 11- 顺型视黄醛与视蛋白结合合成的视紫红质，是视网膜的感光物质。视紫红质为弱光感受物质，当弱光射到视网膜上视紫红质感光时，11- 顺型视黄醛迅速地异构为全反式视黄醛，通过一系列反应产生视觉神经冲动，并刺激视神经而产生视觉。视紫红质分解后又立即再合成，从而构成视循环。维生素 A 缺乏会造成视紫红质合成减少，对弱光的敏感性下降，导致暗适应时间延长，甚至会发生夜盲症（图 5-3）。

2. 维持上皮细胞的完整与健全 维生素 A 是上皮细胞完整的必需物质，与上皮组织中的黏多糖的合成密切相关，对维持上皮组织正常形态与生长具有重要作用。因此，当维生素 A 缺乏时，上皮组织中的黏多糖合成受阻，引起分泌黏液的功能下降，使皮肤及各器官如呼吸道、腺体等的上皮组织干燥、增生等，表现为皮肤弹性下降、干燥粗糙、失去光泽甚至发生增生和角化等。维生素 A 缺乏时，以眼、呼吸道、消化道等黏膜上皮受影响最为明显。如泪腺上皮组织不健全，泪腺分泌减少，可引起角膜干燥，出现干眼病。故维生素 A 又称为抗干眼病维生素。

3. 促进生长发育 维生素 A 具有类固醇激素的作用，影响细胞分化，促进生长发育；缺乏时可引起生长停顿、发育不良。

4. 其他作用 维生素 A 是有效的抗氧化剂，有助于控制细胞膜及脂质组织的脂质过氧化。维生素 A 具有抗癌作用；流行病学研究表明，食物中的维生素 A 的摄入量与癌症的发生率成负相关。临床研究表明，多食用含 β- 胡萝卜素食物可以降低吸烟者中肺癌的发生率。

考点：维生素 A 的功能，维生素 A 原的概念

维生素 A 摄入过量可引起中毒，其症状主要有头痛、恶心、共济失调等中枢神经系统表现及肝细胞损伤。

二、维生素 D（抗佝偻病维生素）

维生素 D 为类固醇衍生物，种类很多，以维生素 D_2（麦角钙化醇）和维生素 D_3（胆钙化醇）最为重要。植物油和酵母中含有人体不能吸收的麦角固醇，经紫外线照射转变成可被人体吸收的维生素 D_2，称为 D_2 原。人体皮下的 7- 脱氢胆固醇在紫外线的照射下可转变为维生素 D_3，称为 D_3 原。

1. 来源 鱼肝油动物肝脏和蛋黄富含维生素 D_3，维生素 D_2 来自植物性食品。通常情况下，人体通过皮肤合成的维生素 D_3 的量就能满足机体的需要，此途径是人体维生素 D 的主要来源。因此，多进行沐浴阳光的户外活动是预防维生素 D 缺乏的重要措施。

2. 结构 维生素 D 是类固醇的衍生物。维生素 D_2 和 D_3 分别从麦角固醇和 7- 脱氢胆固醇经紫外线照射后转化得到（图 5-4，图 5-5）。

维生素 D 没有生物学活性，必须在肝、肾两次羟基化生成维生素 D_3 的活化生成 1，25-$(OH)_2$-D_3 才有活性，故 1，25-$(OH)_2$-D_3 是维生素 D_3 的活化形式（图 5-6）。

3. 功能及缺乏症 1，25-$(OH)_2$-D_3 促进小肠黏膜和肾小管对钙磷的吸收，促进骨代谢，维持血钙、血磷的平衡。

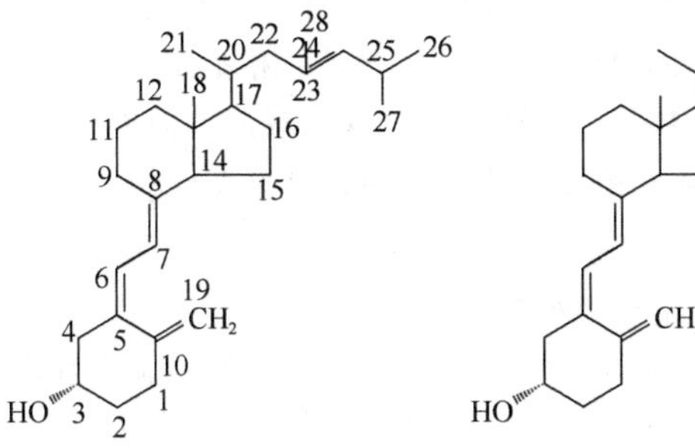

维生素D_2　　　　维生素D_3

图 5-4　维生素 D 的结构式

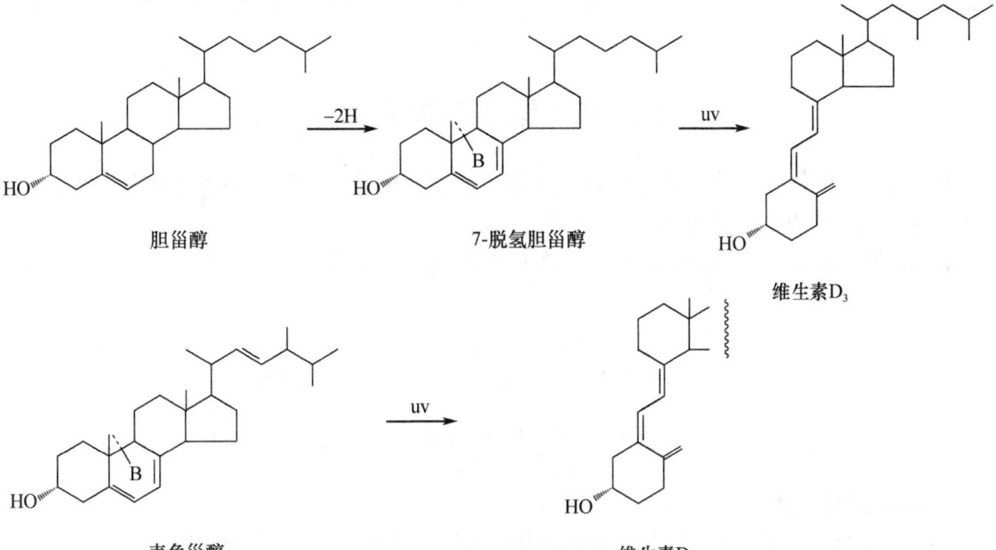

图 5-5　维生素 D_2 和维生素 D_3 生成过程

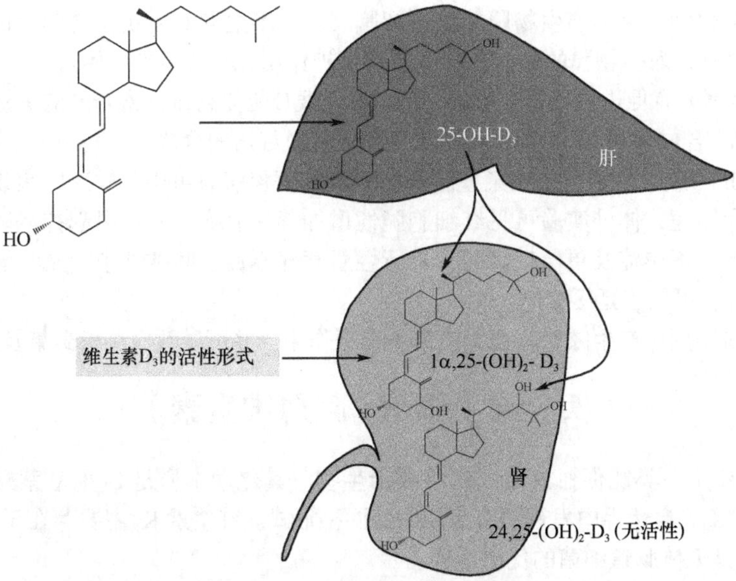

图 5-6　维生素 D_3 代谢途径

当缺乏维生素D时，成骨作用发生障碍，儿童可发生佝偻病，成人引起软骨病，临床上常用维生素D防治佝偻病、骨软化症及老年性骨质疏松症等。

过量服用维生素D可导致中毒，引起呕吐、食欲减退，血液中钙磷水平升高，严重的导致钙离子吸收过多，使神经系统和心、肝、肺和肾等出现症状。

案例5-1分析

1. 该儿童患有佝偻病——儿童维生素D缺乏症

佝偻病临床常见症状是多汗、夜惊、烦躁不安；体征有方颅、鸡胸、串珠肋，手足镯，“O”形腿等。

考点：维生素D的活性形式及功能，佝偻病的预防

2. 经常带孩子到室外活动能预防佝偻病。因为人体皮下的7-脱氢胆固醇在紫外线的照射下可转变为维生素D_3，人体通过皮肤合成的维生素D_3的量就能满足机体的需要，此途径是人体维生素D的主要来源。因此，多进行沐浴阳光的户外活动是预防维生素D缺乏的重要措施。

三、维生素E（生育酚）

1. 来源 维生素E是一类与生育有关的维生素，又称生育酚。各种植物油，尤其是麦胚油、玉米油、花生油及棉籽油含量较多。

2. 结构 由苯并二氢吡喃及2位上的13C侧链两部分组成（图5-7）。

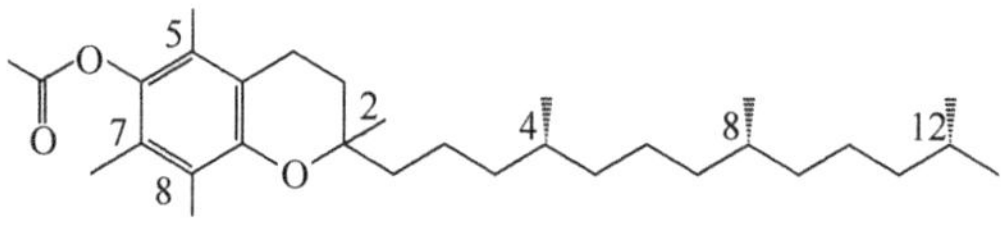

图5-7 生育酚

3. 功能及缺乏症

(1) 与动物生殖功能有关 通过动物实验证明，动物在缺乏维生素E时其生殖器官发育受损，严重时可引起不育。

(2) 抗氧化作用 维生素E是体内重要的抗氧化剂，具有较强的清除自由基的能力。自由基具有强氧化性、易损伤生物膜并促进细胞衰老。维生素E对抗生物膜上的脂质过氧化所产生的自由基，对生物膜的结构和功能起到保护作用，有抗衰老作用。

(3) 维生素E有促进血红素合成的功能。维生素E能提高血红素合成的关键酶δ-氨基γ-酮戊酸（ALA）合成酶和ALA脱水酶的活性，促进血红素的合成。

维生素E一般不易缺乏，在某些脂肪吸收障碍等疾病时可引起缺乏，表现为红细胞数量减少，寿命缩短，体外实验可见红细胞脆性增加等贫血症，偶可引起神经障碍。临床用于习惯性流产，不孕症及更年期障碍，进行性肌营养不良，间歇性跛行及动脉粥样硬化等的防治。此外，可用于延缓衰老。

长期过量服用可产生眩晕、视力模糊等毒副作用，并可导致血小板聚集及血栓形成。

四、维生素K（凝血维生素）

维生素K是一类能促血液凝固的萘醌衍生物。其化学本质是2-甲基萘醌的衍生物有K_1、K_2、K_3、K_4，自然界中发现的有K_1和K_2两种形式。维生素K_1主要存在于绿叶蔬菜中，而维生素K_2是人体肠道细菌的代谢产物。

1. 来源 维生素K分布较广，其中维生素K_1在绿叶植物及动物肝脏含量丰富，维生素K_2是人体肠道细菌代谢产物。临床上常用人工合成的K_3和K_4。

2. 功能及缺乏症 维生素K作为辅酶在肝脏参与凝血因子Ⅱ、Ⅶ、Ⅸ、Ⅹ的合成。维生素K缺乏会导致以上凝血因子减少，造成凝血障碍，可致出血倾向和凝血时间延长。

考点： 脂溶性维生素的别名与主要生化功能、典型缺乏症

因维生素K来源广泛，故一般不易缺乏。但胰腺疾病、胆管疾病及小肠黏膜萎缩等疾病及长期应用广谱抗生素，可引起维生素K缺乏。维生素K缺乏可使凝血时间延长，常引起皮下、肌肉、胃肠道出血。

第3节 水溶性维生素

案例 5-2

某远航客轮远航，在海上突遇暴风雨，没有如期返航。所带食物有限，蔬菜和水果已全部食用完，完全靠罐头食品维持日常饮食近4个月，结果成年人大多出现面色苍白，倦怠无力、食欲减退等症状，儿童则表现出易怒、低热、呕吐和腹泻等体征。

问题： 1. 此艘轮船上乘客的症状可能是由哪种营养素缺乏引起的？

2. 该种营养素缺乏的分析判定要点是什么？

水溶性维生素包括B族维生素和维生素C，均具有易溶于水，在体内储存量很少，当其浓度超过肾糖阈值时，多余的部分从尿中排出。因其在体内很少蓄积，也不会引起中毒。

B族维生素在体内主要构成辅酶的成分参与物质代谢。如机体缺乏会造成机体代谢紊乱。

一、维生素B_1（硫胺素）

维生素B_1又名硫胺素。

1. 来源 含量丰富的食物有粮谷类、瘦肉、豆类、干果、酵母、硬壳果、蔬菜、鸡蛋等，尤其在粮谷类的表皮部分含量更高。

2. 结构 维生素B_1分子中含有嘧啶环和噻唑环，碱性溶液中易被氧化和受热破坏（噻唑环开环），吸收后转变为有生物活性焦磷酸硫胺素（TPP），是脱羧酶辅酶的组成部分。

3. 功能及缺乏症 维生素B_1在体内的活性形式焦磷酸硫胺素。

TPP是α-酮酸氧化脱羧酶多酶复合物的辅酶，参与体内α-酮酸氧化脱羧反应。维生素B_1缺乏时，由于以糖有氧分解供能为主的神经组织供能不足和神经细胞膜髓鞘磷脂合成受阻，导致慢性末梢神经炎和其他神经肌肉变性病变，即脚气病。

考点： 维生素B_1的功能及脚气病

维生素B_1可抑制胆碱酯酶活性，减少乙酰胆碱水解。乙酰胆碱是神经传导递质，所以，维生素B_1在神经传导中起一定的作用。维生素B_1缺乏时，影响乙酰胆碱的合成，影响神经传导，可表现为食欲不振、消化不良等。

二、维生素B_2（核黄素）

维生素B_2又名核黄素。

1. 来源 肝、心、肾、乳、蛋黄、奶及奶制品等是维生素B_2丰富的来源。

2. 结构 维生素B_2由异咯嗪与核糖醇所组成。维生素B_2在体内转变成黄素单核苷酸

(FMN) 和黄素腺嘌呤二核苷酸 (FAD)。维生素 B_2 在体内以黄素单核苷酸 (FMN) 和黄素腺嘌呤二核苷酸 (FAD) 形式发挥其生理功能，即 FMN 及 FAD 是维生素 B_2 的活性型。

考点：维生素 B_2 的活性形式、作用

3. 功能及缺乏症 维生素 B_2 在体内的活性形式是 FMN 及 FAD，是黄酶的辅基，在体内生物氧化过程中起递氢体的作用。它们参与氧化呼吸链，脂肪酸和氨基酸的氧化以及三羧酸循环。维生素 B_2 缺乏时，影响机体的生物氧化，使代谢发生障碍，出现能量和物质代谢紊乱，其病变表现为口、眼和外生殖器部位炎症，如口角炎、唇炎、舌炎、眼结膜炎和阴囊炎等。

三、维生素 PP

维生素 PP 包括尼克酸（烟酸）和尼克酰胺（烟酰胺）。

1. 来源 维生素 PP 广泛存在于自然界，富含维生素 PP 的食物为动物肝脏、酵母、花生、豆类及肉类。

2. 结构 尼克酸和尼克酰胺为吡啶衍生物，有氧化型和还原型。

3. 功能及缺乏症 在体内尼克酸可转变为尼克酰胺，尼克酰胺与核糖、磷酸、腺嘌呤组成尼克酰胺腺嘌呤二核苷酸 (NAD^+) 和尼克酰胺腺嘌呤二核苷酸磷酸 ($NADP^+$)，是维生素 PP 在体内的活性形式。NAD^+ 和 $NADP^+$ 是多种不需氧脱氢酶的辅酶，分子中的尼克酰胺部分具有可逆加氢及脱氢的特性。维生素 PP 还有抑制脂肪组织的脂肪分解和维持神经组织正常功能的作用。

考点：维生素 PP 的活性形式、作用

人类维生素 PP 缺乏症称为癞皮症，其典型症状为皮炎、腹泻及痴呆即所谓“三 D”症，早期常有食欲不振、消化不良、腹泻、失眠、头痛、无力、体重减轻等现象。抗结核药物异烟肼的结构与维生素 PP 相似，两者有拮抗作用，长期服用异烟肼可能引起维生素 PP 缺乏。

四、维生素 B_6

1. 来源 广泛存在于动物肝脏、鱼、肉、黄豆、花生中。

2. 结构 维生素 B_6 包括吡哆醇、吡哆醛及吡哆胺，皆为吡啶的衍生物，在体内活性形式是磷酸吡哆醛和磷酸吡哆胺，两者可相互转变（图 5-8）。

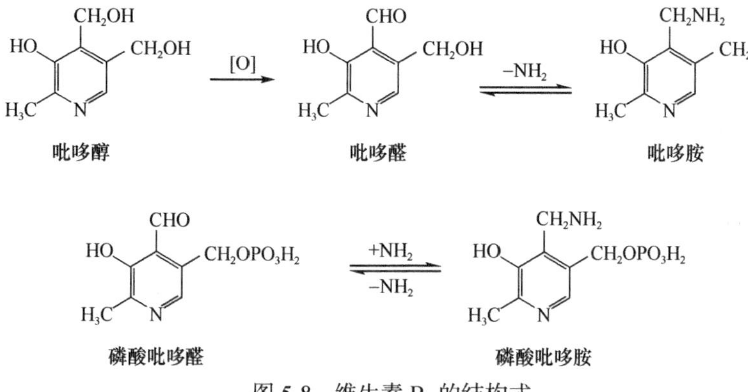

图 5-8 维生素 B_6 的结构式

3. 功能及缺乏症

(1) 磷酸吡哆醛可促进氨基酸和钾进入细胞的速率。还参与氨基酸脱氨与转氨作用，在转氨作用中起了载运氨基的作用。

(2) 磷酸吡哆醛是谷氨酸脱羧酶的辅酶，促进大脑谷氨酸脱羧生成抑制性神经递质 γ- 氨基丁酸，临床上用维生素 B_6 治疗小儿惊厥、妊娠呕吐和精神焦虑等。

(3) 磷酸吡哆醛是 δ- 氨基 γ- 酮戊酸合成酶（ALA）的辅酶，δ- 氨基 γ- 酮戊酸合成酶是血红素合成的限速酶。维生素 B_6 缺乏时血红素合成受阻，造成低色素小细胞性贫血和血清铁增高。

(4) 磷酸吡哆醛作为糖原磷酸化酶的重要组成成分，参与糖原分解为 1- 磷酸葡萄糖的过程。

(5) 维生素 B_6 是催化同型半胱氨酸分解代谢的辅酶。高同型半胱氨酸血症是心血管疾病、血栓生成和高血压的危险因子，故维生素 B_6 对治疗上述疾病有一定的作用。

(6) 磷酸吡哆醛可终止类固醇激素的作用。磷酸吡哆醛可以将类固醇激素 - 受体复合物从 DNA 中移去，终止这些激素的作用，这对于受此类激素影响的器官的疾病治疗和预防可能是重要的。

人体未发现维生素 B_6 缺乏的典型病例。抗结核药物异烟肼能与磷酸吡哆醛结合，使其失去辅酶的作用，所以在长期或大剂量使用异烟肼时，应补充维生素 B_6，防治其神经系统毒性。过量服用维生素 B_6 可引起中毒。

考点：维生素 B_6 的活性形式及其作用

五、泛　　酸

1. 来源　泛酸又称遍多酸，来源广泛，普遍存在于动植物中。

2. 结构　泛酸由二甲基羟丁酸和 β- 丙氨酸组成。泛酸是辅酶 A（CoA）及酰基载体蛋白（ACP）的组成部分。

3. 功能及缺乏症　CoA 及 ACP 为泛酸在体内的活性形式。在体内 CoA 及 ACP 构成酰基转移酶的辅酶，具有转移酰基的作用，在糖、脂类、蛋白质代谢及肝的生物转化中起着相当重要的作用。泛酸缺乏症少见。

六、生　物　素

1. 来源　生物素来源极广泛，分布于酵母、肝、蛋类、花生、牛奶和鱼类中，人体肠道细菌也能合成。

2. 结构　生物素为含硫维生素，其结构可视为由尿素与硫戊烷环结合而成。

3. 功能及缺乏症　生物素是体内多种羧化酶的辅酶，在 CO_2 固定反应中起重要作用，如作为丙酮酸羧化酶、乙酰 CoA 羧化酶的辅酶，参与 CO_2 的固定。

生物素很少出现缺乏症，新鲜鸡蛋中有一种抗生物素蛋白，它能与生物素结合使其失去活性并不被吸收。若蛋清加热后这种蛋白便被破坏，也就不再妨碍生物素的吸收。另外，长期使用抗生素可抑制肠道细菌生长，也可能造成生物素的缺乏，主要症状是疲乏、恶心、呕吐、食欲不振、皮炎及脱屑性红皮病。

七、叶　　酸

1. 来源　分布于绿叶蔬菜、水果，动物肝、肾、酵母中。

2. 结构　叶酸分子是由蝶啶、对氨基苯甲酸与 L- 谷氨酸连接而成。

3. 功能及缺乏症　四氢叶酸（FH_4）是叶酸的活性形式。

$$\text{叶酸 (F)} + \text{NADPH} \rightarrow \text{5，6- 二氢叶酸 } (FH_2) + \text{NADP}^+$$

$$FH_2 + NADPH \rightarrow 5，6，7，8\text{-}四氢叶酸(FH_4) + NADP^+$$

FH_4 是一碳单位的载体，是体内一碳单位转移酶的辅酶，参与嘌呤、胸腺嘧啶、核苷酸等多种物质的合成，因此在核酸的生物合成和蛋白质的生物合成过程中有极其重要的作用。叶酸是骨髓红细胞成熟和分裂所必需的物质。

叶酸缺乏时，DNA 合成受到抑制，骨髓幼红细胞 DNA 合成减少，细胞分裂速度降低，细胞体积变大，造成巨幼红细胞性贫血。

八、维生素 B_{12}（钴胺素）

维生素 B_{12} 又称钴胺素，是唯一含金属元素的维生素。

1. 来源 维生素 B_{12} 主要来源于动物性食物，肝脏为维生素 B_{12} 的最好来源，其次为奶、肉、蛋、鱼、心、肾等。植物性食物不含维生素 B_{12}，故严格素食者易患维生素 B_{12} 缺乏症。

2. 结构 甲钴胺素和 5’- 脱氧腺苷钴胺素是维生素 B_{12} 活性型。

3. 功能及缺乏症 甲钴胺素是 N^5- 甲基四氢叶酸甲基移换酶的辅酶，参与甲基的转移，在体内参与同型半胱氨酸甲基化生成蛋氨酸的反应，产生四氢叶酸和蛋氨酸。此外还影响四氢叶酸的再生。

当维生素 B_{12} 缺乏时，影响 FH_4 的产生，引起巨幼红细胞贫血。缺乏症少见，偶见于有严重吸收障碍疾患的病人及长期素食者。

九、维生素 C（抗坏血病维生素、抗坏血酸）

维生素 C 又称抗坏血病维生素或抗坏血酸。

1. 来源 主要来源于新鲜蔬菜和水果，植物中的抗坏血酸氧化酶可将维生素 C 氧化灭活为二酮古洛糖酸，故储存久的水果、蔬菜中的维生素 C 的含量大量减少。维生素 C 对碱和热不稳定，故烹饪不当可引起维生素 C 的丢失。

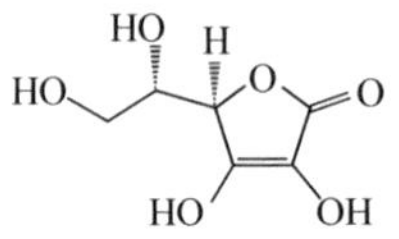

图 5-9 维生素 C 的结构式

2. 结构 维生素 C 为酸性己糖衍生物，即结构为含六个碳原子的酸性多羟基化合物（图 5-9）。

3. 功能及缺乏症 维生素 C 又称抗坏血酸，抗坏血酸分子中 C_2 和 C_3 羟基可以氧化脱氢生成脱氢抗坏血酸，后者又可接受氢再还原成抗坏血酸。

(1) 参与羟化反应：维生素 C 是胶原脯氨酸羟化酶和赖氨酸羟化酶维持活性所必需的辅助因子，此二酶分别催化前胶原分子中脯氨酸和赖氨酸残基的羟化，促进成熟的胶原分子的生成。胶原是结缔组织、骨和毛细血管的重要组成成分。维生素 C 缺乏时可患坏血病，主要为胶原蛋白合成障碍所致，表现为毛细血管脆性增加，牙龈肿胀与出血，牙齿松动、脱落，皮肤出现瘀血点与瘀斑，关节出血可形成血肿、鼻衄、便血等症，还能影响骨骼正常钙化，出现伤口愈合不良，抵抗力低下，肿瘤扩散等。

维生素 C 是胆汁酸合成的限速酶（7-α- 羟化酶）的辅酶，参与胆固醇在肝脏转化成胆汁酸，维生素 C 缺乏可直接影响胆固醇的转化，引起胆固醇增多，从而增加动脉硬化的危险性。此外，肾上腺皮质类固醇合成过程中的羟化作用也需要维生素 C 的参与。

维生素 C 还参与机体对非营养物质的生物转化作用，促进药物和毒物排出体外。脂肪酸的β-氧化是机体脂肪酸氧化产能的主要阶段，因体内肉碱合成过程需要两个依赖维生素C的羟化酶，故维生素C缺乏时，病人可出现无力倦怠的症状。

⑵ 参与氧化还原反应：维生素C是还原剂，具有保护巯基酶的作用。可使巯基酶的-SH保持还原状态。维生素C在谷胱甘肽还原酶作用下，使氧化型谷胱甘肽（G-S-S-G）还原成还原型（G-SH）。还原型G-SH可清除细胞膜的过氧化物，从而起到保护细胞膜的作用。

考点：维生素C的功能，缺乏病

维生素C能使红细胞中高铁血红蛋白（MHb）还原为血红蛋白（Hb）使其恢复运氧能力。还可使小肠中食物中的Fe^{3+}还原成Fe^{2+}，有利于食物中铁的吸收。维生素C还具有调节基因表达，促进细胞分化功能。

⑶ 维生素C具有增强机体免疫力的作用

案例5-2分析

1. 此艘轮船上乘客的症状是由维生素C缺乏引起的。

2. 维生素C缺乏分析判断要点：可能的诊断指标（必须包括一个或更多）个人史：吸收不良；其他代谢疾病或消化疾病；服用影响维生素C吸收的药物或食物。

食物或营养史：长期富含维生素C食物摄入不足；喂养不当节食和（或）限制食物的类别、偏食。有食物选择不当和（或）不良的膳食行为。

体检结果：疲劳，困倦，牙龈肿胀出血，皮下出血、淤斑，关节液渗出，关节疼痛。

生化数据，临床检验：维生素C血浆浓度<0.2mg/dl（11.4μmol/l）

各种维生素的生化功能及缺乏症见表5-1：

表5-1 维生素的生化功能及缺乏症

名称	主要生化功能	缺乏症
维生素A	构成视紫红质，维持上皮细胞的完整与健全，促进生长发育，其他作用	夜盲症 干眼病
维生素D	促进钙、磷的吸收，有利于骨的钙化	佝偻病
维生素E	是抗氧化剂；与动物的生育有关；有促进血红素合成的作用	
维生素K	促进凝血因子的合成	凝血障碍
维生素B_1	TPP是α-酮酸氧化脱羧酶的辅酶；参与体内α-酮酸氧化脱羧反应；TPP也是磷酸戊糖途径中转酮酶的辅酶，参与转糖醛基反应，可抑制胆碱酯酶活性，减少乙酰胆碱水解	脚气病
维生素B_2	在生物氧化中起递氢作用	舌炎、口角炎
维生素PP	构成不需氧脱氢酶辅酶成分（NAD+、NADP+）	赖皮病
维生素B_6	构成转氨酶、氨基酸脱羧酶、δ-氨基γ-酮戊酸合成酶的辅酶	
泛酸	构成CoA，是酰基转移酶的辅酶，可转移酰基	
生物素	构成羧化酶的辅酶，参与物质代谢的羧化反应	
叶酸	构成一碳单位转移酶的辅酶，促进红细胞的成熟	巨幼红细胞贫血
维生素B_{12}	甲钴胺素是N^5-甲基四氢叶酸甲基移换酶的辅酶，参与甲基的转移 5’-脱氧腺苷钴胺素是L-甲基丙二酰CoA变位酶的辅酶，催化琥珀酰CoA的生成	巨幼红细胞贫血
维生素C	参与体内的羟化和氧化还原反应，具有增强机体免疫力的作用	坏血病

小结

维生素是维持人体正常生理功能所必需的营养素，是人体内不能合成或合成量甚少，必须由食物供给的一组低分子有机化合物。根据溶解性，维生素可分为脂溶性维生素和水溶性维生素两大类。

脂溶性维生素有维生素A、D、E、K；水溶性维生素包括维生素B族（B_1、B_2、PP、B_6、泛酸、叶酸、生物素、B_{12}）和维生素C。维生素A构成视觉细胞的感光物质；调节细胞的生长和分化；维生素A和胡萝卜素是有效的抗氧化剂。维生素D促进小肠对钙、磷的吸收，有利于骨的钙化。维生素E是脂溶性抗氧化剂，与动物的生育功能有关；维生素K促进凝血因子的合成。水溶性维生素中维生素B族主要构成物质代谢酶的辅酶；维生素C参与体内的羟化和氧化还原反应，具有增强机体免疫力的作用。

自测题

一、名词解释

1. 维生素　2. 维生素A原

二、填空题

1. 维生素PP在体内的活性形式是_________和_________，是多种不需氧脱氢酶的辅酶。
2. 维生素D的活性形式是_________。
3. 维生素B_2在体内以_________及_________的形式发挥其生理功能。
4. _________及_________是体内黄酶的辅基，是生物氧化呼吸链重要的递氢体。
5. 维生素B_6治疗呕吐和小儿惊厥，是因为维生素B_6是_________的辅酶，能催化_________脱羧生成_________，该物质是一种抑制性神经递质。

三、选择题

1. 维生素B_2常见的辅基形式是（　　）
   A. NAD^+　B. $NADP^+$　C. TPP　D. FAD　E. 吡哆醛
2. 缺乏后可能引起成人患软骨化症的维生素（　　）
   A. 维生素A　B. 维生素D　C. 维生素E　D. 叶酸　E. 维生素C
3. 营养性巨幼红细胞贫血的原因是（　　）
   A. 维生素A缺乏
   B. 铁缺乏
   C. 维生素C和锌缺乏
   D. 维生素B_{12}和叶酸缺乏
   E. 维生素B_1缺乏
4. 脚气病是由于缺乏哪种维生素引起的（　　）
   A. 维生素B_2　B. 维生素K　C. 维生素D　D. 维生素B_{12}　E. 维生素B_1
5. 泛酸是下列哪种辅酶的组成成分（　　）
   A. FMN　B. CoA　C. TPP　D. NAD^+　E. FAD
6. 临床上服大剂量异烟肼时可加服哪种维生素来防治其神经系统毒性（　　）
   A. 维生素A　B. 叶酸　C. 维生素B_2　D. 维生素B_1　E. 维生素B_6
7. 维生素D缺乏儿童易患（　　）
   A. 坏血病　B. 佝偻病　C. 癞皮病　D. 骨质软化症　E. 恶性贫血
8. 能够通过晒太阳获得的维生素是（　　）
   A. 维生素D　B. 维生素A　C. 维生素C　D. 维生素K

E. 维生素 E

9. 维生素 A 缺乏不容易引起（ ）

A. 夜盲症　　B. 生长发育迟缓

C. 早产儿溶血　　D. 感染

E. 毛囊角化

10. 维生素 B_1 主要参与构成的辅酶是（ ）

A. TPP　　B. NADPH

C. FAD　　D. 磷酸吡哆醛

E. 甲基钴胺素

四、简答题

1. 简述维生素的分类和各类包括哪些维生素？
2. 维生素 A 引起夜盲症的机理是什么？
3. 简述儿童维生素 D 缺乏引起佝偻病的发病机理。
4. FMN、FAD、TPP、NAD^+、$NADP^+$ 各是哪种维生素的活性形式？这些辅酶各有何功能？
5. 简述维生素 C 的生化功能及缺乏病。

（刘　丽）

6
第六章　生物氧化

我们知道，体外氧化（燃烧）产生的 CO_2 和 H_2O 是由物质中的碳和氢直接与氧结合生成，能量是骤然释放的。大家想想，吃饱饭和饿着肚子的感觉一样吗？吃了高能量的食物比如汉堡包或者巧克力后，身体有没有热的感觉？我们的身体发生了什么变化呢，难道也燃烧了吗？让我们一起来探讨一下机体这些奇妙变化的秘密吧。

第 1 节　生物氧化的概念和特点

一、生物氧化的概念

生物体内所需的能量主要是通过营养物质在体内氧化而获得，营养物质在生物体内彻底氧化分解成二氧化碳、水，并释放出大量能量的过程称为生物氧化。由于生物氧化是在组织细胞内进行的，表现为摄取氧气和释放二氧化碳，而肺部的吸入氧气和呼出二氧化碳的作用实际上是体内各组织细胞利用氧和释放二氧化碳的总结果。因此，生物氧化又称细胞呼吸或组织呼吸。

二、生物氧化的特点

体内生物氧化与体外氧化的化学本质完全一样，耗氧量、生成的 CO_2 和 H_2O、释放的能量都相等，但生物氧化有其自身特点：①反应条件温和：温度 37℃、pH 近于中性、有水参加。②在酶的催化下逐步进行，逐步释放能量：一部分以热能形式维持体温，另一部分以高能化合物（如 ATP）的形式储存和利用。③代谢物脱下的氢经呼吸链最终与氧结合成水。④ CO_2 是通过有机酸的脱羧反应生成。

第 2 节　线粒体的氧化体系

一、呼吸链的概念

线粒体是物质进行彻底氧化的重要场所。线粒体内膜上存在的一系列传递体，能将代谢物脱下的氢传递给氧生成水，此过程与细胞呼吸的过程密切相关，故又称为呼吸链。

二、呼吸链的组成

呼吸链是由以 NAD^+ 为辅酶的不需氧脱氢酶、以 FMN 或 FAD 为辅基的黄素蛋白、泛醌（Q）又称辅酶 Q（CoQ）、铁硫蛋白（Fe-S）、细胞色素（Cyt）五类物质组成的。

（一）尼克酰胺脱氢酶

NAD^+ 为尼克酰胺腺嘌呤二核苷酸；$NADP^+$ 为尼克酰胺腺嘌呤二核苷酸磷酸。此类辅酶是连接底物与呼吸链的重要环节，主要功能是递氢，是递氢体。

（二）黄素蛋白

线粒体内的黄素蛋白有两类，分别以黄素单核苷酸（FMN）和黄素腺嘌呤二核苷酸（FAD）作为辅基，分子中含有核黄素，即维生素 B_2，后者能可逆的加氢和脱氢反应，也是递氢体。

（三）铁硫蛋白（Fe-S）

铁硫蛋白是电子传递体，其中铁可逆地进行氧化还原反应，每次只能传递一个电子。在呼吸链中，铁硫蛋白与黄素蛋白或细胞色素 b 结合成复合体存在。

（四）辅酶 Q（CoQ）

辅酶 Q 是一种脂溶性醌类化合物，又名泛醌。其分子中含有苯醌结构，能进行可逆的加氢和脱氢反应，是递氢体。辅酶 Q 接受氢原子后，可将氢分解成两个质子和两个电子，把电子传递给下一个传递体，将质子留在了线粒体的基质中。

（五）细胞色素体系

细胞色素（Cyt）是一类以铁卟啉为辅基的结合蛋白质，广泛分布于需氧生物线粒体内膜上。在呼吸链中，细胞色素依靠铁卟啉中的铁可逆的接受电子和供出电子，属于递电子体。呼吸链上的细胞色素有 b、c_1、c、a、a_3 等，其中细胞色素 a、a_3 很难分开，组成复合体称为细胞色素 aa_3。细胞色素 aa_3 是呼吸链中最后一个递电子体，接受电子后直接将电子传递给氧，将氧激活为氧离子（O^{2-}），故细胞色素 aa_3 称为细胞色素氧化酶。

综上所述，呼吸链中 NAD^+、FMN 或 FAD 和 CoQ 是递氢体，Fe-S、Cyt 是递电子体，而递氢实际上也是传递电子，因此，递氢体和递电子体都是电子传递体。呼吸链的组成成分及其功能见表 6-1。

表 6-1　呼吸链的组成成分与功能

组成成分	递氢及递电子过程（氧化型 → 还原型）	功能
尼克酰胺腺嘌呤二核苷酸（NAD^+）	$NAD^+ \underset{-2H}{\overset{+2H}{\rightleftharpoons}} NADH + H^+$	递氢
黄素单核苷酸（FMN）	$FMN \underset{-2H}{\overset{+2H}{\rightleftharpoons}} FMNH_2$	递氢
黄素腺嘌呤二核苷酸（FAD）	$FAD \underset{-2H}{\overset{+2H}{\rightleftharpoons}} FADH_2$	递氢
辅酶 Q（CoQ）	$CoQ \underset{-2H}{\overset{+2H}{\rightleftharpoons}} CoQ2H^+ + 2e$	递氢
铁硫蛋白（Fe-S）	$Fe^{3+} \underset{-e}{\overset{+e}{\rightleftharpoons}} Fe^{2+}$	递电子
细胞色素（Cyt）	$CytFe^{3+} \underset{-e}{\overset{+e}{\rightleftharpoons}} CytFe^{2+}$	递电子

三、线粒体中两条重要的呼吸链

线粒体内有两条重要的呼吸链，分别是 NADH 氧化呼吸链和 $FADH_2$ 氧化呼吸链。两条呼吸链的组成和排列顺序见图 6-1。

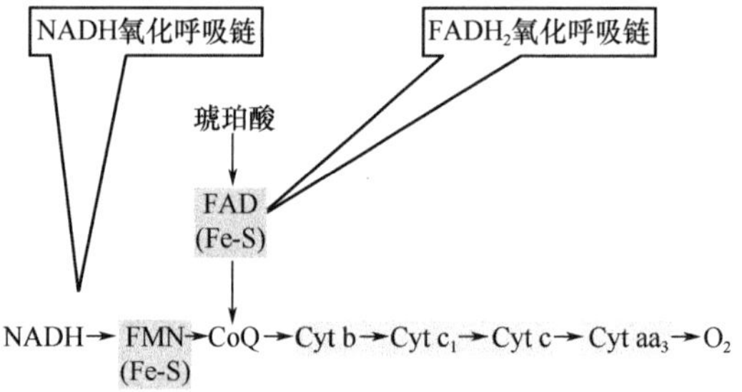

图 6-1　呼吸链的组成及排列顺序

（一）NADH 氧化呼吸链

NADH 氧化呼吸链是线粒体内的主要呼吸链，在线粒体中，多数底物都通过 NADH 氧化呼吸链氧化的，如糖代谢的中间产物丙酮酸、乳酸及苹果酸等。NADH 氧化呼吸链组成成分包括 NAD^+、FMN、CoQ、Fe-S、Cyt（b、c_1、c、aa_3），传递氢、递电子顺序如图 6-2。

（二）$FADH_2$ 氧化呼吸链

体内有少数代谢物如琥珀酸、脂酰 CoA、α- 磷酸等脱下的氢均通过 $FADH_2$ 氧化呼吸链被氧化，故又称此链为琥珀酸氧化呼吸链。其组成成分包括 FAD、CoQ、Fe-S、Cyt（b、c_1、c、aa_3），传递顺序如图 6-2。

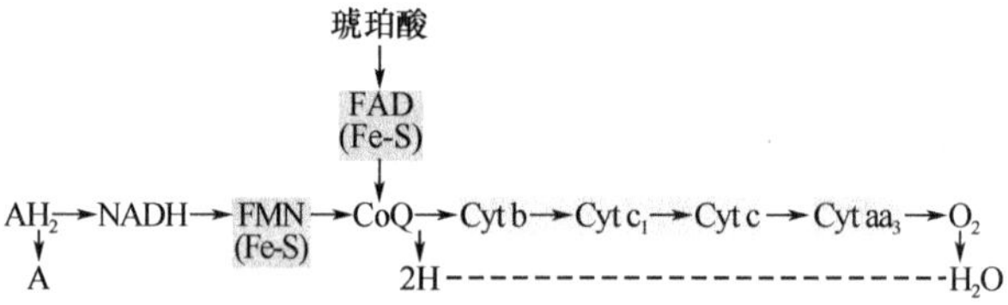

图 6-2　两条呼吸链的递氢、递电子顺序

四、氧化磷酸化与 ATP

案例 6-1

2013 年 2 月 4 日早上 7 时 30 分，居住在北京市朝阳区某楼 905 室的 5 名来京实习的哈尔滨医科大学学生因为一氧化碳中毒死亡。据勘验出租房屋内使用的燃气热水器排气管连接处两侧各发现一处长 1cm 的破损。

问题： 1. 一氧化碳导致人体中毒的机理是什么？

2. 当发现一氧化碳中毒时，怎样进行急救处理？

（一）氧化磷酸化的概念

代谢物脱下的氢经呼吸链传递给氧生成水，释放的能量使 ADP 磷酸化生成 ATP，这种通过能量的转移将氧化与磷酸化偶联起来的过程称为氧化磷酸化。

（二）氧化磷酸化的偶联部位

实验证明，在氧化磷酸化过程中，代谢物脱下的氢经 NADH 氧化呼吸链时，有三个部位能使 ADP 磷酸化生成 3 分子 ATP；经 $FADH_2$ 氧化呼吸链时可生成 2 分子 ATP，具体偶联部位见图 6-3。因氧化过程中又消耗，目前认为每 2 个 H 经 NADH 氧化呼吸链传递仅生成 2.5 分子 ATP，经 $FADH_2$ 氧化呼吸链传递时仅生成 1.5 分子 ATP，如图 6-3。

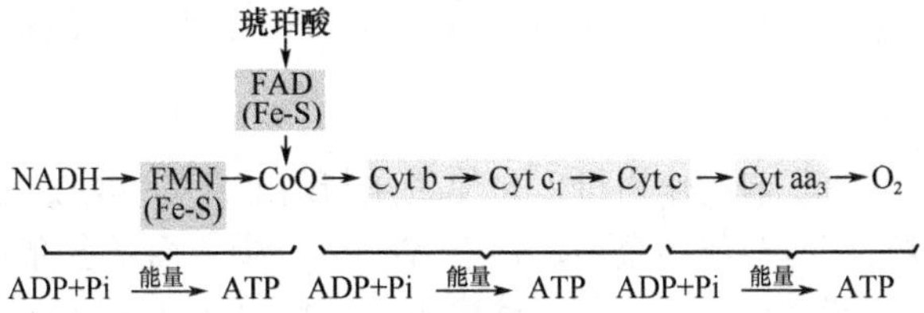

图 6-3　氧化磷酸化的偶联部位

（三）影响氧化磷酸化的因素

1. ADP 和 ATP 的调节　ATP 的生成主要原料是 ADP 和 Pi，因线粒体内 Pi 的含量足够，故 ADP 称为调节氧化磷酸化的重要因素。当 ADP 升高时或 ATP 降低时，氧化磷酸化加速；反之，当 ADP 降低时或 ATP 升高时，氧化磷酸化减慢。所以，ADP 和 ATP 的相对比值是调节氧化磷酸化的重要因素，适时调节可以适应机体能量的生理需要，在合理利用和节约能源上有重要意义。

2. 甲状腺激素的影响　甲状腺素可以活化细胞膜上的 Na^+-K^+-ATP 酶，使 ATP 加速分解为 ADP 和 Pi，促使氧化磷酸化速度增强，ATP 生成增多。甲状腺功能亢进的患者体内甲状腺激素水平升高，ATP 的合成与分解都增强，从而导致机体耗氧量和产热量都增加。故甲亢病人的基础代谢率偏高，临床表现食量增加却体重减轻、怕热等。

3. 抑制剂的作用　作为机体产能的重要方式，氧化磷酸化受到抑制可以直接影响生命。氧化磷酸化的抑制剂主要有呼吸链的抑制剂（图 6-4）和解耦联剂。

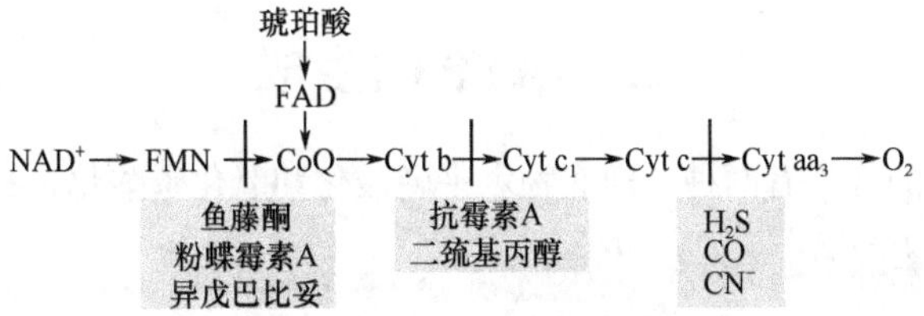

图 6-4　常见的呼吸链抑制剂及其作用部位

(1) 呼吸链的抑制剂：呼吸链的抑制剂可抑制呼吸链的产能部位，进而影响氧化磷酸化和 ATP 的生成。如粉蝶霉素 A、鱼藤酮、异戊巴比妥等，可与 Fe-S 结合阻断 NADH-CoQ 之间电子传递；抗霉素 A、二巯基丙醇等可抑制 Cytb-$Cytc_1$ 之间的电子传递；氰化物 (CN^-)、H_2S、CO 等可以抑制 $Cytaa_3$-O_2 之间的电子传递。呼吸链的抑制剂导致呼吸链中断，氧化磷酸化不能进行；即使组织细胞有充足的氧也不能利用，造成组织严重缺氧，严重时可引起机体迅速死亡。

案例 6-1 分析

1. 一氧化碳导致人体中毒的机理是：当一氧化碳进入人体后，可与机体内的血红蛋白结合，一氧化碳与血红蛋白的亲合力比氧与血红蛋白的亲合力高 200 ～ 300 倍，所以一氧化碳极易与血红蛋白结合，使血红蛋白丧失携氧的能力和作用，造成组织窒息。对全身的组织细胞均有毒性作用，尤其对大脑皮质的影响最为严重。另一方面，一氧化碳可抑制线粒体呼吸链中 Cytaa$_3$-O_2 之间的电子传递，从而抑制氧化磷酸化过程，使细胞内能量产生减少或停顿。

2. 当发现一氧化碳中毒时，其急救处理措施主要是吸入大量新鲜空气并进行人工呼吸。医院里用高压氧舱是治疗一氧化碳中毒最有效的方法。将病人放入 2 ～ 2.5 个大气压的高压氧舱内，经 30 ～ 60 分钟，血内碳氧血红蛋白可降至 0，再积极进行后续治疗。

考点：呼吸链的概念、呼吸链的组成及生成的 ATP 的数目、氧化磷酸化的概念

(2) 解偶联剂：解偶联剂的作用机理是使氧化与磷酸化的偶联过程脱节，所以氧化过程照常进行，氧化过程中释放的能量不贮存于 ATP 分子中，而是全部以热能形式散发。感冒和传染性疾病时，患者体温升高，就是病毒或细菌释放解偶联物质，导致机体严重的热能增多所致。常见的解偶联剂有 2，4- 二硝基苯酚、水杨酸等。

第 3 节　能量的生成、利用和转移

营养物质氧化分解所释放的能量主要储存在高能磷酸化合物 ATP 中，ATP 是体内最主要的高能化合物，是体内一切生命活动所需能量的直接来源。

一、高能化合物

水解时可释放 20.9kJ/mol 以上能量的化学键称为高能键，用“～”符号表示。含高能键的化合物称为高能化合物。体内的高能化合物主要有两类：

1. 高能磷酸化合物　含有高能磷酸键（～P），如 ATP、ADP、磷酸烯醇式丙酮酸、磷酸肌酸等。

2. 高能硫酯化合物　含有高能硫酯键（～S），如乙酰辅酶 A、脂酰辅酶 A、琥珀酰辅酶 A 等。

二、ATP 的生成

体内生成 ATP 的方式有两种，即底物水平磷酸化和氧化磷酸化。

（一）底物水平磷酸化

含高能磷酸键的物质，其高能磷酸键断裂后，释放高能磷酸基团，使得 ADP 磷酸化生成 ATP 的过程。例如：

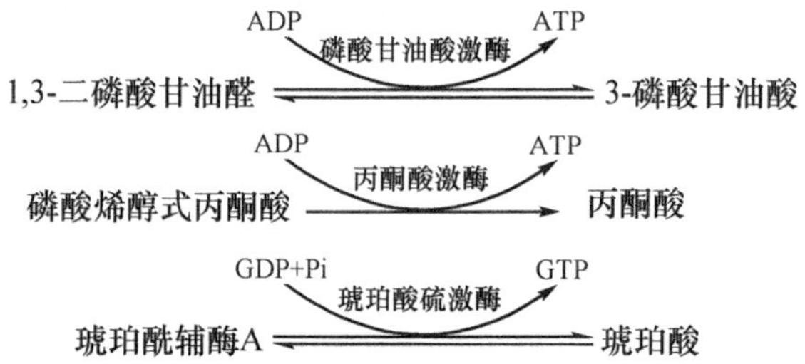

（二）氧化磷酸化

通过底物水平磷酸化生成的 ATP 很少，很难满足机体需要。体内生成 ATP 的主要方式是氧化磷酸化。

氧化磷酸化的概念、氧化磷酸化的偶联部位以及影响氧化磷酸化的因素在第 2 节中已经详细阐述。

（三）能量的转移储存和利用

1. 能量的转移　在生理条件下，能量的转移要通过 ATP 和 ADP 的相互转化来实现。

$$\text{ADP} + \text{Pi} \rightleftharpoons \text{ATP}$$

某些合成代谢中需要其他三磷酸核苷供能，如糖原合成需要 UTP 供能；磷脂合成需要 CTP 供能；蛋白质合成需要 GTP 供能。但是这些高能磷酸化合物的生成和补充有赖于 ATP。

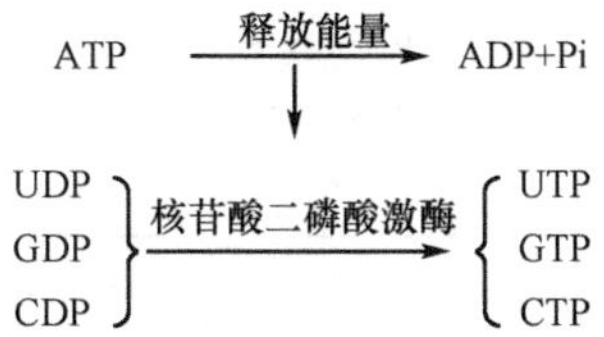

2. 能量的储存和利用　在肌肉和脑组织中，ATP 可将高能磷酸键（～P）转移给磷酸肌酸（CP），此反应由肌酸激酶（CK）催化。

$$\text{ATP}+\text{肌酸} \xrightarrow{\text{肌酸激酶}} \text{磷酸肌酸}+\text{ADP}$$

磷酸肌酸为能量主要的储存方式，被称为人体的“蓄电池”，其所含的高能磷酸键不能直接被利用，当肌肉和脑组织中 ATP 不足时，磷酸肌酸可将其高能磷酸键转移给 ADP 生成 ATP，为生理活动提供能量，因此，ATP 是机体能量的直接供应者，是生物体内能量代谢的中心（图 6-5）。

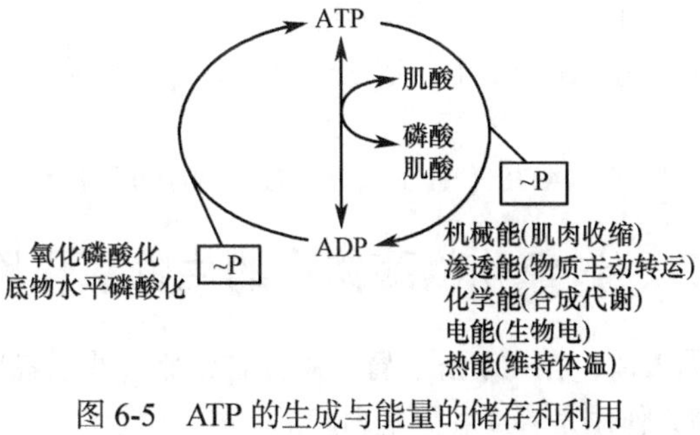

图 6-5　ATP 的生成与能量的储存和利用

第 4 节　CO_2 的生成

生物氧化过程中 CO_2 的生成，主要来自糖、脂肪、蛋白质等分解过程中产生的有机羧酸和氨基酸的脱羧基作用。根据脱羧基在有机酸分子中的位置，将脱羧反应分为 α- 脱羧和 β- 脱羧；根据反应过程是否伴有氧化反应，分为单纯脱羧和氧化脱羧（表 6-2）。

表 6-2　有机酸的脱羧

脱羧方式		相关反应
α-脱羧	α-氧化脱羧	$R-\underset{\text{α-氨基酸}}{\overset{NH_2}{\overset{\vert}{CH}}}-COOH \xrightarrow{\text{氨基酸脱羧酶}} \underset{\text{胺}}{R-CH_2-NH_2} + CO_2$
	α-单纯脱羧	$\underset{\text{丙酮酸}}{\underset{α}{CH_3COCOOH}}+HSCoA+NAD^+ \xrightarrow{\text{丙酮酸脱氢酶系}} \underset{\text{乙酰辅酶 A}}{CH_3CO\sim SCoA}+NADH+H^++CO_2$
β-脱羧	β-单纯脱羧	$\underset{\text{β-草酰乙酸}}{HOOCCH_2COCOOH} \xrightleftharpoons{\text{草酰乙酸脱羧酶}} \underset{\text{丙酮酸}}{H_3CCOCOOH}+CO_2$
	β-氧化脱羧	$\underset{\text{苹果酸}}{\underset{β}{HOOCCH_2\overset{OH}{\overset{\vert}{C}}HCOOH}} + NADP^+ \xrightleftharpoons{\text{苹果酸脱氢酶}} \underset{\text{丙酮酸}}{H_3CCOCOOH}+NADPH+H^++CO_2$

第 5 节　非线粒体氧化体系

线粒体氧化体系外也存在生物氧化的场所，其特点是不伴有磷酸化，不能产生 ATP，主要与体内代谢物、药物和毒物的生物转化有关。现以微粒体和过氧化物酶体为例说明。

一、微粒体中的生物氧化酶

微粒体氧化体系存在于肝、肺、肾等细胞的微粒体中，主要含加单氧酶系，能催化氧分子中一个氧原子加到底物 RH 分子中，使之羟化，另一个氧原子被 $NADPH+H^+$ 中的氢还原成水。反应如下：

$$RH+NADPH+H^++O_2 \rightarrow ROH+NADP^++H_2O$$

二、过氧化物酶体中的生物氧化酶

过氧化物酶体又称微体，存在于肝、肾、中性粒细胞和小肠黏膜细胞中。主要包括过氧化氢酶和过氧化物酶，作用是合成和分解 H_2O_2。

在粒细胞和吞噬细胞中，H_2O_2 可氧化杀死入侵的细菌；甲状腺细胞中产生的 H_2O_2 可促进酪氨酸碘化生成甲状腺素。但对于大多数组织而言，H_2O_2 蓄积过多，会对细胞有毒性作用。

小结

生物氧化是指营养物质在生物体细胞内氧化分解产生 CO_2 和 H_2O，并释放出大量能量的过程。其中，CO_2 是有机酸脱羧作用生成的。

体内生成 ATP 的方式包括底物水平磷酸化和氧化磷酸化，其中氧化磷酸是体内生成

ATP的主要方式。

根据传递顺序不同可分为两条呼吸链：NADH氧化呼吸链和$FADH_2$氧化呼吸链。除去消耗，每2个H经过NADH氧化呼吸链传递可生成2.5个ATP分子，经$FADH_2$氧化呼吸链传递则生成1.5个ATP分子。

氧化磷酸化过程中会受到呼吸链抑制剂和解偶联剂的阻断而对机体产生毒性作用。

生物体内能量的转化、储存和利用都以ATP为中心。磷酸肌酸是ATP在体内的储存形式。

自测题

一、名词解释

1. 生物氧化 2. 底物水平磷酸化 3. 氧化磷酸化

二、填空题

1. ATP的生成有________和________两种方式。
2. 氧化磷酸化过程中，每2个H经从NADH传递到氧时实际产生________分子ATP。
3. CO中毒的机制是抑制________。
4. ________又称为细胞色素氧化酶，能够将电子直接传递给氧。

三、选择题

1. 呼吸链中既为NADH脱氢酶的受氢体，又为琥珀酸脱氢酶的受氢体的是（　　）
   A. 铁硫蛋白　　B. Cytb
   C. CoQ　　D. FAD
   E. Cytc
2. 不能接受氢的物质是（　　）
   A. NAD　　B. CoQ
   C. Cyt　　D. FMN
   E. FAD
3. NADH氧化呼吸链的排列顺序为（　　）
   A. NAD^+-FMN-CoQ-Cyt
   B. NAD^+-FMN-Cyt-CoQ
   C. NAD^+-FAD-Cyt-CoQ
   D. FAD-NAD-CoQ-Cyt
   E. NAD^+-FAD-FMN-CoQ-Cyt
4. 各种细胞色素在呼吸链中传递的顺序是（　　）
   A. Cytc → $Cytaa_3$ → Cytb → $Cytc_1$
   B. Cytb → Cytc → $Cytc_1$ → Cyta → $Cyta_3$
   C. $Cytc_1$ → Cytb → Cytc → Cyta → $Cyta_3$
   D. Cytc → $Cytc_1$ → Cytb → $Cytaa_3$
   E. Cytb → $Cytc_1$ → Cytc → Cyta → $Cyta_3$
5. 一氧化碳中毒时由于抑制了哪种细胞色素（　　）
   A. Cytc　　B. Cytb
   C. CoQ　　D. $Cytc_1$
   E. $Cytaa_3$
6. 氧化磷酸化在下列哪种细胞器中进行（　　）
   A. 胞浆　　B. 微粒体
   C. 线粒体　　D. 高尔基体
   E. 细胞核
7. 以下不属于高能磷酸化合物的是（　　）
   A. 磷酸肌酸　　B. ADP
   C. ATP　　D. 乙酰辅酶A
   E. 6-磷酸葡萄糖

四、简答题

1. 简述呼吸链的组成和排列，并说明氧化磷酸化的偶联部位。
2. 人体生成ATP的方式有哪些？简述其生成过程。
3. 常见的呼吸链电子传递抑制剂有哪些？它们的主要部位如何？

（高宝珍）

7

第七章　糖代谢

如同飞机、火车都需要燃油提供动力才能在蓝天上翱翔或在大地上奔驰一样，人的生命活动也需要源源不断的能量供给，才能延续生命、精力充沛并成就精彩人生。糖是生命活动的主要能源物质。那么，糖在我们体内是如何代谢并供能的呢？下面就开始我们的糖代谢探索之旅吧。

案例 7-1

美丽女孩王某发现自己长胖的原因是饭量增加而活动减少。这位未来的白衣天使决定以“管住嘴、迈开腿”的方式减肥，让美丽与健康并存。

问题：1. 多吃少动为什么容易长胖？

2. 为什么“管住嘴、迈开腿”是健康的减肥方式？

第 1 节　概　　述

糖，又称碳水化合物，是多羟基醛或多羟基酮及其多聚体或衍生物的总称。根据糖的组成可分为单糖、寡糖及多糖。单糖是不能再水解的糖，如葡萄糖、果糖、半乳糖；寡糖中重要的双糖是蔗糖和麦芽糖；蔗糖是 1 分子葡萄糖和 1 分子果糖的脱水缩合物，而麦芽糖的水解产物是 2 分子葡萄糖；多糖的基本组成单位都是葡萄糖，淀粉、糖原及纤维素等是重要的多糖。糖类食品并不一定都有甜味，果糖、葡萄糖、蔗糖、麦芽糖等糖有甜味，而淀粉、糖原、纤维素等多糖却几乎没有甜味。

糖是人体最主要的能源物质，并广泛存在于自然界，几乎所有生物体内均含有糖，植物中含量最为丰富。植物淀粉及少量双糖（蔗糖、麦芽糖、乳糖）是食物中糖的主要来源。人体内糖的主要形式是葡萄糖及糖原，葡萄糖是糖在血液中的运输形式，是糖代谢中的核心物质；糖原是葡萄糖的多聚体，是体内糖的储存形式，包括肝糖原、肌糖原等。

一、糖的生理功能

（一）氧化供能

氧化供能是糖最主要的生理功能，正常情况下，人体所需的能量 50% ～ 70% 来自于糖的氧化分解。

食物中的糖是机体糖的主要来源；体内所有组织细胞都可利用葡萄糖供能；大脑主要利用糖供能。

（二）提供碳源

糖在体内与脂肪、蛋白质等的代谢联系，可为脂肪酸、氨基酸、核酸等其他含碳化合物提供碳源。

（三）构成组织成分

糖是体内重要的结构物质。蛋白多糖和糖蛋白参与构成结缔组织、软骨和骨基质；糖脂和糖蛋白是生物膜的重要成分，部分膜蛋白还参与细胞间的信息传递作用，与细胞识别作用有关。

（四）参与重要的生理活动

体内一些有特殊生理功能的物质，如部分激素、免疫球蛋白、血型物质及绝大多数的凝血因子等，是体内重要的生物活性物质，均属于糖蛋白，这些糖蛋白的生物学功能与其分子中的寡糖基密切相关。

二、糖的消化吸收

糖的消化是指摄入的淀粉等糖类水解成为单糖的过程；单糖的吸收部位主要是小肠上段。淀粉在胰淀粉酶作用下水解生成糊精、麦芽糖等中间产物，最终生成葡萄糖；葡萄糖经肠黏膜吸收后经门静脉入肝。进入肝脏后，葡萄糖少量在肝内进行代谢，大部分通过血液循环运至全身各组织器官进行代谢。

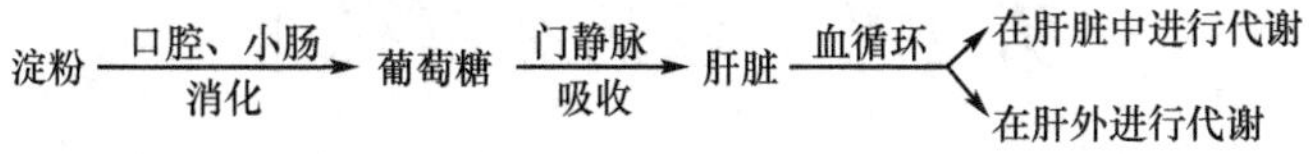

三、糖代谢概况

血液中的葡萄糖经血流运输到各组织细胞氧化供能或合成糖原储存于肝或肌肉组织以及转化成脂肪、氨基酸等（图 7-1）。

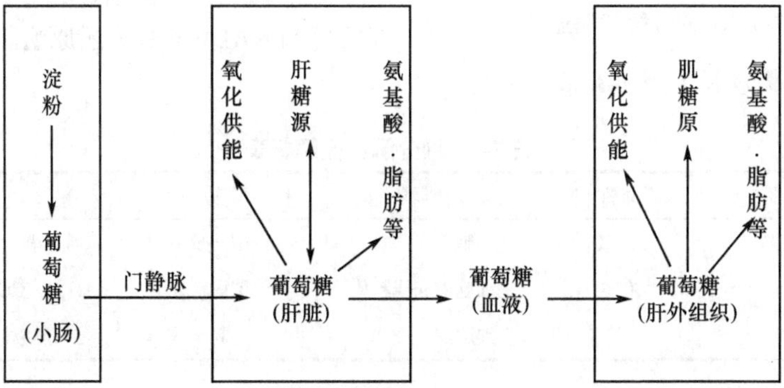

图 7-1　糖代谢概况

糖代谢与机体的供氧状况及血糖水平有关。在不同生理条件下，葡萄糖在组织细胞内代谢的途径也不相同。糖在体内主要有糖酵解、糖的有氧氧化、磷酸戊糖途径、糖原合成与糖原分解、糖异生等代谢途径。如机体处于缺氧状态时，糖酵解增加，产生乳酸和少量的 ATP；当氧供应充足时，葡萄糖以有氧氧化方式彻底分解成水、二氧化碳并产生大量的

ATP；磷酸戊糖途径在代谢旺盛的组织中进行，生成NADPH和5-磷酸核糖。餐后血糖充足时，肝脏、肌肉等组织合成糖原以储存葡萄糖；反之，肝糖原分解成葡萄糖。甘油、生糖氨基酸及乳酸、丙酮酸等非糖物质还可以通过糖异生途径转变为葡萄糖，以补充血糖（图7-2）。

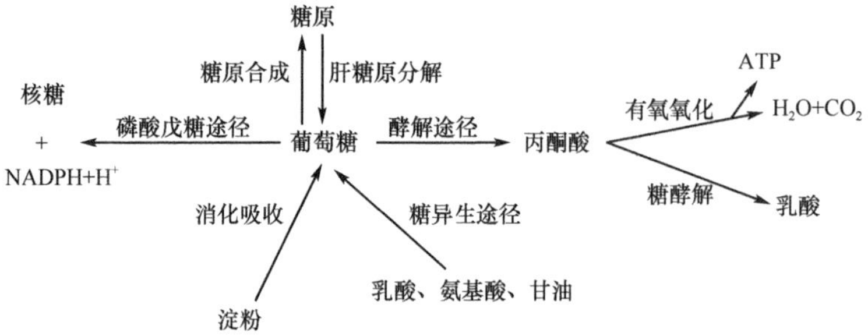

图7-2　糖的代谢途径

案例7-1分析

1. 正常人的能量供应与需求应保持动态平衡。多吃少动容易长胖的原理是因为多吃少动导致机体能量供大于求，剩余的能量将以脂肪形式储存起来，故而长胖。

2. 管住嘴能限制过多能量摄入，迈开腿则通过运动锻炼增加能量消耗。"管住嘴、迈开腿"使能量摄入低于消耗量，体脂逐步分解，体重逐步下降，从而达到既减肥又强健身体的目的。我国"全民健康生活方式日"的宣传主题为"日行一万步，吃动两平衡，健康一辈子"，倡导健康生活方式。

考点：糖的运输及储存形式；糖最主要的生理功能；糖代谢概况

第2节　糖的分解代谢

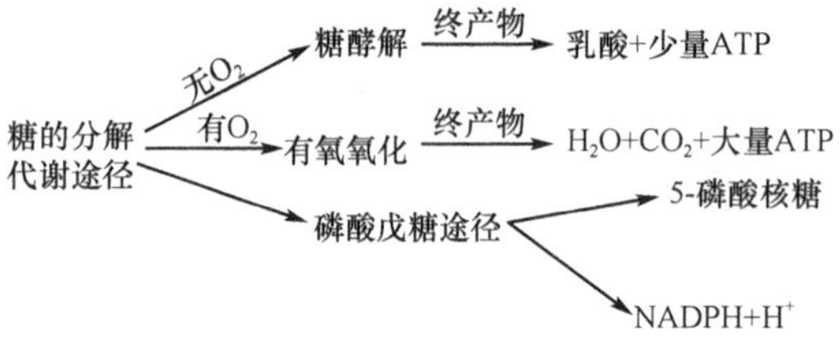

图7-3　糖的分解代谢途径

糖的分解代谢是糖在体内氧化供能的重要阶段。葡萄糖或糖原的氧化分解主要有三条途径：①在缺氧条件下进行糖的无氧分解，终产物为乳酸和少量ATP；②在有氧条件下进行需氧的糖有氧氧化，终产物为水、二氧化碳及大量的ATP；③以生成5-磷酸核糖和$NADPH+H^+$（还原型辅酶2）为中间产物的磷酸戊糖途径（图7-3，表7-1）。

表7-1　糖分解途径解析表

分解代谢途径	条件	部位	反应程度	生成物
无氧分解（糖酵解）	无氧	细胞液	中间反应	乳酸和少量ATP
有氧氧化	有氧	细胞液和线粒体	彻底氧化	H_2O、CO_2、大量ATP
磷酸戊糖途径		细胞液	中间反应	5-磷酸核糖和$NADPH+H^+$

一、糖的无氧分解

在缺氧条件下，葡萄糖或糖原分解成乳酸的过程称为糖的无氧分解；因此过程与酵母的生醇发酵相似，故也称之为糖酵解。全身各组织细胞均能进行糖酵解，尤其在肌肉组织、红细胞、皮肤和肿瘤细胞组织中进行特别旺盛。

（一）反应过程

糖酵解的全过程均在细胞液中进行。

糖酵解总反应：

$$C_6H_{12}O_6 + 2NAD^+ + 2ADP + 2H_3PO_4 \rightarrow 2NADH + 2C_3H_4O_3 + 2ATP + 2H_2O + 2H^+$$

在缺氧条件下，糖酵解的反应过程可分为二个阶段：

1. 第一阶段，糖酵解途径　通过糖酵解反应途径，1 分子葡萄糖分解为 2 分子丙酮酸。糖酵解途径是所有生物细胞糖代谢过程的第一步，既是糖酵解、也是糖有氧氧化的第一阶段反应。根据机体供氧状态的不同，丙酮酸进入不同的代谢途径。在缺氧条件下，丙酮酸还原为乳酸，完成糖酵解反应过程。有氧条件下，丙酮酸则进入线粒体，氧化脱羧生成乙酰辅酶 A 并进入三羧酸循环。

$$葡萄糖（6C）\xrightarrow{糖酵解途径} 2\times 丙酮酸（3C）$$

2. 第二阶段，丙酮酸还原成乳酸

糖酵解反应的全过程（图 7-4）

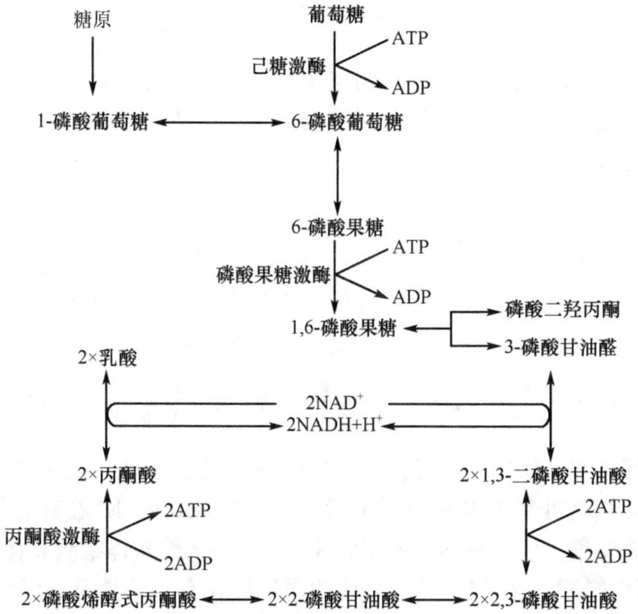

图 7-4　糖酵解反应的全过程

（二）糖酵解反应特点

1. 三个关键酶　己糖激酶、6- 磷酸果糖激酶 -1、丙酮酸激酶。

关键酶：催化不可逆反应，受变构剂和激素的调节，是糖酵解速度的调节点；其中 6- 磷酸果糖激酶 -1 的活性最低，是最重要的限速酶，它的活性高低直接影响整个代谢途径的速度与方向。

2. 糖酵解反应的全过程均在细胞液中进行。

3. 不需氧，但有脱氢与加氢的氧化还原反应，所生成的 $NADH+H^+$ 将 2H 交给丙酮酸，使之还原成乳酸。

4. 糖酵解过程中产能较少 糖酵解中共有两次耗能及两次底物水平磷酸化的产能反应，生成的 ATP（能量）较少。1 分子葡萄糖氧化分解为 2 分子乳酸，净生成 2 分子 ATP；若从糖原开始，则净生成 3 分子 ATP。

（三）糖酵解的生理意义

1. 机体相对缺氧或缺氧时快速提供能量的重要方式，这是糖酵解最主要的生理意义。如剧烈运动时，机体处于相对缺氧状态，骨骼肌收缩几秒钟即可耗尽肌组织内的 ATP，而糖酵解反应能使其迅速获得能量。在心肺功能障碍等机体缺氧的病理情况下，糖酵解能迅速提供一部分急需能量；若缺氧时间过长，糖酵解过度，可造成乳酸堆积，继发代谢性酸中毒。

考点： 糖酵解的概念、反应部位、生理意义

2. 某些组织生理状态下的供能方式，如成熟红细胞没有线粒体，能量几乎全部来自糖酵解。皮肤、肾髓质、视网膜等少数组织，在氧供应充足的情况下，仍以糖酵解为主要的供能途径；某些代谢活跃的组织细胞如神经、白细胞、骨髓、肿瘤细胞中的糖酵解也很活跃。

3. 糖酵解的逆反应过程是糖异生途径。

二、糖的有氧氧化

糖的有氧氧化是指葡萄糖或糖原在有氧条件下，彻底氧化生成水、二氧化碳并释放能量的过程。有氧氧化是糖在体内分解代谢的主要途径，是机体获取能量的主要方式，绝大多数组织细胞都能进行糖的有氧氧化。

（一）反应过程

糖的有氧氧化反应包括三个阶段：第一阶段是糖酵解途径，葡萄糖或糖原在细胞液分解为丙酮酸。第二阶段是丙酮酸进入线粒体氧化脱羧生成乙酰辅酶 A。第三阶段是三羧酸循环，乙酰辅酶 A 经此循环彻底氧化，生成 H_2O、CO_2 和 ATP。

$$\text{葡萄糖}\xrightarrow[\text{第一阶段}]{\text{细胞液}}\text{丙酮酸}\xrightarrow[\text{第二阶段}]{\text{进入线粒体}}\text{乙酰辅酶A}\xrightarrow[\text{第三阶段}]{\text{线粒体}}CO_2+H_2O+ATP$$

1. 糖酵解途径 在细胞液中，葡萄糖或糖原分解为丙酮酸，此阶段的各种反应与糖酵解相同，唯一的不同之处是 3- 磷酸甘油醛脱氢产生的 $NADH+H^+$ 在有氧条件下，经呼吸链氧化生成水并释放能量，丙酮酸不是还原成乳酸而是进入线粒体继续氧化。

2. 丙酮酸氧化脱羧 在细胞液中生成的丙酮酸在有氧条件下，经线粒体内膜上的特异载体转运进入线粒体内，在丙酮酸脱氢酶复合体的催化下氧化脱羧，生成乙酰辅酶 A 及 $NADH+H^+$。总反应如下：

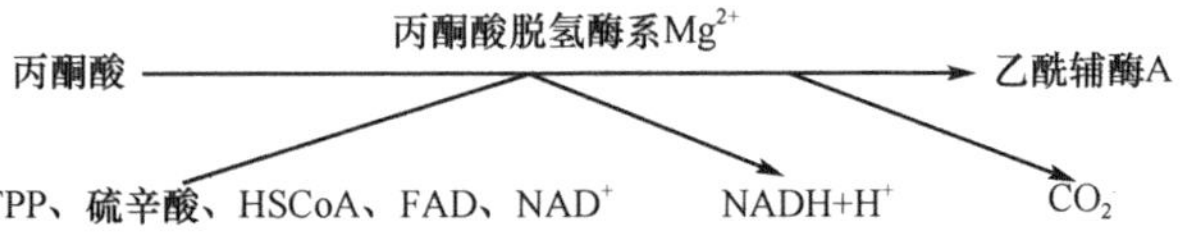

3. 三羧酸循环 从乙酰辅酶 A 与草酰乙酸缩合生成含有 3 个羧基的柠檬酸开始，经反复脱氢、脱羧，又生成草酰乙酸的循环反应过程，称三羧酸循环或柠檬酸循环。因三羧酸循环是克雷布斯（Krebs）发现的，故也称 Krebs 循环（图 7-5）。

三羧酸循环的特点：

(1) 三羧酸循环在线粒体内、有氧条件下才能进行。

(2) 三羧酸循环每循环一次彻底氧化 1 分子乙酰辅酶 A。

(3) 三羧酸循环是产能过程，1 分子乙酰 CoA 通过三羧酸循环，有 4 次脱氢反应，生成 3 分子 $NADH+H^+$ 和 1 分子 $FADH_2$，通过氧化磷酸化共生成 9 分子 ATP，再加一次底物水平磷酸化生成 1 分子 GTP（相当于 1 分子 ATP），故三羧酸循环一次，能生成 10 分子 ATP；有 2 次脱羧生成 2 分子 CO_2。

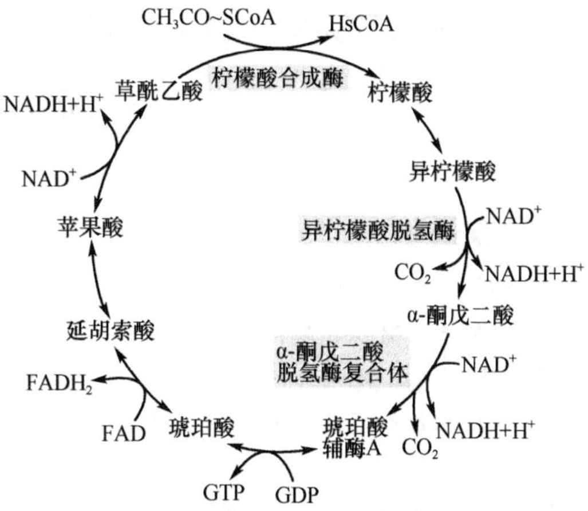

图 7-5 三羧酸循环

(4) 三羧酸循环是一个不可逆的反应体系；催化不可逆反应的三个关键酶是柠檬酸合成酶、异柠檬酸脱氢酶、α- 酮戊二酸脱氢酶复合体（表 7-2）。

表 7-2 糖有氧氧化能量生成表

反应	辅酶	最终获得 ATP
第一阶段（胞浆）		
葡糖糖→ 6- 磷酸葡糖糖		−1
6- 磷酸果糖→ 1,6- 二磷酸果糖		−1
2×3- 磷酸甘油醛→ 2×1,3- 二磷酸甘油酸	2NADH	5
2×1,3- 二磷酸甘油酸→ 2×3- 磷酸甘油酸		2
2× 磷酸烯醇式丙的酮酸→ 2× 丙酮酸		2
第二阶段（线粒体基质）		
2× 丙酮酸→ 2× 乙酰 CoA	2NADH	5
第三阶段（线粒体基质）		
2× 异柠檬酸→ 2×α- 酮戊二酸	2NADH	5
2×α- 酮戊二酸→ 2× 琥珀酰 CoA	2NADH	5
2× 琥珀酰 CoA → 2× 琥珀酸		2
2× 琥珀酸→ 2× 延胡索酸	$2FADH_2$	3
2× 苹果酸→ 2× 草酰乙酸	2NADH	5
由 1 个葡糖糖净生成		32

（二）糖有氧氧化的生理意义

1. 糖的有氧氧化是机体供能的主要途径。糖有氧氧化是脑组织等耗能与耗氧较多的器官和机体绝大多数组织获得能量的主要途径。1mol 葡萄糖经糖酵解净生成 2molATP，若经有氧氧化可生成 32molATP，后者产能是前者的 16 倍。

2. 三羧酸循环是糖、脂肪和蛋白质（三大供能营养物质）代谢彻底氧化的最终的和共同的代谢通路。糖、脂肪和蛋白质在体内代谢都最终生成乙酰辅酶 A，并进入三羧酸循环彻底氧化分解成 H_2O、CO_2 并释放能量。

考点： 糖有氧氧化的概念、反应部位、生理意义

3. 三羧酸循环是糖、脂肪和蛋白质三大物质代谢联系的枢纽。

三、磷酸戊糖途径

案例 7-2

患儿，2 岁男童，因面色苍白伴血尿 2 天入院。2 天前患儿食用了一种新鲜蔬菜——蚕豆后出现恶心呕吐、发热、排浓茶色尿。

问题： 1. 患儿发病与吃蚕豆有关系吗？

2. 患儿今后还能吃蚕豆吗？

磷酸戊糖途径是葡萄糖氧化分解的另一条重要途径。通过此反应途径，葡萄糖可以生成具有重要生理作用的特殊物质 $NADPH+H^+$ 和 5- 磷酸核糖，而主要意义不是产生 ATP。一些如肝脏、脂肪组织、甲状腺、肾上腺皮质、性腺、红细胞等代谢较旺盛的组织，此途径比较活跃。

（一）磷酸戊糖途径反应过程

磷酸戊糖途径在细胞液中进行。6- 磷酸葡萄糖脱氢酶（G-6-PD）是此途径的关键酶，其活性决定 6- 磷酸葡萄糖进入此途径的流量（图 7-6）。

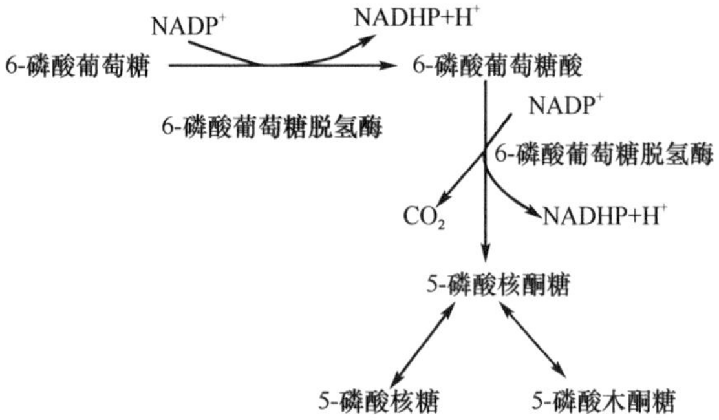

图 7-6　磷酸戊糖途径

（二）磷酸戊糖途径的生理意义

磷酸戊糖途径的主要生理作用是提供生物合成所需的一些原料而不是供能。

1. 生成 5– 磷酸核糖　为核苷酸、核酸的合成提供原料。磷酸戊糖途径是葡萄糖转变为 5- 磷酸核糖的唯一途径。

2. 生成 $NADPH+H^+$

(1) $NADPH+H^+$ 是供氢体，参与脂肪酸、胆固醇、类固醇激素等生物合成。所以脂类合成旺盛的组织如肝脏、乳腺、肾上腺皮质、脂肪组织等磷酸戊糖途径比较活跃。

(2) $NADPH+H^+$ 是加单氧酶体系的辅酶之一，参与体内羟化反应，例如一些药物、毒物在肝脏中的生物转化作用等。

(3) $NADPH+H^+$ 是谷胱甘肽还原酶的辅酶；$NADPH+H^+$ 可使氧化型谷胱甘肽（GSSG）还原为还原型谷胱甘肽（GSH）；GSH 是体内重要的抗氧化剂，可维护红细胞的完整性。

案例 7-2 分析

1. 这是一个是蚕豆病患儿。我国蚕豆病的分布有“南高北低”的态势，广西，海南，广东等地发病率居全国之首。蚕豆病是遗传性 6- 磷酸葡萄糖脱氢酶缺乏所导致的疾病，也称为 6- 磷酸葡萄糖脱氢酶（G-6-PD）缺乏症。其特点是发病多在 3 月～ 5 月蚕豆成熟季节，男孩多见，婴幼儿多见，大多在吃蚕豆后 2 天发生急性溶血性贫血。

2. 对确诊为蚕豆病（G-6-PD 缺乏症）的患儿，不可进食蚕豆，不能服用有可能引起溶血的药物。

考点：磷酸戊糖途径的产物、关键酶及生理意义

第 3 节　糖原的合成与分解

由葡萄糖合成为糖原的过程称为糖原合成。由肝糖原分解为葡萄糖的过程称为糖原分解。

糖原是动物体内糖的储存形式，是既能储存能量又容易分解动员的多糖。人体糖原的主要存在形式是肝糖原和肌糖原。肝糖原的合成与分解主要是为了维持血糖浓度的相对恒定，这对于如脑和红细胞等主要依靠葡萄糖供能的组织尤其重要；肌糖原分解主要为肌肉收缩提供能量。肝糖原总量 70 ～ 100g，肌糖原 180 ～ 300g。

一、糖原合成与分解

（一）糖原合成

糖原合成的过程就是将葡萄糖基逐个加入糖原引物上，使糖原分子变大的过程。所谓糖原引物就是指细胞内原有的较小的糖原分子。糖原合成反应在胞液中进行；消耗 ATP 和 UTP；合成过程包括以下几步反应：

1. 葡萄糖生成尿苷二磷酸葡萄糖（UDPG）　此过程消耗的 UTP 可由 ATP 和 UDP 通过转磷酸基团生成，故糖原合成是耗能的过程。糖原分子上每增加 1 分子葡萄糖，消耗 2 分子 ATP。尿苷二磷酸葡萄糖在糖原合成过程中充当葡萄糖供体，可看作“活性葡萄糖”；糖原引物是 UDPG 的葡萄糖基的接受体。

2. 合成糖原

$$\underset{(UDPG)}{\text{尿苷二磷酸葡萄糖}} + \underset{(G_n)}{\text{糖原“引物”}} \xrightarrow{\text{糖原合酶}} \underset{(UDP)}{\text{尿苷二磷酸}} + \underset{(G_{n+1})}{\text{糖原}}$$

糖原合酶催化尿苷二磷酸葡萄糖将葡萄糖基转移到糖原引物的直链分子非还原端上，以 α-1，4- 糖苷键相连；每反应一次，糖原引物上即增加一个葡萄糖；该反应反复进行使糖链不断延长。

3. 分支链的形成　糖原合酶只能延长糖链，不能形成分支。当糖原合酶从 α-1，4- 糖苷键延伸直链超过 11 个葡萄糖基时，分支酶可将一段约 7 个葡萄糖基转移到邻近糖链上，以 α-1，6- 糖苷键相连接，形成新的分支，分支以 α-1，4- 糖苷键继续延长糖链。多分支有利于糖原分解时可多处磷酸化酶作用点，多分支也增加水溶性，有利于储存。

（二）糖原合成的特点

1. 糖原合酶是糖原合成过程中的限速酶，其活性受许多因素的调节。糖原合酶称为“合酶”，而不叫“合成酶”的原因是在该反应中没有 ATP 直接参加。糖原合酶只能催化 α-1，4- 糖苷键的形成，形成的产物只能是直链的形式。

2. 糖原合成时葡萄基的直接供体是 UDPG，葡萄糖基的接受体是糖原引物。游离的葡萄糖不能作为 UDPG 的葡萄基的接受体。

3. 糖原合成是耗能反应，糖链每增加一个葡萄糖基要消耗 2 分子 ATP，而且糖原合成不能从无到有，需要有“糖原引物”。

（三）糖原分解

糖原的分解代谢可分为三个阶段，是一个不耗能的反应过程。

1. 糖原磷酸解为 1- 磷酸葡萄糖，此过程需要脱支酶协助。

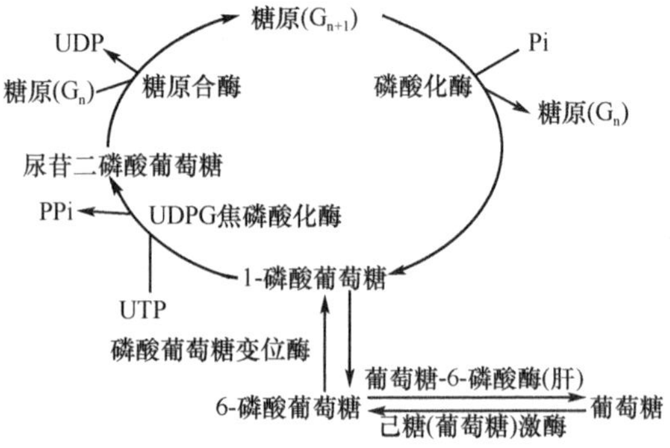

图 7-7　糖原的合成与分解

2. 1- 磷酸葡萄糖在变位酶的作用下异构生成 6- 磷酸葡萄糖。

3. 6- 磷酸葡萄糖水解为葡萄糖。

葡萄糖 -6- 磷酸酶是催化 6- 磷酸葡萄糖水解为葡萄糖的酶，此酶只存在于肝及肾中，而不存在于肌肉中。故只有肝和肾可以补充血糖；肌糖原不能分解成葡萄糖，只能进行糖酵解或有氧氧化。

糖原的分解不耗能，也不彻底，即糖原分子只是由大变小，并不能彻底分解（图 7-7）。

二、糖原合成与分解的生理意义

考点： 糖原合成与分解的概念、部位、关键酶及生理意义

糖原合成与分解对维持血糖浓度的相对恒定，具有重要的生理意义。

当进食后血糖浓度升高时，肝与肌肉等组织摄取葡萄糖进行糖原合成，使血糖不致过度升高又储存能量；而空腹或饥饿时，肝糖原分解成葡萄糖补充血糖，维持正常血糖浓度。

第 4 节　糖　异　生

体内糖原储备有限，如果得不到补充，12 小时左右，肝糖原即被耗尽，血糖来源断绝。但事实上，禁食 24 小时甚至长期饥饿，血糖仍能维持在正常范围或略下降。这主要依赖于肝脏将氨基酸、甘油等转变成葡萄糖，不断地补充血糖。这种由非糖物质转变为葡萄糖或糖原的过程称为糖异生。

糖异生的原料主要有：生糖氨基酸、乳酸、丙酮酸及甘油等。糖异生的最主要器官是肝脏，肾的糖异生作用在正常时仅有肝的 1/10，长期饥饿时，肾的糖异生能力将大为增强。

一、糖异生途径

糖异生反应过程基本上是糖酵解反应的逆过程。由于糖酵解中的酶促反应大多数是可逆的，但己糖激酶、6- 磷酸果糖激酶 -1 及丙酮酸激酶催化的是三个不可逆反应（称之为“能障”）；可由其他酶的作用，绕过这三个“能障”，使非糖物质异生为糖。

1. 丙酮酸转变为磷酸烯醇式丙酮酸　由丙酮酸激酶催化的逆过程，由二步反应来完成。丙酮酸不能直接逆转为磷酸烯醇式丙酮酸，须经过丙酮酸羧化支路，才能生成磷酸烯醇式丙酮酸。

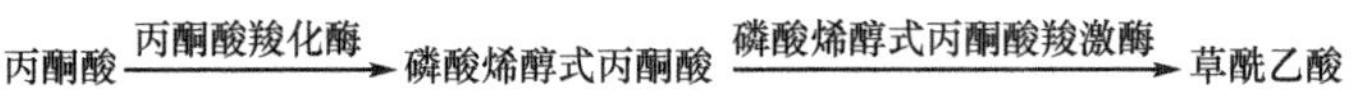

2. 1，6- 二磷酸果糖转变为 6- 磷酸果糖 由磷酸果糖激酶催化的反应的逆过程，由果糖二磷酸酶催化完成。

1,6-二磷酸果糖 —果糖二磷酸梅→ 6-磷酸果糖

3. 6- 磷酸葡萄糖水解为葡萄糖 由己糖激酶催化的反应的逆过程，由葡萄糖 -6- 磷酸酶催化完成。

6-磷酸果糖 —葡萄糖-6-磷酸酶→ 葡萄糖

糖异生途径示意图 7-8。

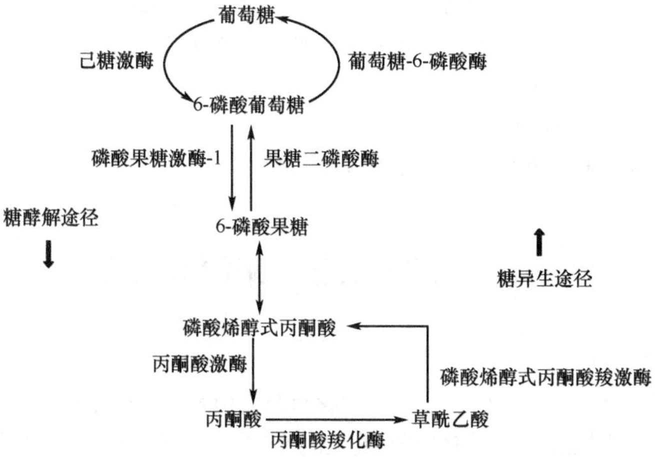

图 7-8 糖异生途径示意图

二、糖异生的生理意义

1. 饥饿状况下维持血糖浓度的相对恒定 这是糖异生最重要的生理意义。人体储备糖原的能力有限，饥饿情况下，肝糖原分解的葡萄糖仅能维持血糖浓度 12 小时左右。此后，必须靠氨基酸、甘油、乳酸等原料异生为糖，维持血糖浓度的相对恒定，以保证脑组织及红细胞等重要器官和组织的能量供应。此外，肝也依赖糖异生作用来补充糖原储备。

2. 有利于乳酸利用 乳酸主要通过肌肉及红细胞的糖酵解而生成的。在剧烈运动或某些病理情况下，肌糖原分解为乳酸，由血液运输至肝，经糖异生转变为葡萄糖。葡萄糖再经血液循环被肌组织摄取氧化利用，此过程构成乳酸循环（图 7-9）。乳酸循环可避免乳酸的损失并防止和改善因乳酸堆积引起的酸中毒。

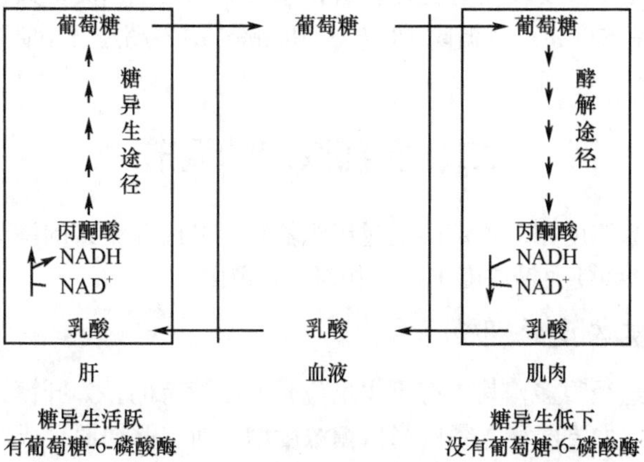

图 7-9 乳酸循环示意图

考点：糖异生的概念、原料、部位、意义

3. 防止酸中毒 长期饥饿的情况下，肾脏的糖异生作用增强，可促进肾小管细胞的泌氨作用，NH_3 与原尿中 H^+ 结合成 NH_4^+，能降低原尿中 H^+ 浓度，促进排 H^+ 保 Na^+ 作用。对维持机体酸碱平衡，防止酸中毒有重要意义。

第 5 节 血 糖

案例 7-3

患者张先生，63 岁，半年前无诱因出现口干、多饮、多尿、多食、易饥等症状，未予重视；近 2 周上述症状加重，遂到医院检查，空腹血糖为 18.4mmol/L，餐后 2 小时血糖为 19.7mmol/L。诊断：糖尿病。

问题：1. 糖尿病的典型症状有什么？

2. 您对糖尿病患者的生活方式有什么建议？

一、血糖的概念、来源与去路

（一）血糖的概念

血液中的葡萄糖，称为血糖。正常人空腹静脉血中葡萄糖浓度为 3.9 ～ 6.1mmol/L。全身各组织细胞都需要从血液中摄取葡萄糖；血糖维持在正常范围，有利于组织细胞摄取葡萄糖而获得能量，特别是对储存糖原能力低下的脑组织和红细胞生理功能的维持具有重要的意义。

在机体精确的调节作用下，血糖的来源和去路保持动态平衡，维持血糖浓度的相对恒定。

（二）血糖的来源与去路

1. 血糖的来源 ①食物中糖的消化吸收，这是一般情况下血糖最主要来源；②肝糖原分解产生的葡萄糖，这是人体空腹时血糖的重要来源；③糖异生作用，这是人体在禁食超过 12 小时的情况下，维持血糖水平的重要来源，主要由甘油、氨基酸、乳酸等非糖物质转变而来。

2. 血糖的去路 ①氧化供能，葡萄糖被组织细胞摄取氧化供能，这是血糖的主要去路；②被肝、肌等组织摄取合成糖原；③转变为脂肪、胆固醇及一些非必需基酸等非糖物质，尤其在生理情况下血糖浓度较高时更加显著；④转变成其他糖类及其衍生物，如核糖、脱氧核糖等；⑤当血糖浓度超过肾糖阈（8.88 ～ 10mmol/L），超过肾小管重吸收能力时，出现糖尿（图 7-10）。

二、血糖浓度的调节

正常情况下血糖浓度相对恒定。通过组织器官、神经和激素的调节，使血糖来源和去路保持动态平衡，从而使血糖浓度维持在相对恒定范围。

（一）肝脏对血糖浓度的调节

肝内糖代谢的途径很多，其中有不少反应是肝脏特有的，如肝糖原分解；所以肝脏是体内调节血糖浓度的主要器官。餐后当血糖浓度增高时，肝糖原合成增加，使血糖浓度不会过高，当人体处于空腹状态时，肝糖原分解增强，以及时补充血糖浓度；在长期饥饿情况下，肝的糖异生作用加强，以持续有效地维持血糖浓度。

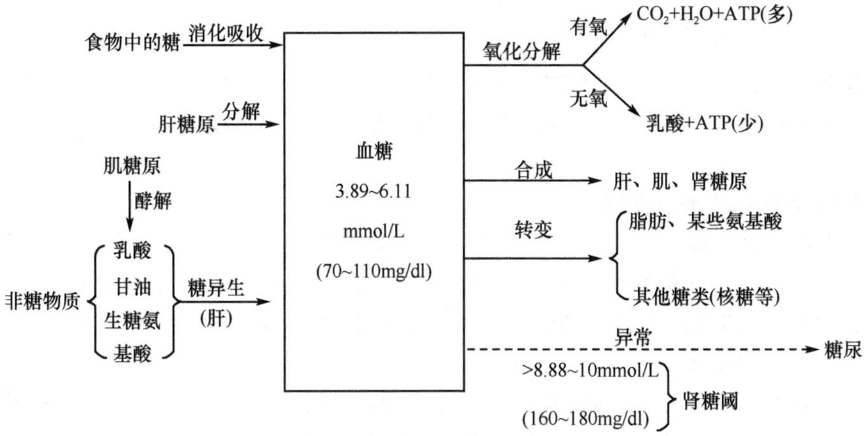

图 7-10　血糖的来源与去路

（二）激素对血糖浓度的调节

调节血糖浓度的激素有两类，一类是降低血糖的激素，即胰岛素（目前认为是唯一能主动降低血糖浓度的激素）；另一类是升高血糖的激素，包括胰高血糖素、肾上腺素、糖皮质激素、生长激素等。激素对血糖浓度的调节，主要通过对糖代谢途径中一些关键酶的活性或含量来调节血糖浓度恒定。这两类激素的作用相互制约。一般生理情况下，主要是胰岛素与胰高血糖素保持着动态平衡。常见激素对血糖浓度的调节作用见表 7-3。

表 7-3　激素对血糖浓度的影响

降低血糖的激素	升高血糖的激素
胰岛素	胰高血糖素
1. 促进葡萄糖进入组织细胞	1. 促进肝糖原分解
2. 促进糖原合成	2. 促进糖异生
3. 抑制糖原分解	3. 促进脂肪动员
4. 促进糖的有氧氧化	肾上腺素
5. 抑制糖异生	1. 促进肝糖原分解、肌糖原酵解
6. 抑制蛋白质等物质分解	2. 促进糖异生
7. 促进糖转变为脂肪	糖皮质激素
	1. 促进蛋白质分解、加速糖异生
	2. 抑制肝外组织摄取利用葡萄糖

（三）神经系统调节

神经系统主要通过下丘脑和自主神经系统对各种促激素及激素分泌的调节，影响血糖来源与去路关键酶的活性来实现调节血糖浓度的作用。

如情绪激动时，交感神经兴奋，肾上腺素的分泌增加，使血糖浓度升高。处于静息状态时，迷走神经兴奋，胰岛素增加，血糖浓度降低。

三、血糖水平异常

（一）高血糖和糖尿病

1. 概念 临床上将空腹血糖浓度高于7.2mmol/L称为高血糖。如血糖浓度高于肾糖阈（8.88～10mmol/L），超过肾小管对糖的最大吸收能力，可出现糖尿。糖尿可分为生理性糖尿与病理性糖尿两类。

2. 常见高血糖类型及其原因

(1) 生理性高血糖：在某些生理情况下，如情绪激动时交感神经兴奋，肾上腺素分泌增加，肝糖原分解，血糖浓度上升而出现的糖尿，称为情感性高血糖和糖尿；一次性食入大量糖，血糖急剧升高，出现的糖尿，称为饮食性高血糖和糖尿。上述两种暂时性高血糖及糖尿，并无临床症状和意义。

(2) 病理性高血糖：机体内分泌紊乱所引起的糖尿，通常为胰岛素分泌不足及胰岛素功能障碍或升高血糖的激素过高，如糖尿病、甲状腺功能亢进、肾上腺皮质功能亢进、嗜铬细胞瘤等。糖尿病是最常见的血糖增高而引起的疾病。糖尿病通常有持续性高血糖和糖尿，其典型症状是“三多一少”，即多食、多饮、多尿和体重减少。

（二）低血糖

空腹血糖浓度低于3.3mmol/L，称为低血糖。脑组织对低血糖最为敏感，血糖低时可出现一系列低血糖症状，如四肢无力、头晕、心悸、出冷汗、手颤等，严重时可出现昏迷（低血糖休克）。出现低血糖症状，给予口服葡萄糖或饮用糖水、果汁、牛奶等便能好转。低血糖昏迷者，如不及时静脉注射葡萄糖液，则有可能危及生命。

低血糖常见病因有：①饥饿或不能进食者，血糖的主要来源被断绝，造成低血糖；②胰岛B细胞增生或癌症，胰岛素分泌过多，引起低血糖；③胰岛素注射过量；④严重肝病，使肝糖原合成、分解及糖异生能力减弱；⑤内分泌异常（垂体机能或肾上腺皮质机能低下等），使升高血糖浓度的激素分泌减少等。

（三）糖耐量试验

糖耐量试验是给成人口服葡萄糖后测其血糖变化，以观察病人耐受葡萄糖的能力。具体方法为，先测受试者空腹血糖浓度，然后一次进食75g无水葡萄糖，服糖后0.5、1、2、3小时分别测一次血糖。取时间为横坐标，血糖浓度为纵座标，绘制糖耐量曲线（图7-11）。

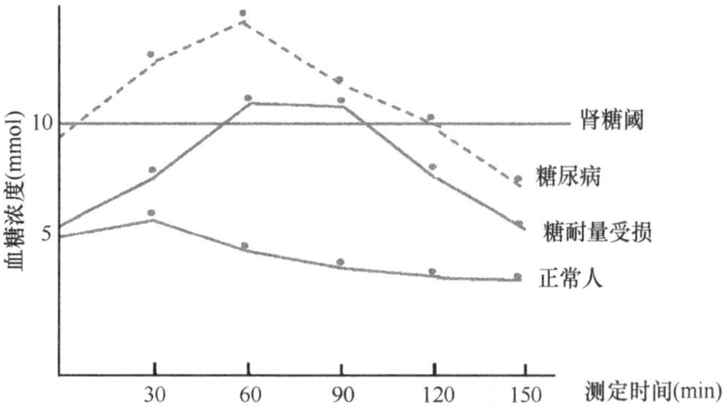

图7-11 糖耐量曲线

正常人糖耐量曲线是：空腹血糖浓度在3.9～6.1mmol/L正常范围，餐后血糖浓度升高，

1 小时达高峰，一般不超过 8.8mmol/L，2 小时内恢复至空腹血糖水平。

糖耐量减低患者，一般空腹血糖浓度＜ 7.0mmol/L，食糖后 0.5 ～ 1 小时后最高值＜ 11.1mmol/L，2 小时血糖浓度≥ 7.8mmol/L。有人把糖耐量减低称为“糖尿病前期”，如不采取有效的干预措施，则很有可能发展转变为糖尿病。

糖尿病人：空腹血糖高于正常值，食糖后升高超过肾糖阈，2 小时内不能恢复到空腹血糖正常水平。

案例 7-3 分析

1. 糖尿病的典型症状是“三多一少”：多食、多饮、多尿和体重减少。

2. 建议糖尿病病人：①长期坚持规范的药物治疗。②饮食控制：每餐饮食按计划份量进食，定时定量，不可任意增减；菜肴少油少盐，多吃蔬果，忌食糖及糖类制品（无糖糕点不含蔗糖，但糕点是淀粉做的，故也不可多食）；③坚持长期且适当的运动，避免肥胖，维持合适的体重。

考点：血糖的概念、来源与去路；正常空腹血糖浓度值；调节血糖浓度的激素

小结

糖是人体最主要的能源物质。糖的运输形式是葡萄糖、储存形式是糖原。糖代谢途径主要有：缺氧条件下快速供能的糖酵解，有氧时组织器官、尤其脑组织供能的主要途径是有氧氧化，还有磷酸戊糖途径、糖原合成与分解及糖异生途径。血糖的主要来源是食物中的糖以及肝糖原分解和糖异生，去路包括氧化分解、合成糖原、转变成脂肪等；正常空腹血糖浓度值为 3.9 ～ 6.1mmol/L。降低血糖浓度的激素是胰岛素，升高血糖浓度的激素包括胰高血糖素、肾上腺素、糖皮质激素等；病理性糖尿最常见于糖尿病。

自 测 题

一、名词解释

1. 糖酵解 2. 糖的有氧氧化 3. 糖异生 4. 血糖

二、填空题

1. 糖的分解代谢途径分别是：①________；②________；③________；

2. 糖异生的部位主要是：________；严重饥饿时________的糖异生能力大为增加。

三、单选题

1. 糖最主要的生理功能是（ ）
   A. 氧化供能 B. 构成糖蛋白
   C. 构成蛋白质多糖 D. 构成磷脂
   E. 构成糖脂

2. 糖酵解进行是在细胞的（ ）
   A. 线粒体基质 B. 细胞液中
   C. 内质网膜上 D. 细胞核内
   E. 微粒体内

3. $NADPH+H^+$ 产生于糖代谢的（ ）
   A. 糖原合成 B. 磷酸戊糖途径
   C. 糖异生 D. 糖有氧氧化
   E. 糖原分解

4. 调节血糖浓度的主要器官是（ ）
   A. 肌肉 B. 大脑
   C. 肾脏 D. 肝脏
   E. 小肠

5. 糖氧化供能最主要的途径是（ ）
   A. 糖原合成 B. 磷酸戊糖途径
   C. 糖异生 D. 糖有氧氧化
   E. 糖原分解

6. 成熟红细胞以糖酵解供能的原因是（ ）
   A. 缺氧 B. 缺少 TPP
   C. 缺少辅酶 A D. 缺少线粒体
   E. 缺少微粒体

7. 当血糖超过肾糖阈值时，可出现（ ）
   A. 生理性血糖升高 B. 病理性血糖升高

C. 生理性血糖降低　　D. 病理性血糖降低
E. 尿糖

8. 正常人清晨空腹血糖浓度为（　　）
A. 2.6 ～ 3.8mmol/L　　B. 3.6 ～ 5.8mmol/L
C. 3.9 ～ 6.1mmol/L　　D. 3.3 ～ 7.1mmol/L
E. 6.6 ～ 8.8mmol/L

9. 食物中糖的主要来源是（　　）
A. 葡萄糖　　B. 果糖
C. 蔗糖　　D. 乳糖
E. 淀粉

10. 糖在体内的储存形式是（　　）
A. 葡萄糖　　B. 核糖
C. 糖原　　D. 乳糖
E. 淀粉

11. 合成糖原时葡萄糖供体是（　　）
A. ADPG　　B. GDPG
C. CDPG　　D. TDPG
E. UDPG

12. 促使血糖浓度下降的激素是（　　）
A. 肾上腺素　　B. 胰高血糖素
C. 生长素　　D. 糖皮质激素
E. 胰岛素

13. 肌糖原分解不能直接补充血糖的原因是因为肌组织中缺乏（　　）
A. 己糖激酶　　B. 葡萄糖激酶
C. 葡萄糖 -6- 磷酸酶　　D. 磷酸酶
E. 脱支酶

14. 1 分子葡萄糖经过酵解反应后净生成的 ATP 数是（　　）
A. 1　　B. 2
C. 3　　D. 4
E. 5

15. 三羧酸循环中的脱氢次数有（　　）
A. 1 次　　B. 2 次
C. 3 次　　D. 4 次
E. 5 次

16. 红细胞中还原型谷胱甘肽不足，易引起溶血，原因是缺乏（　　）
A. 葡萄糖 -6- 磷酸酶
B. 果糖二磷酸酶
C. 磷酸果糖激酶
D. 6- 磷酸葡萄糖脱氢酶
E. 葡萄糖激酶

17. 糖酵解的终产物是（　　）
A. 葡萄糖　　B. 果糖
C. 乳酸　　D. 丙酮酸
E. 二氧化碳

18. 糖原中的 1 个葡萄糖基转变成 2 分子的乳酸，净生成 ATP 的数目为（　　）
A. 1　　B. 2
C. 3　　D. 4
E. 5

19. 下列能升高血糖浓度的激素是（　　）
A. 加压素　　B. 肾上腺素
C. 胰岛素　　D. 黄体酮
E. 催产素

20. 糖有氧氧化的终产物是（　　）
A. ATP　　B. H_2O
C. 乳酸　　D. CO_2
E. CO_2、H_2O 和 ATP

四、简答题

1. 糖酵解的生理意义。
2. 有氧氧化的生理意义。
3. 血糖的来源与去路。

（赵勋蘼）

8

第八章 脂类代谢

具备生活常识的我们都知道，一个人的体型胖瘦通常与进食量大小有关。如果长期吃过多的食物就会发胖，而长期处于饥饿状态下则会消瘦，这是什么原因呢？

第1节 概 述

脂类是脂肪和类脂的总称。脂肪（又称甘油三酯）由1分子甘油和3分子脂肪酸组成；类脂包括磷脂、糖脂、胆固醇和胆固醇酯。

考点：脂类的组成

一、脂类的分布与含量

（一）脂肪的分布与含量

体内的脂肪绝大部分储存在脂肪组织中，分布于皮下、大网膜、肠系膜及肾周围等处，这些部位常称为脂库。成年男性体内脂肪含量占体重的10%～20%，女性稍高。体内脂肪含量易受营养状况及机体活动等多种因素影响而发生变化，故称可变脂。

链接

肥 胖 症

体内脂肪超过标准体重［身高（cm）-105］的20%或BMI[人体体质指数＝体重（kg）÷身高 $(m)^2$] 大于25者称为肥胖症。肥胖症主要是糖和脂肪摄入过多，超过机体生命活动的需要，转变为体脂贮存在脂肪组织，导致体重增加。肥胖可诱发动脉粥样硬化、高血压、糖尿病等疾病。因此均衡膳食，适当控制进食量，坚持运动非常重要。

（二）类脂的分布与含量

类脂分布于各组织中，以神经组织中含量最多。体内类脂总量约占体重的5%，其含量不受营养状况及机体活动的影响而变化，故又称为恒定脂或基本脂。

二、脂类的生理功能

（一）脂肪的生理功能

1. 高效储能与供能 脂肪是体内主要的储能物质。正常人体生理活动所需能量的15%～20%由脂肪提供。1g脂肪彻底氧化可释放9.3kcal的能量，比同重量的糖和蛋白质高1倍多。在空腹和禁食时，脂肪可迅速动员，成为体内能量的主要来源。

2. 维持体温 冬季胖者一般较瘦者不怕冷，是因为脂肪不易传热，人体皮下脂肪能防止体内热量散失，维持体温恒定。

3. 保护内脏 脂肪组织结构柔软，能缓冲外界的机械性撞击，使内脏器官免受损伤。

4. 促进脂溶性维生素的吸收 肠道内的脂肪可以促进脂溶性维生素的吸收。胆管梗阻的病人，不仅脂类的消化障碍，还常伴有脂溶性维生素的吸收减少。

（二）类脂的生理功能

1. 构成生物膜 类脂是构成生物膜的重要成分。在构成膜的脂质中，磷脂占总量的70% 以上，胆固醇不超过 30%，糖脂不超过 10%。

2. 参与神经髓鞘的构成 胆固醇和磷脂参与构成神经髓鞘，维持神经冲动的正常传导。

3. 参与组成脂蛋白 类脂参与组成脂蛋白，协助脂类在血液中的运输。

4. 提供必需脂肪酸 类脂中的磷脂分子含有必需脂肪酸，是人体必需脂肪酸的重要来源。必需脂肪酸是指机体生命活动必不可少而自身又不能合成，必须由食物供给的多不饱和脂肪酸，如亚油酸、亚麻酸、花生四烯酸等。

5. 转变成其他物质 胆固醇在体内可以转变为胆汁酸、维生素 D_3、类固醇激素等多种生理活性物质。

第 2 节 甘油三酯代谢

一、甘油三酯的分解代谢

（一）脂肪动员

1. 概念 脂肪组织储存的甘油三酯，在脂肪酶的催化下逐步水解为脂肪酸和甘油，并释放入血被其他组织利用，此过程称为脂肪动员。

反应过程如下：

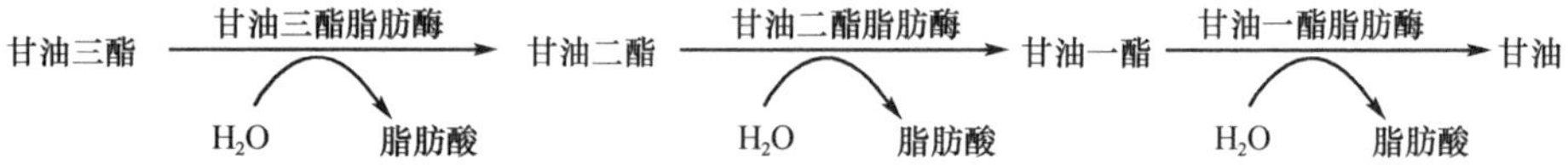

2. 产物 脂肪动员的最终产物是 1 分子甘油，3 分子脂肪酸。

3. 限速酶 甘油三酯脂肪酶是脂肪动员的限速酶，因其活性受多种激素调节，故又称为激素敏感脂肪酶。肾上腺素、肾上腺皮质激素、甲状腺素、胰高血糖素等激素可升高激素敏感脂肪酶的活性，称为脂解激素；胰岛素可降低激素敏感脂肪酶的活性，称为抗脂解激素。

人体处于紧张、兴奋、饥饿时，肾上腺素、去甲肾上腺素、胰高血糖素分泌增加，甘油三酯脂肪酶的活性增强，脂肪动员加强，脂肪组织储存的脂肪含量就会减少。故人体长期处于紧张、饥饿状态时就会消瘦。

考点：脂肪动员的产物、限速酶

（二）甘油的代谢

脂肪动员产生的甘油，经血液循环到达肝、肾、小肠黏膜的组织细胞，被甘油激酶催化生成 α- 磷酸甘油，再脱氢生成磷酸二羟丙酮，进入糖代谢途径。

（三）脂肪酸的氧化

1. 概念 在氧供应充足的情况下，脂肪酸彻底氧化分解为 CO_2 和 H_2O 并释放大量能量的过程。

2. 运输 脂肪动员产生的游离脂肪酸释放入血后，与清蛋白结合由血液运输到全身各组织。

3. 氧化部位和过程 机体除脑组织和成熟红细胞外，大多数组织都能氧化利用脂肪酸，以肝和肌肉最为活跃。氧化的主要部位在线粒体，分为以下四个阶段。

(1) 脂肪酸的活化：脂肪酸生成脂酰辅酶 A 的过程称为脂肪酸的活化。反应在细胞液中进行，由 ATP 供能。

$$R—COOH + HS\sim CoA + ATP \xrightarrow[Mg^{2+}]{\text{脂酰CoA合成酶}} R—CO\sim SCoA + AMP+PPi$$

反应中生成的焦磷酸 (PPi) 很快被水解，阻止了逆向反应的进行。因此 1 分子脂肪酸活化，实际消耗了两个高能磷酸键。

(2) 脂酰辅酶 A 的转运：由于催化脂酰辅酶 A 继续氧化的酶系存在于线粒体内，所以在细胞液中生成的脂酰辅酶 A，需经线粒体内膜上的肉毒碱携带转运进入线粒体代谢（图 8-1）。此过程称为脂酰辅酶 A 的转运。

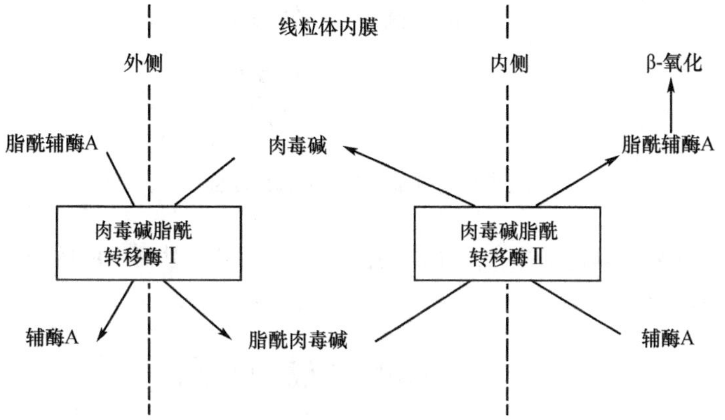

图 8-1 脂酰 CoA 进入线粒体示意图

(3) 脂酰辅酶 A 的 β- 氧化：脂酰辅酶 A 进入线粒体基质后，在脂酰基 β 碳原子上开始氧化，故称为 β- 氧化。一次 β- 氧化过程包括脱氢、加水、再脱氢和硫解四步反应，使得脂酰基的碳链断裂生成 1 分子乙酰辅酶 A 和 1 分子比原来少 2 个碳原子的脂酰辅酶 A。后者可再进行 β- 氧化，如此反复进行，直至脂酰辅酶 A 完全氧化为乙酰辅酶 A（图 8-2）。

(4) 乙酰辅酶 A 的彻底氧化：脂肪酸经 β- 氧化生成大量的乙酰辅酶 A，一部分进入三羧酸循环彻底氧化成 H_2O 和 CO_2，并释放能量；另一部分在肝脏线粒体中缩合成酮体。

4. 脂肪酸氧化的能量生成 脂肪酸氧化可产生大量能量。以 1 分子含 16 个碳原子的软脂酸为例计算：可进行 7 次 β- 氧化及生成 8 分子乙酰辅酶 A，每次 β- 氧化可生成 4 分子 ATP，每 1 分子乙酰辅酶 A 进入三羧酸循环可生成 10 分子 ATP，共计生成 ATP 数为 $4\times7+10\times8=108$ 分子，再减去脂肪酸活化时消耗的 2 分子 ATP，则净生成 ATP 数为 106 分子。

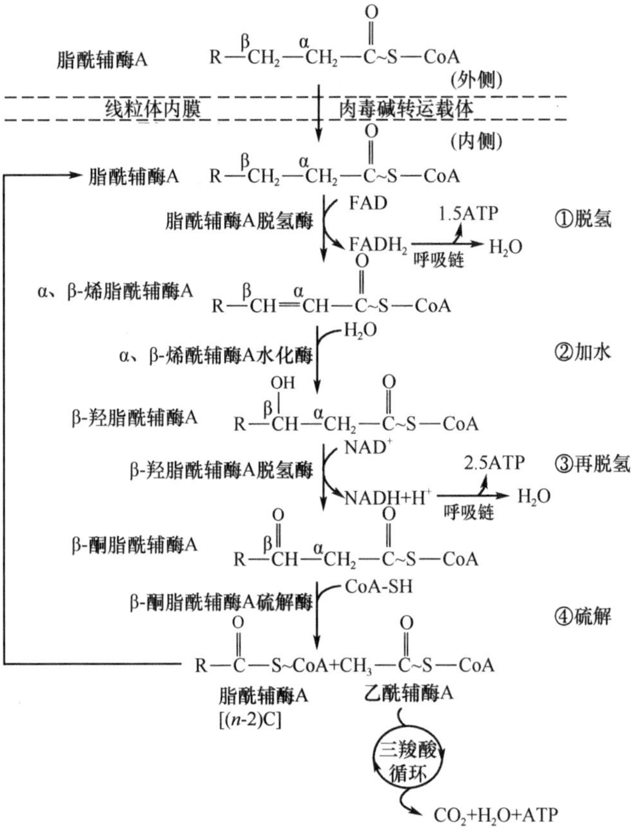

图 8-2　脂肪酸的 β- 氧化过程

考点：脂肪酸β-氧化的步骤、终产物

考点：计算脂肪酸彻底氧化分解生成的ATP数目

1 分子甘油三酯分解可产生 3 分子脂肪酸。由此可见，甘油三酯的分解、氧化是体内能量的重要来源之一。

二、酮体的生成和利用

案例 8-1

患者，男，56 岁，发现口喝、多饮、消瘦 3 个月，突发昏迷 2 日。呼吸弱，有烂苹果味。血糖 30mmol/L，尿糖、尿酮体均呈强阳性。诊断为糖尿病酮症酸中毒。

问题：1. 请分析该患者消瘦的原因。

2. 酮症酸中毒的机制是什么？

（一）酮体的生成

1. 概念　酮体是脂肪酸在肝内氧化的正常中间产物，包括乙酰乙酸、β- 羟丁酸、丙酮三种物质。其中 β- 羟丁酸约占酮体总量的 70%，乙酰乙酸约占 30%，丙酮含量极微。

2. 原料　肝中脂肪酸 β- 氧化生成的大量乙酰辅酶 A，除彻底氧化成 CO_2 和 H_2O，释放能量供肝利用外，更重要的代谢去路是在肝脏合成酮体。

3. 基本过程　肝细胞线粒体内富含催化酮体合成的酶系，故生成酮体是肝特有的功能。

酮体生成的基本反应过程（图 8-3）。

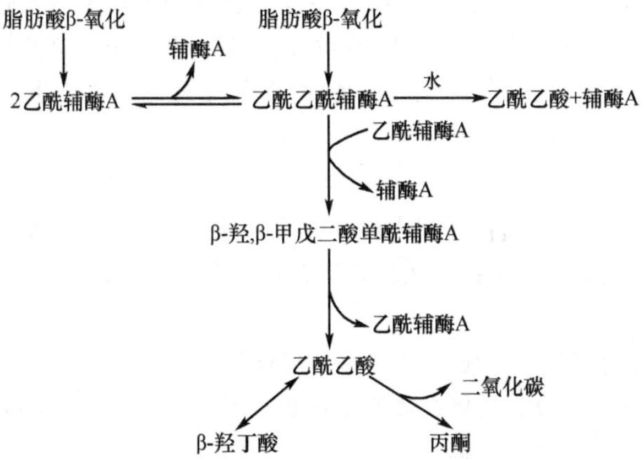

图 8-3 酮体的生成

（二）酮体的利用

肝外组织富含利用酮体的酶系。在肝中生成的酮体经血液循环运输到肝外的心、脑、肾及肌肉等组织，乙酰乙酸和 β- 羟丁酸在酶的催化下重新转化为乙酰辅酶 A，进入三羧酸循环彻底氧化供能（图 8-4）。丙酮则主要随尿排出体外，少部分可直接从肺呼出。

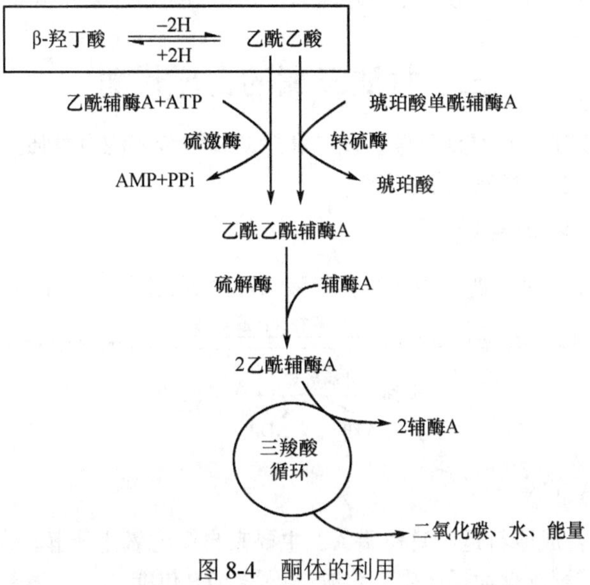

图 8-4 酮体的利用

（三）酮体代谢的特点及生理意义

1. 酮体代谢的特点 肝内生酮，肝外利用。

2. 生理意义

(1) 酮体分子小，水溶性强，容易通过血脑屏障和毛细血管壁，是肝输出脂类能源物质的一种重要形式。

(2) 长期饥饿及糖供应不足时，酮体可替代葡萄糖成为脑及肌肉等组织的主要能源。

(3) 生成过多，引起酮症酸中毒：正常情况下，肝生成的酮体能迅速被肝外组织利用，血中仅含少量，为 0.03 ～ 0.5mmol/L (0.3 ～ 5mg/dl)。在长时间饥饿、糖尿病、高脂低糖膳食等情况下，体内脂肪动员加强，肝内酮体生成增多，超过了肝外组织的利用能力，可导致血中酮体升高，称为酮血症；丙酮具有挥发性，过多丙酮从患者肺呼出，会嗅到丙酮味（似烂苹果味），称为酮味；当体内酮体含量过高，超过酮体利用能力时，血酮浓度升高，尿中可出现酮体，称为酮尿；酮体中乙酰乙酸和β- 羟丁酸是酸性物质，在血液中浓度过高，导致血液 pH 下降，引起酮症酸中毒。

考点：酮体代谢的特点及生理意义

案例 8-1 分析

1. 糖尿病患者消瘦的原因：因体内胰岛素水平异常，使糖利用受阻，脂肪动员增强；另一方面，胰岛素是抗脂解激素，其水平降低使体内脂肪分解速度加快，从而导致体重减少。

2. 酮症酸中毒的机制是：脂肪动员增加，脂肪酸氧化分解加速，肝中酮体生成增多，超过了肝外组织的利用能力，酮体在血液中堆积，使血中酮体升高。酮体中乙酰乙酸，β- 羟丁酸酸性较强，从而导致酸中毒。

链接

口气知多少

在人际交往中，口中呼出难闻的气味是很不雅的，可小小的口气也可能是身体患病的表现。消化不良可呼出酸腐气味；牙周炎、口腔黏膜糜烂、龋齿可呼出恶臭气味；肺脓肿、支气管扩张患者会呼出腥臭味；糖尿病酮症酸中毒患者会呼出烂苹果味；严重尿毒症患者可呼出尿臭味；有机磷农药中毒可呼出大蒜味；肝性脑病患者会呼出鼠臭味。

三、甘油三酯的合成代谢

人体许多组织都能合成甘油三酯，以肝和脂肪组织合成能力最强。合成原料是α- 磷酸甘油及脂酰辅酶 A，合成场所是细胞液。

（一）α - 磷酸甘油的合成

α- 磷酸甘油主要由糖代谢的中间产物磷酸二羟丙酮还原生成，也可来自甘油的磷酸化。

$$\text{磷酸二羟丙酮} + NADH + H^+ \xrightleftharpoons{\text{α-磷酸甘油脱氢酶}} \text{α-磷酸甘油} + NAD^+$$

$$\text{甘油} \xrightarrow[ATP \rightarrow ADP]{\text{甘油激酶}} \text{α-磷酸甘油}$$

（二）脂酰辅酶 A 的合成

脂酰辅酶 A 的合成原料是乙酰辅酶 A，主要来自糖的氧化分解。合成过程中的供氢体 NADPH ＋ H^+，由磷酸戊糖途径产生。合成过程需 ATP 供能。

$$\text{乙酰辅酶A} + HCO_3^- + ATP \xrightarrow{\text{乙酰辅酶A羧化酶、生物素、}Mn^{2+}} \text{丙二酰辅酶A} + ADP + Pi$$

$$\text{乙酰辅酶A} + 7\text{丙二酰辅酶A} + 14(NADPH + H^+) \xrightarrow{\text{脂肪酸合成酶系}}$$

$$16\text{碳软脂酸} + 14NADP^+ + 7CO_2 + 8\text{辅酶A} + 6H_2O$$

$$\text{脂肪酸} + \text{辅酶A} + ATP \xrightarrow{\text{脂酰辅酶A合成酶}\ Mg^{2+}} \text{脂酰辅酶A} + AMP + PPi$$

（三）甘油三酯的合成

甘油三酯的合成首先由 1 分子α- 磷酸甘油与 2 分子脂酰辅酶 A 结合生成磷脂酸，后者水解生成甘油二酯，再与 1 分子脂酰基结合即为甘油三酯。

$$\alpha\text{-磷酸甘油}+2\text{脂酰辅酶A}\xrightarrow{\text{甘油磷酸酰基转移酶}}\text{磷脂酸}+2\text{酶辅A}$$

$$\text{磷脂酸}+H_2O\xrightarrow{\text{磷脂酸磷脂酶}}\text{甘油二酯}+Pi$$

$$\text{甘油二酯}+\text{脂酰辅酶A}\longrightarrow\text{甘油三酯}+\text{辅酶A}$$

链接

糖是肥胖的罪魁祸首吗?

糖是体内的第一大能源物质，在体内分解代谢的过程中可以产生磷酸二羟丙酮、$NADPH + H^+$ 及乙酰辅酶 A，这些都是脂肪合成必不可少的原料。所以糖在体内很容易转变为脂肪。但肥胖的根本原因是摄入能量（糖、脂肪、蛋白质）大于消耗能量。所以日常生活中人们应合理饮食、适量运动。

第 3 节　类 脂 代 谢

类脂中含有磷酸的化合物称为磷脂，分为以甘油为基本骨架的甘油磷脂和以鞘氨醇为基本骨架的鞘磷脂两大类。人体内含量最高的是甘油磷脂，主要包括磷脂酰乙醇胺（脑磷脂）和磷脂酰胆碱（卵磷脂）等。

一、甘油磷脂的合成与分解

（一）甘油磷脂的合成

1. 合成部位　机体各组织均可合成甘油磷脂，其中以肝脏最为活跃。

2. 合成原料　甘油磷脂的合成原料主要有甘油二酯、胆碱、乙醇胺（胆胺）或丝氨酸等。甘油二酯由磷脂酸水解产生；胆碱和乙醇胺可来自于食物，也可由丝氨酸代谢而来。合成需 ATP 和 CTP 提供能量。

3. 合成的基本过程　首先丝氨酸脱羧生成乙醇胺；乙醇胺分步由 ATP、CTP 供能及酶催化生成 CDP- 乙醇胺；CDP- 乙醇胺与甘油二酯反应生成磷脂酰乙醇胺。磷脂酰乙醇胺可由 S- 腺苷甲硫氨酸提供甲基而转化为磷脂酰胆碱。磷脂酰胆碱也可独立合成。

甘油磷脂合成的基本反应过程（图 8-5）。

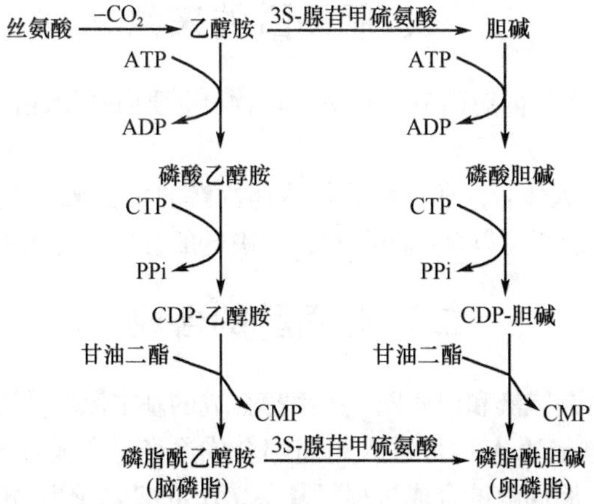

图 8-5　甘油磷脂合成的基本过程

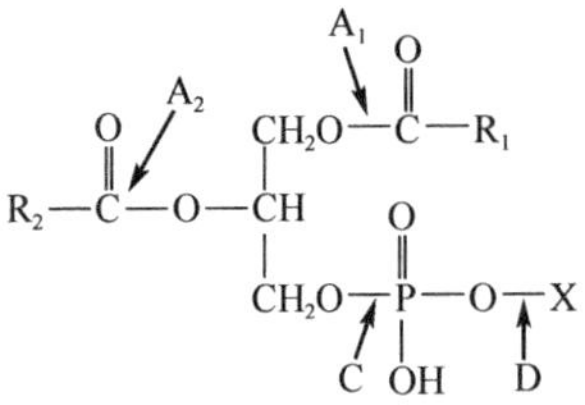

（二）甘油磷脂的分解

甘油磷脂中的不同酯键，可分别被体内的磷脂酶 A_1、磷脂酶 A_2 磷脂酶 B、磷脂酶 C、磷脂酶 D 催化水解，生成脂肪酸、胆碱或乙醇胺、磷酸、甘油等物质。这些物质可氧化分解或被机体再利用。

链接

蛇毒的功与过

磷脂酶 A_2 水解磷脂，释放出溶血磷脂，它能使红细胞膜结构破坏，引起溶血和细胞坏死而得名。某些蛇毒中含有磷脂酶 A_2，因此蛇毒进入人体时表现出大量溶血症状；临床上也可以利用蛇毒的溶血作用治疗血栓。

二、磷脂代谢与脂肪肝

脂肪肝是肝内脂肪过量积存的现象。正常人的肝内脂肪含量占细胞重量的 4% ～ 7%，若肝中脂类含量超过 10%、且以脂肪为主时称为脂肪肝。形成脂肪肝的原因主要有：

1. 肝内脂肪来源过多：如长期的高糖高脂饮食，肝中脂肪合成过多。

2. 肝功能受损：各种肝病引起肝功能降低，导致肝分解脂肪酸和合成脂蛋白的能力下降，肝内脂肪去路障碍。

3. 合成磷脂的原料（胆碱及乙醇胺）不足，磷脂合成量减少，导致极低密度脂蛋白（VLDL）生成障碍，使肝细胞内脂肪运出困难，在肝细胞内堆积，形成脂肪肝。临床上常用磷脂及其合成原料（丝氨酸、蛋氨酸、胆碱、乙醇胺等）以及有关辅助因子（叶酸、维生素 B_{12}、ATP 及 CTP 等）来防治脂肪肝。

第 4 节　胆固醇代谢

健康成人体内含胆固醇约 140g，广泛分布于全身各组织中，其中神经组织（特别是脑）、肾上腺皮质、卵巢中含量最高，其次是肝、肾、肠等内脏器官。

一、胆固醇的来源

1. 外源性胆固醇　人体内胆固醇少量来自食物，主要由动物性食物提供，如动物内脏、蛋黄、奶油等。

2. 内源性胆固醇　人体合成胆固醇是体内胆固醇的主要来源。正常成年人除脑组织和成熟红细胞外，其他组织都可以合成胆固醇，其中肝的合成能力最强。

二、胆固醇的合成

胆固醇合成的场所是胞液和内质网。胆固醇合成的基本原料是乙酰辅酶 A，糖、脂肪、蛋白质分解产生的乙酰辅酶 A 均可进入胆固醇合成途径。合成过程中由 ATP 提供能量，NADPH ＋ H^+ 提供 H。胆固醇的合成过程很复杂，HMGCoA 还原酶是胆固醇合成过程中的关键酶（图 8-6）。

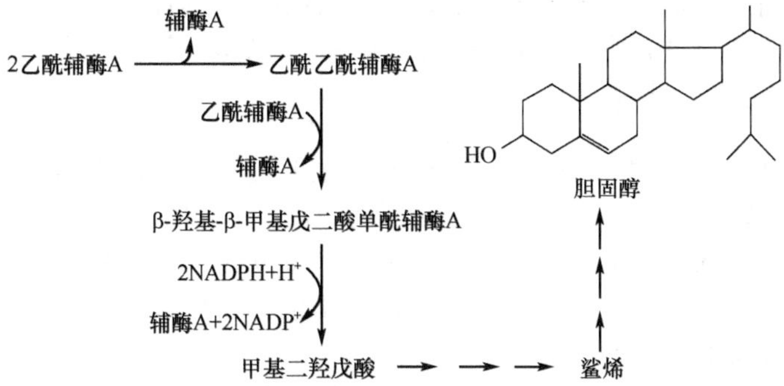

图 8-6 胆固醇合成的基本过程

三、胆固醇的转化与排泄

胆固醇在体内不能氧化供能，所以不是体内的能源物质，但可转变为具有重要生理功能的类固醇物质。

（一）胆固醇的转化

1. 转变为胆汁酸 胆固醇在体内的主要代谢去路是在肝中转变为胆汁酸，后者以胆汁酸盐的形式随胆汁排入肠道，促进脂类物质的消化吸收。胆汁酸对胆汁中的胆固醇也具有助溶作用。

2. 转变成类固醇激素 在肾上腺皮质和性腺，胆固醇可转变为肾上腺皮质激素和性激素（在卵巢可转变为雌激素和孕激素；在睾丸可转变为雄性激素）。

3. 转变为维生素 D_3 胆固醇在肝、小肠黏膜、皮肤等处可被氧化成 7- 脱氢胆固醇，随血液循环运输至皮肤并储存。7- 脱氢胆固醇在皮下经紫外线照射即转变为维生素 D_3。维生素 D_3 经肝、肾活化后对钙、磷代谢具有调节作用。

（二）胆固醇的排泄

体内胆固醇可随胆汁进入肠道，少量被重吸收，大部分被肠道细菌还原为粪固醇随粪便排出。

考点：胆固醇的转化与排泄途径

第 5 节 血脂及血浆脂蛋白

一、血 脂

血浆中各种脂类物质总称为血脂，包括甘油三酯（TG）、磷脂（PL）、胆固醇（Ch）、胆固醇酯（CE）及游离脂肪酸（FFA）。

血脂有两个来源：一是从食物中摄取，二是体内自身合成。空腹血脂的含量相对恒定。血脂转运于全身各组织之间，可以反映体内脂类的代谢状况，所以临床上常测定空腹血脂含量以辅助诊断疾病。

考点：血脂的成分

二、血浆脂蛋白的分类与功能

脂类物质难溶于水，在血浆中必须与蛋白质结合才能顺利运输及代谢。其中甘油三酯、

考点：脂类在血液中运输的主要形式

磷脂、胆固醇及胆固醇酯与载脂蛋白结合成血浆脂蛋白；而游离脂肪酸则与清蛋白结合成脂清蛋白。因此，脂类物质在血液中运输的主要形式是血浆脂蛋白。

（一）血浆脂蛋白的分类

1. 密度分离法（超速离心法） 由于不同脂蛋白中所含各脂类物质和蛋白质的比例有差异，则密度高低也有所不同，含甘油三酯多的脂蛋白密度低，含甘油三酯少的脂蛋白密度高。取血浆置于一定密度的盐溶液中，采用约 50 000 转 / 分的超速离心，其所含的脂蛋白按密度由低到高可分离为：乳糜微粒（CM）、极低密度脂蛋白（VLDL）、低密度脂蛋白（LDL）、高密度脂蛋白（HDL）。

2. 电泳分离法 由于不同脂蛋白中载脂蛋白的种类和含量不同，其表面所带电荷多少及颗粒大小也不同，因此，在电场中电泳时迁移率就有所差别。取血浆调 pH 大于蛋白质等电点，点样于一定载体上，再置于电场中使血浆脂蛋白从负极向正极迁移分离，按迁移速度由慢到快排列，分离出：乳糜微粒、β- 脂蛋白、前 β- 脂蛋白、α- 脂蛋白（图 8-7）。

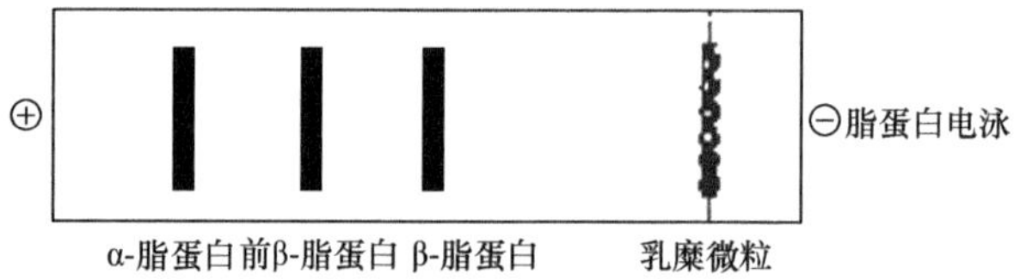

图 8-7 血浆脂蛋白电泳图谱

两种分离法所得血浆脂蛋白的对应关系如图 8-8。

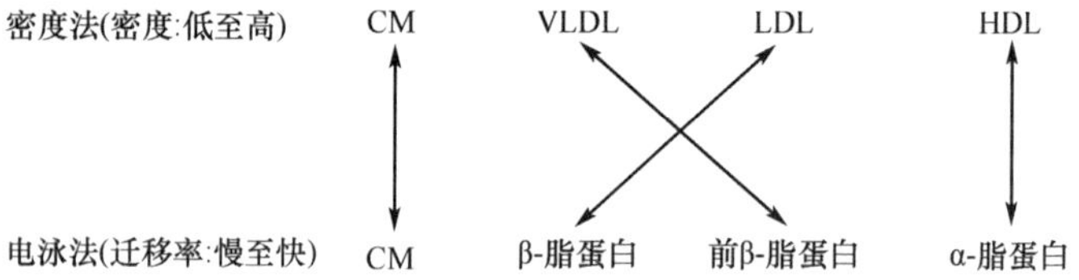

图 8-8 两种分离法所得血浆脂蛋白的对应关系

案例 8-2

患者，男，50 岁，有 2 型糖尿病、冠心病史，长期吸烟史，突发心前区疼痛入院，血液生化检查结果如下：TC 6.23mmol/L（正常范围 <5.20mmol/L），TG 0.80mmol/L（正常范围 <1.70 mmol/L），LDL-C 3.4mmol/L（正常范围 <3.12mmol/L），HDL-C 1.05mmol/L（正常范围 >1.04 mmol/L），空腹血糖 7.2 mmol/L。

问题：1. 该患者的致病因素可能是什么？

2. LDL、TC 升高与该病有何关系？

（二）血浆脂蛋白的功能

1. 乳糜微粒（CM） CM 是由小肠黏膜细胞吸收食物中的外源性脂类物质与载脂蛋白结合形成，经淋巴管进入血液循环。CM 是含甘油三酯最高的一类血浆脂蛋白，当其随血液流经肌肉和脂肪等组织毛细血管处时，其中的甘油三酯可被血管内皮细胞表面的脂蛋白脂肪酶水解，颗粒便逐渐变小，最后残余颗粒被肝细胞摄取。正常情况下，饭后血浆中 CM

含量高，空腹时几乎没有。所以，CM 的主要功能是转运外源性甘油三酯。

2. 极低密度脂蛋白（VLDL） VLDL 是由肝细胞合成的，主要功能是将肝脏合成的内源性甘油三酯转运到肝外组织。VLDL 中甘油三酯含量较高，当其随血液流经肌肉和脂肪等组织毛细血管处时，其中的甘油三酯可很快被脂蛋白脂肪酶水解，因此，正常人空腹时血浆中此类脂蛋白很少。VLDL 合成障碍时，甘油三酯不能正常转运出肝脏，在肝脏堆积过多可造成脂肪肝。

3. 低密度脂蛋白（LDL） LDL 是由 VLDL 转变而来。当 VLDL 随血液循环到毛细血管处时，其中甘油三酯可被脂蛋白脂肪酶反复催化水解，颗粒逐渐变小，组成发生改变，最后转变为富含胆固醇的 LDL。此种脂蛋白是正常人空腹时血浆中含量最高的脂蛋白，约占血浆脂蛋白总量的 2/3。

LDL 的主要功能是将肝合成的内源性胆固醇转运到肝外组织。血浆 LDL 含量增高，可使过多的胆固醇沉积在动脉血管内皮细胞而诱发动脉粥样硬化。

4. 高密度脂蛋白（HDL） HDL 主要由肝合成，小肠也可合成。正常人空腹血浆 HDL 约占血浆脂蛋白总量的 1/3。

HDL 的主要功能是将肝外组织细胞内的胆固醇逆向转运到肝中进行代谢。通过这种机制，可清除外周组织中的胆固醇，防止胆固醇沉积在动脉管壁和其他组织中。因此，HDL 具有抗动脉粥样硬化的作用。血浆 HDL 含量增高的人，动脉粥样硬化的发生率较低。

各种血浆脂蛋白的密度、组成特点及主要功能如表 8-1。

表 8-1 血浆脂蛋白的密度、组成特点和主要功能

分类（密度法）	密度 (g/cm^3)	组成特点（%）				主要生理功能
		蛋白质	甘油三酯	胆固醇	磷脂	
乳糜微粒	＜0.96	1～2	80～95	2～7	6～9	转运外源性甘油三酯
极低密度脂蛋白	0.96～1.01	5～10	50～70	10～15	10～15	转运内源性甘油三酯
低密度脂蛋白	1.01～1.06	20～25	10	45～50	20	转运胆固醇（肝内→外）
高密度脂蛋白	1.06～1.21	45～50	5	20～22	30	转运胆固醇（肝外→内）

案例 8-2 分析

1. 根据血液生化检查结果，该患者的致病因素可能是动脉粥样硬化。

2. 患者检查结果显示，血液 TC 增高、LDL 增高。LDL 的作用是将肝中的胆固醇转运到肝外组织。LDL 增多，导致大量胆固醇进入血浆而沉积在动脉血管内皮细胞而诱发动脉粥样硬化，引起冠心病。

考点：血浆脂蛋白的生理功能

三、血浆脂蛋白代谢紊乱

血脂中一种成分或几种成分含量高于正常值上限，称为高脂血症。由于血脂主要是以血浆脂蛋白的形式存在，故高脂血症即为高脂蛋白血症。

临床上按病因将高脂血症分为原发性和继发性两类：原发性高脂血症主要与遗传因素有关，常因脂蛋白代谢过程中某些酶或某些受体、载脂蛋白先天性缺乏而引起；继发性高脂血症主要由糖尿病、肾病、肝病、甲状腺功能减退症等疾病所致。高脂血症是导致动脉粥样硬化、冠心病、脑血管意外等发生的危险因素。

小结

脂类是脂肪和类脂的总称，脂肪又称为甘油三酯，类脂包括磷脂、糖脂、胆固醇和胆固醇酯。甘油三酯脂肪酶是脂肪动员的限速酶，又称为激素敏感脂肪酶。脂肪酸在肝内β-氧化的产物乙酰辅酶A是合成酮体的原料，酮体代谢的特点是肝内生酮肝外利用。甘油三酯的合成以肝及脂肪组织能力最强。体内磷脂合成量减少，易形成脂肪肝。胆固醇在体内的主要代谢去路是在肝内转变为胆汁酸。脂类物质在血液中运输的主要形式是血浆脂蛋白，其中HDL可清除外周组织中的胆固醇，具有抗动脉粥样硬化的作用。

自 测 题

一、名词解释

1. 必需脂肪酸　2. 脂肪动员　3. 酮体　4. 血脂

二、填空题

1. 脂类包括脂肪和类脂。脂肪是由1分子______和3分子______构成，类脂包括______、______、______、______。
2. 脂肪酸β-氧化包括4步连续反应______、______、______、______，β-氧化的终产物是______。
3. 酮体包括______、______、______，在______中合成，合成的原料是______，运输至______进行分解代谢。在糖供应不足时，酮体将代替葡萄糖成为______等组织的主要能源。
4. 胆固醇在体内可以转变为______、______、______等多种生物活性物质。
5. 血液中脂类物质运输的主要形式是______，由______、______、______、______与载脂蛋白结合形成。游离脂肪酸与______结合而运输。

三、选择题

1. 脂肪在人体的主要生理功能是（　　）
   A. 维持体温　B. 保护内脏　C. 提供必需脂肪酸　D. 高效储能与供能　E. 构成生物膜
2. 脂肪动员的限速酶是（　　）
   A. 甘油一酯脂肪酶　B. 甘油二酯脂肪酶　C. 甘油三酯脂肪酶　D. 脂肪酸合成酶　E. α-磷酸甘油脱氢酶
3. 抑制脂肪动员的激素是（　　）
   A. 肾上腺皮质激素　B. 甲状腺激素　C. 胰岛素　D. 胰高血糖素　E. 生长激素
4. 以下哪种情况可导致肝内酮体生成增多（　　）
   A. 高糖饮食　B. 高蛋白饮食　C. 肝功能损伤　D. 严重糖尿病　E. 剧烈运动
5. 1分子硬脂酸（18C）彻底氧化需经几次β-氧化、几次三羧酸循环、生成多少分子ATP（　　）
   A. 7，8，122　B. 7，8，120　C. 8，9，120　D. 8，9，122　E. 9，9，122
6. 胆固醇合成的主要器官是（　　）
   A. 肝　B. 脑　C. 肺　D. 小肠　E. 心
7. 转运内源性甘油三酯的脂蛋白是（　　）
   A.CM　B.VLDL　C.LDL　D.HDL　E. 脂肪酸 - 清蛋白
8. 能预防动脉粥样硬化的脂蛋白是（　　）
   A.CM　B.VLDL　C.LDL　D.HDL　E. 脂肪酸 - 清蛋白
9. 下列有关酮体的叙述中错误的是（　　）
   A. 酮体是脂肪酸在肝中氧化的正常中间产物
   B. 严重糖尿病可引起血酮体增高
   C. 酮体包括乙酰乙酸、β-羟丁酸、丙酮

D. 丙酮可以从尿中排出

E. 饥饿时酮体生成减少

10. 胆固醇在体内代谢的主要去路是转变为（　　）

A. 胆汁酸　　B. 类固醇激素

C. 维生素 D_3　　D. 胆固醇酯

E.7- 脱氢胆固醇

11. 酮体、胆固醇、脂肪酸在体内合成的共同原料是（　　）

A. 氨基酸　　B. 核苷酸

C. 乙酰乙酸　　D. 乙酰辅酶 A

E. 丙酮酸

12. 下列脂肪酸中属必需脂肪酸的是（　　）

A. 软脂酸　　B. 硬脂酸

C. 油酸　　D. 亚油酸

E. 丙酮酸

四、简答题

1. 何谓酮体？说出酮体代谢的特点及生理意义。
2. 简述磷脂代谢与脂肪肝的关系。
3. 简述体内胆固醇的来源和去路。
4. 血浆脂蛋白分为哪几类？各种脂蛋白的主要功能是什么？

（柳晓燕）

9

第九章　氨基酸代谢

蛋白质是人体的主要有机成分，人的身体从刚出生的几十厘米的婴儿成长到一米多高的成年人，离不开蛋白质的供给。那么人体是怎样把食物中的蛋白质变成自身的组织成分的？是不是像人们常说的吃肝补肝，吃脑补脑呢？既然组织生长更新离不开蛋白质，那么我们多吃一些好不好？如何从食物中选择营养价值更高的蛋白质呢？从这一章开始我们将探索身体成长的奥秘。

第1节　蛋白质的营养作用

案例 9-1

某男，38岁，因收入较高，贪恋美食，自称为“资深吃货”。他长期大量摄入鸡鸭鱼肉等高蛋白食物，医生指出该男士蛋白质摄入过量。

问题：中国居民每天膳食中应该补充多少蛋白质食物？

一、蛋白质的生理功能

蛋白质是生命的物质基础，是构成机体组织、器官的重要组成部分。细胞中，除水分外，蛋白质约占细胞内物质的80%，因此参与机体组织、器官的构成是蛋白质最重要的生理功能。

（一）维持组织细胞的生长、更新和修复

儿童身体的生长发育可以看做是蛋白质不断积累的过程，成年人各组织细胞的蛋白质也要不断地更新，蛋白质还是修补组织受创时的原料。为保证儿童的健康成长，对生长发育期的儿童、孕妇提供足够量优质的蛋白质尤为重要。

（二）参与重要的生理功能

体内重要的生理活动都是由蛋白质来完成的。例如，参与机体防御功能的抗体、催化代谢反应的酶都是蛋白质，调节物质代谢和生理活动的某些激素和神经递质有的是蛋白质或多肽类物质，有的是氨基酸转变的产物。此外，肌肉收缩、血液凝固、物质的运输等生理功能也是由蛋白质来实现的。

（三）氧化供能

食物蛋白质也是人体能量的来源之一，每克蛋白质在体内氧化分解可产生17.9kJ（4.3kcal）能量。一般成人每日约有18%的能量来自蛋白质。但糖与脂肪可以代替蛋白质提供能量，故氧化供能是蛋白质的次要生理功能。

二、蛋白质的需要量

（一）氮平衡

氮平衡是指氮的摄入量与排出量之间的平衡状态。人和动物食物中的含氮物质绝大部分是蛋白质，非蛋白质的含氮物质含量很少，可以忽略不计。蛋白质在体内分解代谢所产生的含氮物质，主要通过尿液、粪便排出。通过测定每日食物中的含氮量（摄入氮），以及尿液和粪便中的含氮量（排出氮），就可以了解氮平衡的状态，从而估计蛋白质在体内的代谢量和人体的生长、营养等情况。氮平衡有以下三种情况。

1. 总氮平衡　摄入氮 = 排出氮，这表明体内蛋白质的合成量和分解量处于动态平衡。如营养正常的健康成年人。

2. 正氮平衡　摄入氮 > 排出氮，这表明体内蛋白质的合成量大于分解量。如生长期的儿童、青少年，孕妇和恢复期的伤病员等。

3. 负氮平衡　摄入氮 < 排出氮，这表明体内蛋白质的合成量小于分解量。如长期饥饿、营养不良、慢性消耗性疾病患者等。

（二）生理需要量

根据氮平衡试验计算，在不进食蛋白质时成人体内每日最低分解约 20g 蛋白质。由于与人体蛋白的差异，食物蛋白不可能被完全吸收，故成人每日最低需要量至少要 30~50g 蛋白质，另外为了长期保持总氮平衡，必需再适当增加摄入量才能满足人体要求。我国营养学会推荐成人每日蛋白质需要量为 70~80g。

考点：氮平衡的概念、类型及常见人群

三、蛋白质的营养价值

蛋白质是人体必需的营养物质。构成人体蛋白质的氨基酸有 20 种，其中有 8 种氨基酸——缬氨酸、蛋氨酸、异亮氨酸、苯丙氨酸、亮氨酸、色氨酸、苏氨酸、赖氨酸不能在体内合成，必须由食物提供，被称为营养必需氨基酸，除此之外的其他氨基酸可以在体内合成，不一定必须由食物供给，称为营养非必需氨基酸。

链接

必需氨基酸的记忆口诀

8 种必需氨基酸是衡量食物蛋白质营养价值的重要指标，要牢牢掌握。一种有趣的谐音记忆口诀推荐给大家："一家写两三本书来"。"一"：异亮氨酸，"家"：甲硫氨酸（蛋氨酸），"写"：缬氨酸，"两"：亮氨酸，"三"：色氨酸，"本"：苯丙氨酸，"书"：苏氨酸，"来"：赖氨酸。

考点：必需氨基酸的概念、种类

蛋白质的营养价值决定于它所含必需氨基酸的种类、含量及其比例是否与人体所需要的相近似。一般说来，动物蛋白质所含的必需氨基酸种类和比例都比较合乎人体的需要，植物蛋白质则差一些，所以前者的营养价值比后者高些。

把几种营养价值较低的蛋白质混合食用，必需氨基酸可以互相补充从而使食物蛋白的营养价值提高，称为食物蛋白质的互补作用。例如，谷类食物中赖氨酸的含量较少，但色氨酸的含量相对较多；有些豆类食物赖氨酸的含量较多，而色氨酸的含量则较少，

考点：食物蛋白营养价值、蛋白质互补作用

把这两类食物混合食用，使这两种氨基酸的含量相互补充，在比例上更接近人体的需要，提高了营养价值。为了发挥蛋白质的互补作用，食物种类应该多样化，荤素搭配更合理。

如果人体内蛋白质长期供给不足，就会形成蛋白质缺乏症，表现为体重减轻、抵抗力降低、创伤修复缓慢，出现水肿、贫血等症状，婴儿常表现为发育迟缓。但蛋白质长期摄入过多也会增加肝肾负担。

案例 9-1 分析

《中国居民膳食指南（2016）》中指出，适量吃鱼、禽、蛋、瘦肉，每周吃鱼 280~525g、禽肉 280~525g、蛋类 280~350g，平均每天摄入总量 120~200g。适量的意思就是要节制，该男士饮食结构不科学，超量摄入过多的蛋白质食物，需改变饮食结构。

第 2 节　氨基酸的一般代谢

一、氨基酸的代谢概况

食物中的蛋白质经过消化、吸收后，以氨基酸的形式通过血液循环运到全身各组织。而组织中原有的蛋白质在酶的作用下，又不断地分解成为氨基酸，同时机体还可合成一部分非必需氨基酸。这些不同来源的氨基酸混合在一起，存在于各种体液中，共同构成机体的氨基酸代谢库。

氨基酸的主要去路是合成蛋白质，满足机体生长发育和组织更新修复等需要。氨基酸分解的主要途径是通过脱去氨基生成氨和 α- 酮酸，还有某些氨基酸脱去羧基生成二氧化碳和相应的胺。部分氨基酸可转变为具有重要生理功能的含氮物质，如核苷酸、肽类激素、甲状腺素、黑色素等。此外，一部分氨基酸还可以转变成糖和脂肪。正常情况下，体内氨基酸的来源和去路处于动态平衡，如图 9-1。

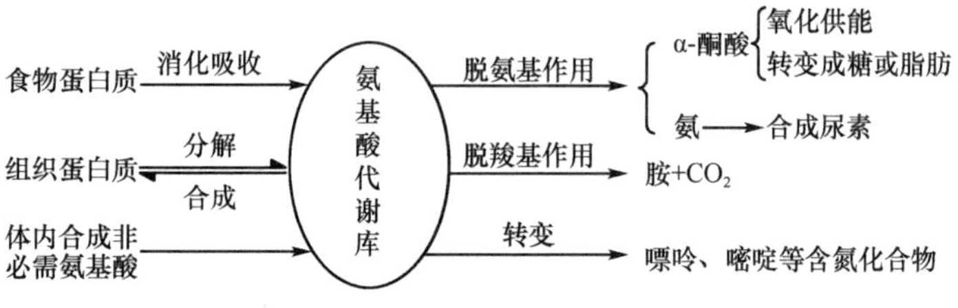

图 9-1　氨基酸的来源与去路

考点：氨基酸脱氨基作用的方式

二、氨基酸的脱氨基作用

脱氨基作用是指氨基酸在酶的催化下脱去氨基生成 α- 酮酸的过程。脱氨基作用是体内氨基酸分解代谢的主要途径，它在体内多数组织中均可进行。脱氨基作用包括氧化脱氨基作用、转氨基作用和联合脱氨基作用等方式，其中以联合脱氨基作用最重要。

（一）氧化脱氨基作用

氧化脱氨基作用是指在酶的催化下氨基酸在氧化脱氢的同时脱去氨基的过程。体内催化氨基酸进行氧化脱氨基作用的酶有多种，其中以 L- 谷氨酸脱氢酶最重要。此酶是以

NAD^+ 或 $NADP^+$ 为辅酶的不需氧脱氢酶，在肝、肾、脑等组织中广泛存在，活性较高，它能催化谷氨酸脱氢生成亚谷氨酸，再水解生成α-酮戊二酸和氨，其反应为：

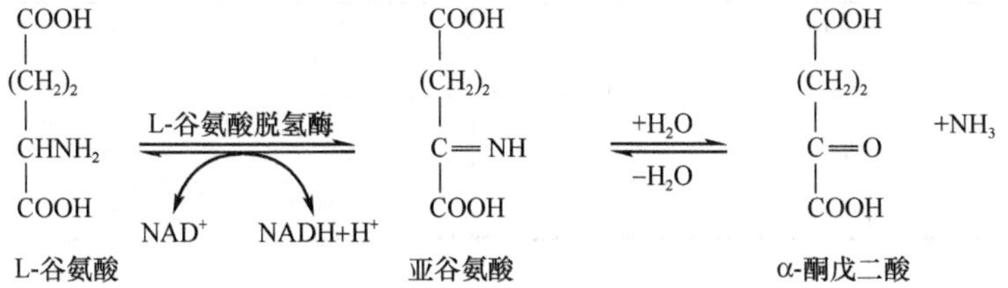

此反应为可逆反应，因而可由α-酮戊二酸还原加氨基生成谷氨酸。谷氨酸的氨基酸还可通过氨基移换作用转移到其他的α-酮酸上，生成相应的α-氨基酸，因此L-谷氨酸脱氢酶在体内非必需氨基酸的合成中起着重要作用。

L-谷氨酸脱氢酶主要分布在肝、肾和脑等组织中，在骨骼肌和心肌中活性很低。此外，该酶特异性强，只能催化L-谷氨酸氧化脱氨，不能承担体内其他氨基酸的脱氨基作用。

（二）转氨基作用

转氨基作用是指α-氨基酸的氨基通过氨基转移酶即转氨酶的催化，可逆地转移至α-酮酸的酮基上，生成相应的氨基酸；而原来的α-氨基酸则转变成相应的α-酮酸。其通式为：

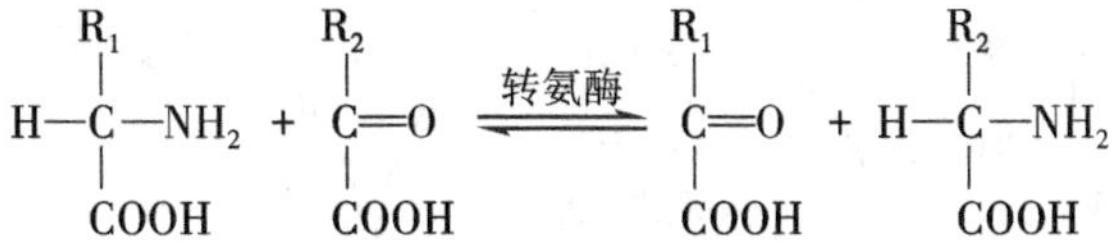

转氨酶所催化的反应是可逆的。反应没有使氨基真正脱下，但促使了氨基的转移，而且α-酮酸可通过此酶的作用接受氨基酸转来的氨基而合成相应的氨基酸，故这是合成非必需氨基酸的重要途径。体内转氨酶种类多、分布广，最为重要的是丙氨酸氨基转移酶（ALT），又称谷丙转氨酶（GPT），在肝细胞含量最高；心肌含量较高的是天冬氨酸氨基转移酶（AST），又称谷草转氨酶（GOT）。其反应分别为：

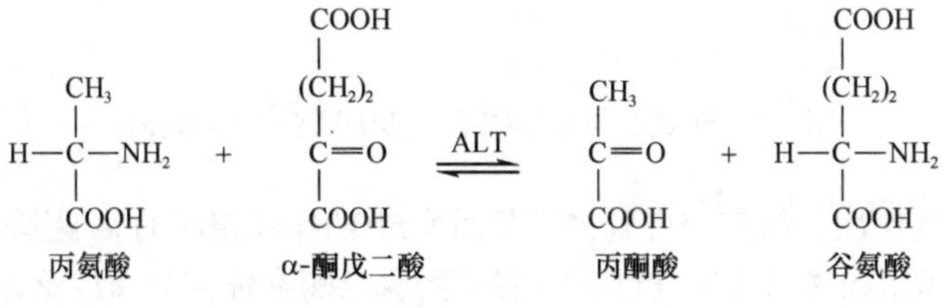

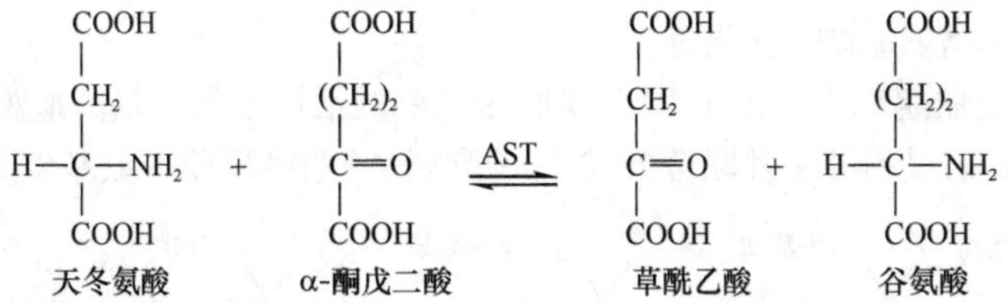

转氨酶的辅酶是由维生素 B_6 组成的磷酸吡哆醛或磷酸吡哆胺，两者互变，起着传递氨基的作用。

ALT、AST在体内分布广泛，但各组织中含量不同（表9-1）。

表 9-1　正常成人各组织中 ALT 及 AST 活性（单位 / 每克湿组织）

组织	ALT	AST	组织	ALT	AST
心	7100	15600	胰腺	2000	28000
肝	44000	14200	脾	1200	14000
骨骼肌	4800	99000	肺	700	10000
肾	19000	91000	血清	16	20

考点：转氨酶的临床意义

从表中可知，转氨酶主要分布在细胞内，正常情况下血清中含量很低，当某种原因使细胞膜的透性增高，或组织坏死、细胞破裂后，可有大量的转氨酶释放入血，导致血中转氨酶的活性升高。例如急性肝炎病人的血清中 ALT 活性显著升高，心肌梗死患者血清中 AST 明显上升。因此，在临床上测定血清中的 ALT 或 AST 既有助于疾病的诊断，也可作为观察疗效和预后的指标之一。

（三）联合脱氨基作用

联合脱氨基作用是指转氨基作用与氧化脱氨基作用相偶联，使氨基酸的 α- 氨基脱下并产生游离氨基酸的过程。联合脱氨基作用的全过程如图 9-2 所示。

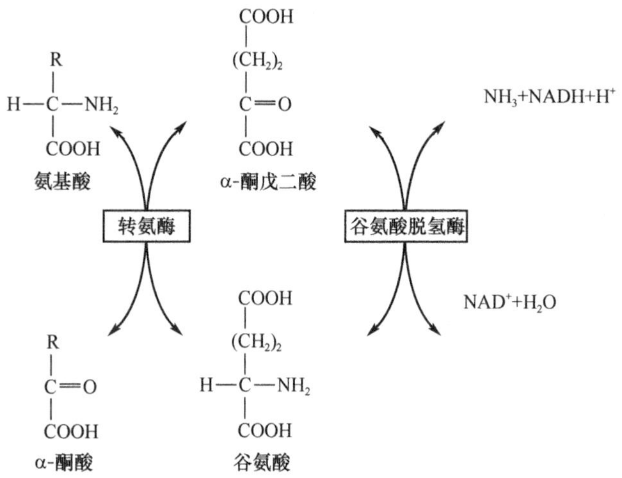

图 9-2　转氨酶与谷氨酸脱氢酶的联合脱氨基作用

经联合脱氨基作用，氨基酸可脱去氨基而生成 NH_3 和相应的 α- 酮酸。由于 α- 酮戊二酸参加的转氨基作用在体内普遍进行，L- 谷氨酸脱氢酶在体内分布广泛，所以联合脱氨基作用在体内容易进行，是脱氨基作用的主要方式。联合脱氨基作用的全过程是可逆的，其逆过程是合成非必需氨基酸的主要途径。

在骨骼肌和心肌组织中，由于 L- 谷氨酸脱氢酶的活性很低，氨基酸难以进行上述的联合脱氨基作用，是通过另外一种联合方式——嘌呤核苷酸循环脱去氨基生成 NH_3（图 9-3）。

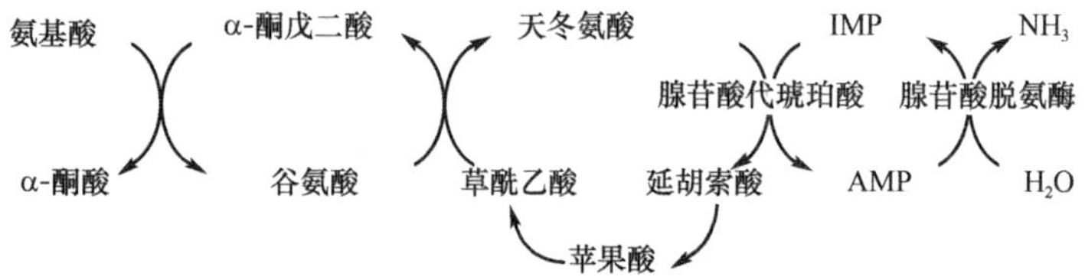

图 9-3　转氨基作用与嘌呤核苷酸循环联合脱氨基作用

嘌呤核苷酸循环过程是不可逆的，因而不能通过其逆过程合成非必需氨基酸。这一代谢途径不仅把氨基酸代谢与糖代谢、脂代谢联系起来，而且也把氨基酸代谢与核苷酸代谢联系起来。

氨基酸脱去氨基生成的 α- 酮酸和 NH_3 分别进行下一步代谢。

三、氨的代谢

体内氨基酸分解代谢产生的氨以及由肠道吸收的氨进入血液形成血氨。氨是机体正常代谢的产物，也是一种有毒物质。动物实验证明氨是强烈的神经毒物，脑组织对氨尤为敏感。如给家兔注射氯化铵，使其血氨浓度达 2.9mol/L 即可致死。但正常情况下，体内氨不发生堆积中毒，这是因为体内有一套解除氨毒的代谢机制，使血氨的来源和去路保持动态平衡，所以血氨浓度维持相对恒定。正常人血氨浓度很低，一般不超过 0.06mmol/L。氨的来源和去路如图 9-4 所示。

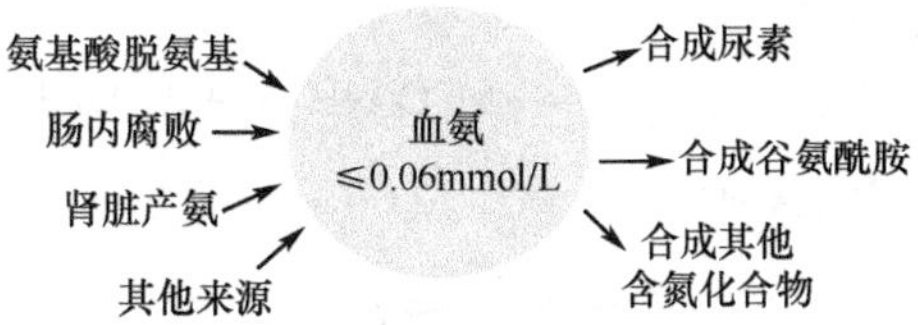

图 9-4　血氨的来源与去路

（一）氨的来源

1. 氨基酸脱氨基作用　氨基酸的脱氨基作用产生的氨是体内氨的主要来源。

2. 肠道吸收　由肠道吸收的氨是血氨的重要来源，每天约 4g，主要来源于：

(1) 肠道内未被消化的蛋白质或未被吸收的氨基酸在肠道细菌的作用下，经腐败作用产生的氨。

(2) 血中尿素扩散入肠道后在细菌尿素酶作用下水解生成的氨。

NH_3 比 NH_4^+（胺盐）更易穿过肠黏膜细胞而被吸收。当肠道 pH 偏高时，NH_4^+ 趋于转变为 NH_3，增加 NH_3 的吸收。因此临床对高氨血患者通常采用弱酸溶液做结肠透析，而禁止用碱性肥皂水灌肠，就是为了减少肠道氨的吸收。

3. 肾脏产生　血液中的谷氨酰胺流经肾脏时，可被肾小管上皮细胞中的谷氨酰胺酶催化，水解生成谷氨酸和 NH_3，NH_3 可吸收入血成为血氨的又一来源。NH_3 可分泌到肾小管管腔与 H^+ 结合成 NH_4^+，以铵盐形式随尿排出体外，同时也参与体内酸碱平衡的调节。酸性尿利于 NH_3 生成 NH_4^+，易于排出，相反碱性尿阻碍 NH_3 的排出，此时 NH_3 扩散入血，血氨浓度升高。故临床上对肝硬化产生腹水的病人不宜用碱性利尿药，就是为了防止血氨升高。

4. 其他来源　其他含氮物如胺类、嘌呤、嘧啶等分解时亦可产生氨。

（二）氨的去路

1. 尿素的生成　正常情况下体内氨主要在肝脏内合成无毒的尿素，经肾脏排出。实验证明，将犬的肝切除，则血及尿中尿素含量降低，而血氨浓度升高。临床上急性肝坏死患者的血及尿中几乎不含尿素，而血氨含量升高，可见肝是合成尿素的最主要器官，其他器官合成量甚微。体内 80%~90% 的氨是在肝经鸟氨酸循环合成无毒的尿素。其过程可分为以下四步：

(1) 氨基甲酰磷酸的合成：NH_3 与 CO_2 首先在肝细胞线粒体内，由氨基甲酰磷酸合成酶 I 催化，合成氨基甲酰磷酸。该酶的辅助因子有 Mg^{2+}、ATP 及 N- 乙酰谷氨酸。此反应消耗 2ATP，是不可逆反应。

$$NH_3 + CO_2 + H_2O + 2ATP \xrightarrow[Mg^{2+},\text{N-乙酰谷氨酸}]{\text{氨基甲酰磷酸合成酶}} H_2N\text{-}COO \sim PO_3H_2 + 2ADP + P_i$$

(2) 瓜氨酸的合成：在鸟氨酸氨基甲酰转移酶的催化下，将氨基甲酰基转到鸟氨酸上生成瓜氨酸。鸟氨酸由线粒体膜上的载体自胞液中运来，而瓜氨酸通过线粒体内膜运至胞液中。此反应也是在肝线粒体中进行的。

(3) 精氨酸的合成：进入胞液的瓜氨酸与天冬氨酸在精氨酸代琥珀酸合成酶的催化下，由 ATP 供能，合成精氨酸代琥珀酸，再经精氨酸代琥珀酸裂解酶催化，分解为精氨酸和延胡索酸。

(4) 精氨酸水解生成尿素：在胞液中，精氨酸在精氨酸酶催化下，水解成尿素和鸟氨酸。鸟氨酸再进入线粒体，重复上述反应，构成鸟氨酸循环。

尿素生成的总反应式如下：

$$2NH_3 + CO_2 + 3ATP + 3H_2O \longrightarrow CO(NH_2)_2 + 2ADP + AMP + 2P_i + PP_i$$

鸟氨酸循环总过程如图 9-5 所示。

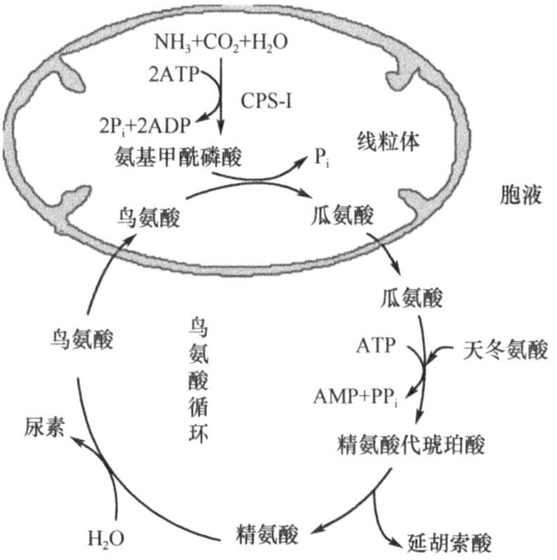

图 9-5　尿素合成过程

从图中可知，尿素分子中的两个氮原子，一个来自氨基酸的脱氨基作用生成的 NH_3，另一个由天冬氨酸提供，而天冬氨酸又可由多种氨基酸通过转氨基反应而生成，因此相当于来自两个氨基酸分子脱下的 NH_3。尿素合成是一个耗能的过程，通过一次鸟氨酸循环，2 分子 NH_3 与 1 分子 CO_2 结合生成 1 分子尿素，同时消耗 3 分子 ATP（消耗 4 个高能磷酸键）。尿素是中性、无毒、水溶性很强的物质，经血液运输至肾，随尿液排出体外。

考点：尿素合成的部位、意义

精氨酸代琥珀酸合成酶是尿素合成的限速酶。增加体内精氨酸的量可间接影响该酶的活性，使合成尿素增多，血氨浓度降低。因此临床上可利用精氨酸来治疗高氨血症。

尿素合成具有重要的生理意义。机体正常代谢产生的氨是一种有毒的物质，它的主要去路是在肝脏内合成无毒的尿素，再经过肾脏排出。在肝脏合成尿素是机体解除氨毒的主要方式。

2. 谷氨酰胺的合成　在脑、肌肉和肝等组织中，由 ATP 提供能量，经谷氨酰胺合成酶催化，有毒的氨与谷氨酸合成无毒的谷氨酰胺，经血液输送到肝或肾，再经谷氨酰胺酶水解为谷氨酸及氨。氨在肝可合成尿素，在肾则以铵盐形式随尿排出体外。所以谷氨酰胺的生成不仅参与蛋白质的生物合成，而且也是体内储氨、运氨以及解氨毒的一种重要方式。脑组织对氨的毒性极为敏感，谷氨酰胺在脑中固定和转运氨的过程中起着重要作用。故临床上对肝性脑病患者可服用或输入谷氨酸盐以降低血氨的浓度。

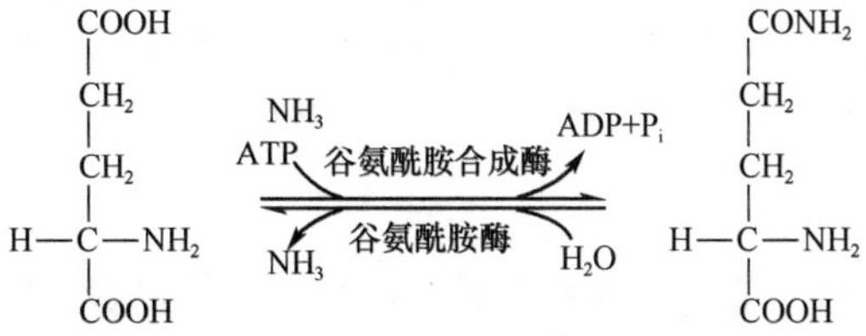

谷氨酸　　　　谷氨酰胺

考点：血氨的来源和去路

3. 其他代谢途径　氨与 α- 酮酸通过联合脱氨基的逆反应合成非必需氨基酸。氨还可作为一种氮源参与嘌呤、嘧啶等含氮化合物的合成。

（三）高血氨和氨中毒

正常情况下，血氨的来源与去路保持动态平衡，血氨浓度处于较低水平。肝是合成尿素、解氨毒的重要器官，鸟氨酸循环是维持血氨低浓度的关键。当肝功能严重受损时，尿素合成受阻，血氨浓度升高，导致高血氨。

氨进入脑组织与 α- 酮戊二酸结合，生成谷氨酸及谷氨酰胺以解氨毒性。氨使大脑中 α- 酮戊二酸减少导致三羧酸循环减慢，ATP 生成减少，致使大脑供能不足，引起大脑功能障碍，严重时发生昏迷，称为肝昏迷或肝性脑病，这就是肝昏迷的氨中毒学说的基础。

四、α- 酮酸的代谢

氨基酸经脱氨基作用后生成的 α- 酮酸有以下三条代谢途径。

1. 再合成非必需氨基酸　α- 酮酸经转氨基作用或联合脱氨基作用的逆反应（氨基化）重新合成相应的非必需氨基酸。

2. 转变成糖或脂肪　体内多数氨基酸脱去氨基后生成的 α- 酮酸经糖异生作用转变为糖，这些氨基酸称为生糖氨基酸。一些氨基酸如赖氨酸、亮氨酸可转变为酮体，称为生酮氨基酸。生酮氨基酸经脂肪酸合成途径可转变为脂肪酸。还有一些氨基酸如苯丙氨酸、色氨酸、酪氨酸、异亮氨酸、苏氨酸，既可转变为糖也能生成酮体，称为生糖兼生酮氨基酸。

3. 氧化供能　α- 酮酸在体内可通过三羧酸循环与氧化磷酸化彻底氧化成 H_2O 和 CO_2，同时释放能量供机体生理活动需要。

第 3 节　个别氨基酸的代谢

一、氨基酸的脱羧基作用

某些氨基酸在脱羧酶催化下进行脱羧基作用，生成相应的胺。脱羧酶的特异性很强，大多数以磷酸吡哆醛（含维生素 B_6）为辅酶。

脱羧基作用不是体内氨基酸分解的主要方式。胺的含量不高，但在生理浓度时常具有重要生理作用。若这些物质在体内蓄积，则会引起神经、心血管系统功能紊乱。但体内广泛存在着胺氧化酶，此酶在肝中活性较高。在胺氧化酶作用下，胺氧化为醛、NH_3 和 H_2O_2，醛可进一步氧化成酸，酸再氧化为 H_2O 和 CO_2，经肾随尿排出体外，从而避免胺在体内的蓄积。下面列举几种氨基酸脱羧产生的重要胺类物质：

（一）γ-氨基丁酸

γ-氨基丁酸（GABA）是谷氨酸在谷氨酸脱羧酶作用下经脱羧基作用生成的。此酶在脑、肾组织中活性很高，故脑中 GABA 含量较高。GABA 是一种仅见于中枢神经系统的抑制性神经递质，对中枢神经元有普遍性抑制作用。临床上使用维生素 B_6 治疗妊娠呕吐及小儿惊厥以及抗结核药物异烟肼所引起的脑兴奋副作用等，都是基于维生素 B_6 能增强脑内谷氨酸脱羧酶辅酶合成，促进 GABA 生成，从而起到抑制作用。

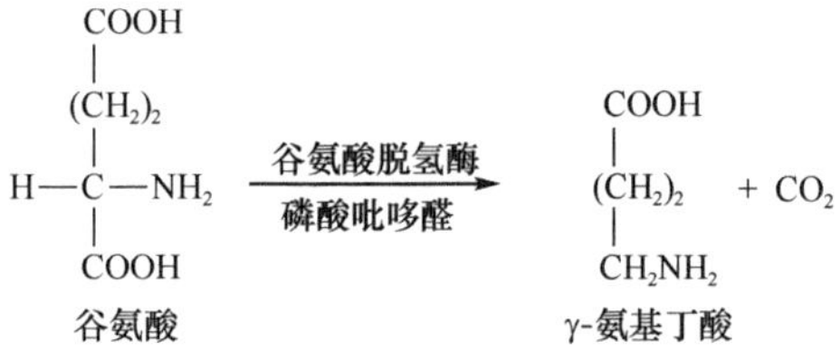

（二）组胺

组氨酸脱去羧基生成组胺。组胺在乳腺、肺、肝、肌肉及胃黏膜中含量较高，主要在肥大细胞产生并贮存。

组胺是一种强烈的血管舒张剂，并能增加毛细血管的通透性，可引起血压下降和局部水肿。创伤性休克、炎症、过敏反应都与组胺的释放密切相关。组胺可还刺激胃蛋白酶和胃酸的分泌，所以常用作胃分泌功能的研究。

（三）5-羟色胺

色氨酸在脑中首先由色氨酸羟化酶催化生成 5-羟色氨酸，再经脱羧酶作用生成 5-羟色胺。

5-羟色胺广泛分布于神经组织、胃肠、血小板、乳腺细胞中，尤其脑组织含量较高。脑内 5-羟色胺为抑制性神经递质，与睡眠、疼痛和体温调节有关。在外周组织 5-羟色胺有强烈收缩血管升高血压的作用。

二、一碳单位的代谢

（一）一碳单位及其种类

某些氨基酸在体内分解代谢的过程中产生的含有一个碳原子的基团，称为一碳单位或一碳基团。如甲基（$—CH_3$）、亚甲基或甲烯基（$—CH_2—$），次甲基或甲炔基（—CH ═）、甲酰基（—CHO）及亚氨甲基（—CH ═ NH）等。但—COOH、HCO_3^-、CO、CO_2 不属于一碳单位。

（二）一碳单位的载体

一碳单位不能游离存在，通常与四氢叶酸（FH_4）结合而转运或参加生物代谢，FH_4 是一碳单位的载体。

（三）一碳单位的来源

一碳单位主要来自丝氨酸、甘氨酸、组氨酸和色氨酸的分解代谢。其中丝氨酸是主要来源。来自不同氨基酸的一碳单位与 FH_4 结合，在酶催化下通过氧化、还原等反应，可以互相转变。

（四）一碳单位代谢的生理意义

一碳单位代谢与氨基酸、核酸代谢密切相关，因而对机体生命活动具有重要意义。

1. 一碳单位是合成嘌呤和嘧啶的原料，在核酸生物合成中有重要作用。如 N^5-N^{10}-CH═FH_4 直接提供甲基用于脱氧核苷酸 dUMP 向 dTMP 的转化。N^{10}-CHO-FH_4 和 N^5，N^{10}-CH═FH_4 分别参与嘌呤碱中 C_2，C_8 原子的生成，所以一碳单位的代谢与细胞的增殖、组织生长和机体发育等重要过程密切相关。

2. 直接参与 S- 腺苷蛋氨酸（SAM）的合成，为体内许多重要生理活性物质的合成提供甲基。体内约 50 多种物质合成需要 SAM 提供活性甲基，如 DNA、RNA，蛋白质甲基化，肾上腺素、胆碱、肌酸等。

3. 联系氨基酸代谢、核酸代谢及其他重要物质的生物合成代谢。一碳单位的代谢障碍可造成某些病理情况，例如巨幼红细胞贫血等；而磺胺药及某抗癌药物（氨甲蝶呤等）也正是通过干扰细菌及肿瘤细胞的叶酸、FH_4 合成，进而影响一碳单位的代谢与核酸合成而发挥药理作用的。

考点：一碳单位的概念、载体、生理功能

三、含硫氨基酸的代谢

含硫氨基酸包括蛋氨酸（甲硫氨酸）、半胱氨酸和胱氨酸。这三种氨基酸的代谢是相互联系的，蛋氨酸可转变为半胱氨酸和胱氨酸，半胱氨酸与胱氨酸可以互变。

蛋氨酸通过蛋氨酸循环（图 9-6），在腺苷转移酶的催化下与 ATP 反应，生成 S- 腺苷蛋氨酸（SAM）。S- 腺苷蛋氨酸也称为活性蛋氨酸，是体内最主要的甲基供体，为体内多种重要生理活性物质的合成提供甲基，例如：肾上腺素、肌酸、肉碱等。

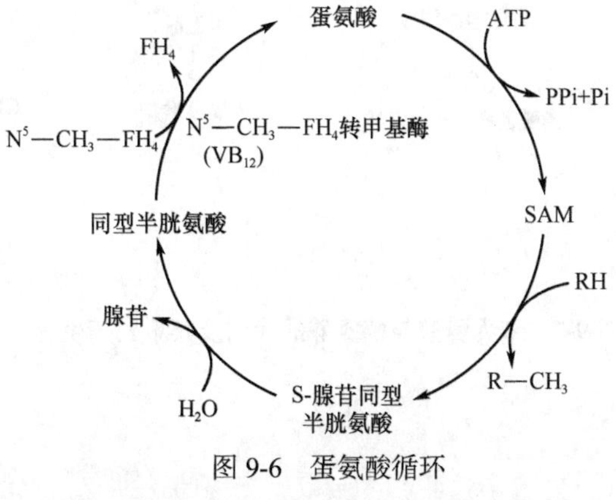

图 9-6　蛋氨酸循环

在蛋氨酸循环中，催化蛋氨酸合成的酶是N^5-CH_3-FH_4转甲基酶，其辅酶是维生素B_{12}。当维生素B_{12}缺乏时，不仅影响蛋氨酸的合成，而且由于N^5-CH_3-FH_4不能转变为FH_4重新参与一碳单位代谢，使FH_4的利用率降低，导致核酸合成障碍，细胞分裂受阻，引起巨幼红细胞性贫血。体内FH_4由叶酸转变而来，叶酸的缺乏也会引起巨幼红细胞性贫血。

半胱氨酸可转变生成牛磺酸，牛磺酸是胆汁中结合型胆汁酸的成分。含硫氨基酸分子中的硫在体内可转变成SO_4^{2-}，部分以钠盐形式通过体液排出体外，另一部分转变成活性硫酸根，即3′-磷酸腺苷5′-磷酸硫酸（PAPS），PAPS性质活泼，在肝脏的生物转化中具有重要作用。

四、芳香族氨基酸代谢

苯丙氨酸是必需氨基酸，在苯丙氨酸羟化酶的催化下，由NADPH供氢可生成非必需氨基酸——酪氨酸。这是苯丙氨酸在体内的主要代谢途径。正常情况下，极少量的苯丙氨酸可经转氨酶催化，生成苯丙酮酸随尿排出。当先天性苯丙氨酸羟化酶缺陷时，苯丙氨酸转变成酪氨酸的代谢途径受阻，而大量转变成苯丙酮酸，导致血液中苯丙氨酸和苯丙酮酸浓度升高，称苯丙酮酸尿症。苯丙酮酸的堆积对中枢神经系统有毒性作用，常导致患儿智力发育障碍等。

酪氨酸可在肾上腺髓质和神经组织转变成儿茶酚胺类激素——肾上腺素、去甲肾上腺素和多巴胺，均为神经递质，参与代谢的调节和肾上腺素能神经活动。酪氨酸在皮肤、毛发和眼球等组织中，经酪氨酸酶的催化可转变成黑色素。先天性酪氨酸酶缺陷时，因黑色素合成障碍可导致白化病，故皮肤、毛发等皆呈白色。酪氨酸在甲状腺内经碘化成甲状腺素。

苯丙氨酸和酪氨酸的代谢见图9-7。

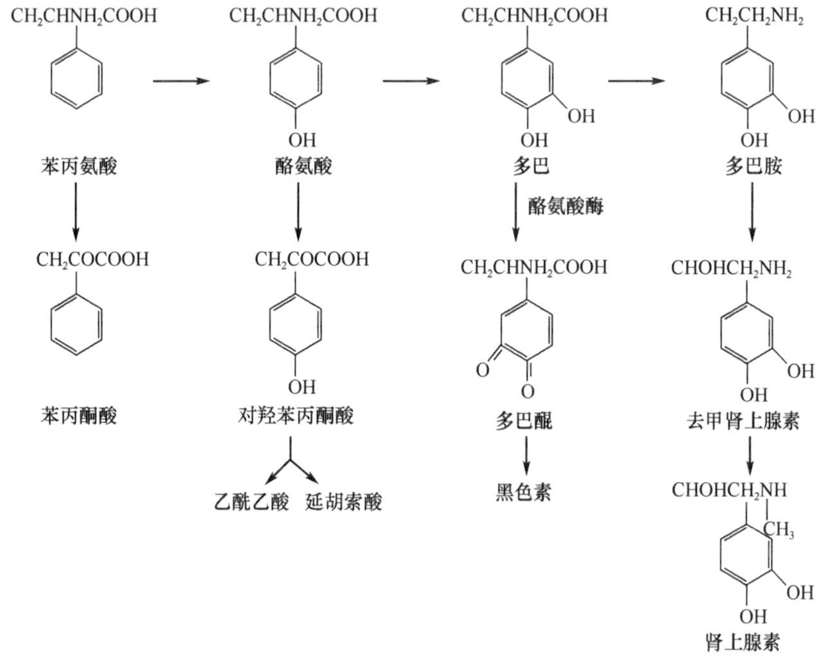

图9-7 苯丙氨酸与酪氨酸的代谢及其重要衍生物

链接

白化病

白化病是由于酪氨酸酶缺乏或功能减退引起的一种黑色素缺乏或合成障碍所导致的遗传性疾病。患者视网膜缺乏黑色素，虹膜和瞳孔呈现淡粉或淡灰色，怕光。皮肤、眉毛、头发及其他体毛都呈白色或黄白色。白化病属于家族遗传性疾病，为常染色体隐性遗传，常发生于近亲结婚的人群中。对于白化病的治疗目前只能对症，无法根治，禁止近亲结婚为重要预防措施。

考点：酶的缺乏症

第4节　糖、脂、蛋白质代谢的联系

体内糖、脂类、蛋白质代谢不是彼此独立，而是通过共同的代谢中间产物相互联系和转化的。

一、糖与脂类代谢间的联系

糖可以转化为脂肪。糖分解所产生的磷酸二羟丙酮还原后形成α-磷酸甘油，丙酮酸氧化脱羧形成乙酰辅酶A是脂肪酸合成的原料，而α-磷酸甘油和脂肪酸是合成脂肪的原料。

脂肪可以转化为糖。脂肪分解产生甘油和脂肪酸，甘油经磷酸化作用转变成磷酸二羟丙酮，再异构化变成3-磷酸甘油醛，后者沿糖酵解逆反应生成糖；脂肪酸氧化产生乙酰辅酶A不能在体内转化为丙酮酸，因此不能异生成糖。

二、糖与氨基酸代谢间的联系

糖可以转化为非必需氨基酸。糖分解代谢产生的丙酮酸、α-酮戊二酸、草酰乙酸、磷酸烯醇式丙酮酸等是合成氨基酸的碳架。

除生酮氨基酸外，其他氨基酸可以转化为糖。氨基酸经脱氨后生成α-酮酸，α-酮酸进入糖代谢可进一步氧化放出能量，或经糖异生作用生成糖。

三、脂类与氨基酸代谢间的联系

脂肪可以转化为非必需氨基酸。脂肪分解产生的甘油可进一步转变成丙酮酸、α-酮戊二酸、草酰乙酸等，再经过转氨基作用生成氨基酸。脂肪酸氧化产生乙酰辅酶A与草酰乙酸缩合进入三羧酸循环，能产生谷氨酸族和天冬氨酸族氨基酸。

氨基酸可以转化为脂肪。在蛋白质氨基酸中，生糖氨基酸通过丙酮酸转变成甘油，也可以氧化脱羧后转变成乙酰辅酶A，用于脂肪酸合成。生酮氨基酸在代谢反应中能生成乙酰乙酸，由乙酰乙酸缩合成脂肪酸。丝氨酸脱羧后形成胆氨，胆氨甲基化后变成胆碱，后者是合成磷脂的组成成分。糖、脂、蛋白质代谢的相互联系如图9-8所示。

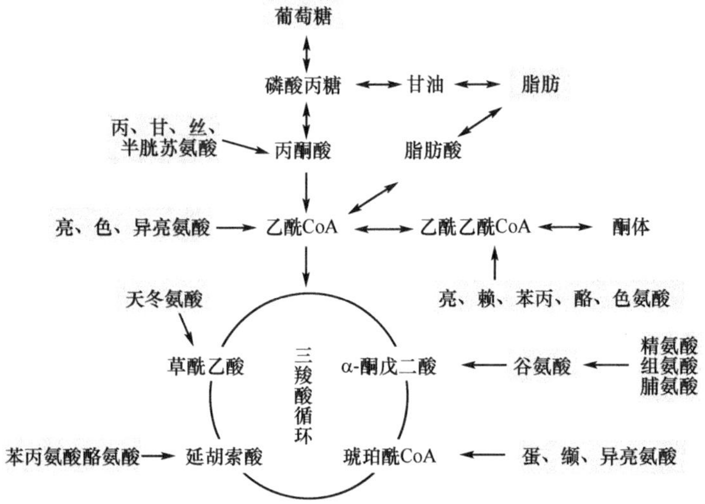

图 9-8 糖、脂、蛋白质代谢的相互联系

小结

蛋白质是生命的物质基础，蛋白质的生理功能是构成机体组织、器官的成分；维持组织细胞的生长、更新和修复；参与体内重要的生理活动；氧化供能等。通过氮平衡的状态可以估计蛋白质在体内的代谢量和人体的生长、营养等情况。蛋白质的营养价值决定于它所含必需氨基酸的种类、含量及比例。

脱氨基作用是体内氨基酸分解代谢的主要途径。氨是机体正常代谢的产物，正常情况下主要在肝脏通过鸟氨酸循环合成尿素，经肾脏排出体外。

某些氨基酸通过脱羧基作用生成相应的胺，胺具有重要生理作用。某些氨基酸在代谢过程中生成一碳单位，与氨基酸、核酸代谢密切相关。

自测题

一、名词解释

1. 氮平衡　2. 必需氨基酸　3. 蛋白质互补作用　4. 一碳单位

二、填空题

1. 脱氨基作用是体内氨基酸分解代谢的主要途径，包括________、________和________等方式，其中以________最重要。

2. 正常情况下体内氨主要在________内合成无毒的________，经肾脏排出体外。

3. 在脑、肌肉和肝等组织中，有毒的氨与谷氨酸合成无毒的________，是体内储氨、运氨以及解氨毒的一种重要方式。

4. 尿素合成的原料有________、________和________。尿素合成的过程称________循环。

三、选择题

1. 生长期的儿童、少年，孕妇和恢复期的伤病人体内经常发生（　　）

A. 总氮平衡　B. 正氮平衡　C. 负氮平衡　D. 以上都是　E. 以上都不是

2. 以下属于必需氨基酸的是（　　）

A. 丙氨酸　B. 谷氨酸　C. 赖氨酸　D. 天冬氨酸　E. 精氨酸

3. 能直接进行氧化脱氨基作用的氨基酸是（　　）
A. 蛋氨酸　B. 谷氨酸
C. 丙氨酸　D. 天冬氨酸
E. 精氨酸
4. 转氨酶的辅酶组分含有（　　）
A. 维生素 B_1　B. 维生素 B_2
C. 维生素 B_6　D. 尼克酸
E. 叶酸
5. 急性肝炎病人的血清中活性显著升高的转氨酶是（　　）
A. ALT　B. AST
C. ATP　D. ALP
E. 以上都不是
6. 在骨骼肌和心肌组织中，氨基酸的脱氨基作用方式是（　　）
A. 氧化脱氨基
B. 转氨基
C. 氧化脱氨基与转氨基联合
D. 嘌呤核苷酸循环
E. 以上都不是
7. 缺乏下列哪种维生素可产生巨幼红细胞贫血（　　）
A. 维生素 B_1　B. 维生素 B_2
C. 维生素 B_6　D. 维生素 B_{12}
E. 生物素
8. 一碳单位不能游离存在，它的载体是（　　）
A. 叶酸　B. 四氢叶酸
C. 维生素 B_6　D. S- 腺苷蛋氨酸
E. 生物素
9. 先天性缺陷时可导致白化病的是（　　）
A. 谷氨酸脱氢酶　B. 酪氨酸酶
C. 谷氨酰胺合成酶　D. 丙氨酸氨基转移酶
E. 天冬氨酸氨基转移酶
10. 尿素合成的器官是（　　）
A. 脑　B. 肝
C. 肾　D. 心脏
E. 肌肉

四、简答题

1. 简述血氨的来源与去路。
2. 简述尿素合成的生理意义。

（张　健）

10

第十章　核苷酸代谢与遗传信息的传递

通过第三章的学习我们知道，核酸是体内重要的生物大分子，核苷酸是核酸的基本结构单位。那么机体是如何合成核苷酸进而合成核酸的？

DNA 主要存在于细胞核内，是遗传信息的载体。生物体是如何将自己的遗传信息准确地传递给下一代？DNA 分子中的遗传信息又是如何决定蛋白质结构，从而进一步决定生物体的不同类型和特征的？让我们通过本章的学习，一起寻找这些问题的答案。

第 1 节　核苷酸代谢

案例 10-1

患者，男，50 岁，2 日前饮酒后，于午夜突然发生左足跖趾关节疼痛，局部灼热红肿，伴行动障碍。就诊后检查血尿酸为 0.65mmol/L，高于正常值，诊断为痛风症。除相应药物治疗外，医生建议该病患多喝水，尽量不食用如黄豆、扁豆、紫菜、香菇、动物内脏、浓肉汤、海鲜、啤酒等高嘌呤类食物。

问题：该患者血尿酸升高，医生为何建议其多喝水，尽量不食用高嘌呤类食物？

一、核苷酸的合成代谢

各种核苷酸来源主要由机体细胞自身合成，所以食物中的核苷酸不是人体健康必需的营养物质。核苷酸的合成包括从头合成途径和补救合成途径，以从头合成途径为主。

（一）从头合成途径

从头合成途径是指以氨基酸、一碳单位、磷酸核糖和二氧化碳等小分子物质为原料，经过一系列酶促反应合成核苷酸的过程。此过程是体内核苷酸的主要来源，合成部位主要在肝脏，其次为小肠黏膜和胸腺。

嘌呤核苷酸从头合成的原料主要包括谷氨酰胺、天冬氨酸、甘氨酸、一碳单位、二氧化碳和 5- 磷酸核糖（图 10-1）；嘧啶核苷酸从头合成的原料主要包括谷氨酰胺、天冬氨酸、二氧化碳和 5- 磷酸核糖（图 10-2）。

（二）补救合成途径

补救合成途径是指细胞利用现成的嘌呤碱、嘧啶碱或嘌呤核苷、嘧啶核苷重新合成核苷酸的过程。虽然补救合成不是体内合成核苷酸的主要方式，但也有其重要的生理意义：一方面补救合成可以节约从头合成时能量和一些氨基酸的消耗；另一方面，由于脑、骨髓等组织缺乏从头合成核苷酸的酶系统，只能进行核苷酸的补救合成，故补救合成途径对于这些组织细胞非常重要。

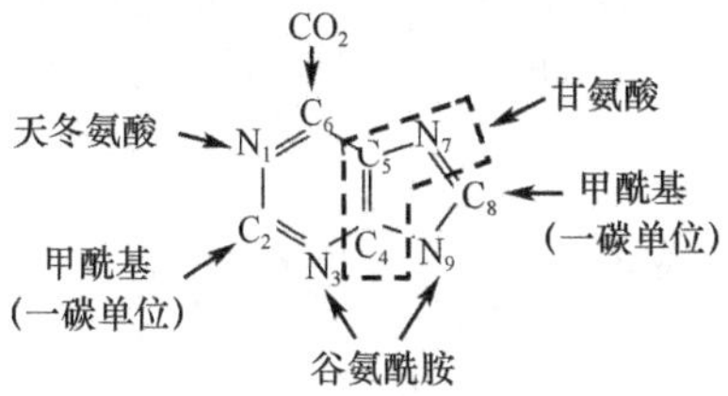

图 10-1　嘌呤从头合成原料

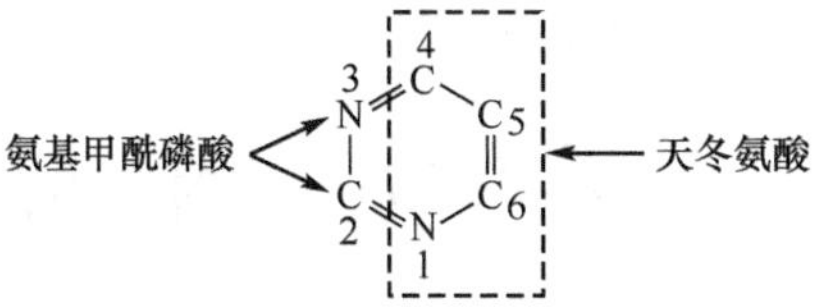

图 10-2　嘧啶从头合成原料

（三）核苷酸的抗代谢物

核苷酸的抗代谢物一般是一些嘌呤、嘧啶、氨基酸、叶酸的类似物，通过竞争性抑制的原理，直接或间接干扰核苷酸的从头合成或补救合成，在临床上多用于抗肿瘤，一般分为三种：

嘌呤、嘧啶类似物：如 6- 巯基嘌呤、5- 氟尿嘧啶等。

谷氨酰胺类似物：如氮杂丝氨酸、6- 重氮 -5- 氧正亮氨酸等。

叶酸类似物：如氨蝶呤、氨甲蝶呤等。此类物质一般通过抑制四氢叶酸生成，导致一碳单位代谢受阻，从而阻断核苷酸合成。

二、核苷酸的分解代谢

（一）嘌呤核苷酸的分解代谢

嘌呤核苷酸主要在肝、小肠及肾中分解。其中嘌呤碱最终氧化成尿酸，经肾随尿排出体外。血尿酸过高时，会引起痛风症。痛风症是一种嘌呤代谢障碍性疾病，其基本生化特征是高尿酸血症。尿酸溶解度较低，当血尿酸高于 0.48mmol/L 时，尿酸盐结晶可沉积于软骨、关节等处，形成痛风性关节炎，患者出现局部红、肿、热、痛症状，急性发作时疼痛更为剧烈，并且有日轻夜重和转移性疼痛的特点；尿酸盐结晶也可在肾脏中沉积形成肾结石。痛风症多发于男性及绝经期妇女，男女比例约 20 ∶ 1。临床上常用别嘌呤醇治疗痛风。其原理是别嘌呤醇可竞争性抑制嘌呤分解代谢过程中的黄嘌呤氧化酶，从而抑制尿酸生成。

图 10-3　嘌呤核苷酸分解示意图

案例 10-1 分析

嘌呤代谢的终产物是尿酸，医生建议该患者尽量不食用高嘌呤类食物，是为防止因摄入过多嘌呤而引起患者尿酸进一步升高，加重病情；多喝水是为了促进尿酸排泄，对控制患者血尿酸含量有一定帮助。

（二）嘧啶核苷酸的分解代谢

考点：核苷酸的从头合成与补救合成；嘌呤分解的终产物。

嘧啶核苷酸主要在肝中分解。其中胞嘧啶、尿嘧啶分解生成 NH_3、CO_2 及 β- 丙氨酸；胸腺嘧啶则分解成 NH_3、CO_2 及 β- 氨基异丁酸。嘧啶碱的分解产物易溶于水，可直接随尿排出，也可进一步分解。

第 2 节　DNA 的生物合成——复制

链接

DNA 判官

DNA 技术是 1985 年由美国学者默里斯等发明的，准确率近 100%。DNA 是人的遗传物质，其多态性有 200 多种，且终身不变。因此，将有争议的父、母、子的 DNA 特征进行比较，就可以确定他们是否有亲缘关系。由于它的高度特异性和稳定性可与指纹相媲美，故称为“人类 DNA 指纹”。可以说，除了同卵双生外，世界上没有两个人的 DNA 指纹图案是完全相同的。由于 DNA 技术科学、公正、准确，在法医认证、亲子鉴定、移民公证等方面往往起到一锤定音的作用，因此人们把它称为“DNA 判官”。

案例 10-2

“龙生龙，凤生凤，老鼠的儿子会打洞”，人们对于这种生物界普遍存在的遗传现象早有认识。“龙生九子，各有不同”又说明生物界中变异现象也是普遍存在的。

问题：生物体通过什么方法保证了遗传的准确性，从而使物种得以延续？为何又会存在变异现象？

DNA 是遗传的物质基础，基因指负载特定遗传信息的 DNA 片段。细胞分裂前，DNA 分子必须进行自我复制，将遗传信息准确地传递到子代 DNA 分子中。另一方面，DNA 还决定着细胞的蛋白质合成，从而进一步影响机体的各种生命活动。但是，DNA 本身并不能直接指导蛋白质合成，而是首先以 DNA 为模板，合成与其相应的 RNA 分子，将遗传信息“抄录”到 mRNA 分子上，然后再以 mRNA 为模板，按照其碱基排列顺序所组成的密码，决定蛋白质合成。遗传信息传递方向（DNA → RNA →蛋白质）的这种规律称为中心法则，也可将这个过程称为基因表达（图 10-4）。

在深入研究某些 RNA 病毒时发现，这类病毒中的 RNA 可以做为模板指导 DNA 的合成，这种传递方向与转录过程相反，称为逆转录（也称反转录）。同时其 RNA 也具有自我复制的能力。以上研究使中心法则得到进一步补充。

从补充后的中心法则可知，遗传信息的传递包括：以 DNA 为模板，合成 DNA 的过程——复制；以 DNA 为模板，合成 RNA 的过程——转录；以 RNA 为模板，合成蛋白质的过程——翻译；以 RNA 为模板，合成 RNA 的过程——RNA 的自我复制；以 RNA 为模板，合成 DNA 的过程——反转录。其中，复制，转录，翻译是遗传信息传递的经典模式。复制是合成 DNA 的主要方式，转录是合成 RNA 的主要方式。

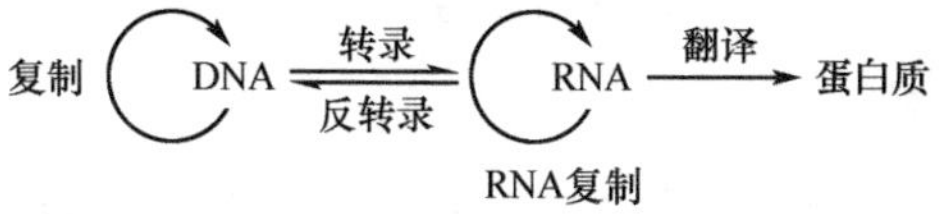

图 10-4　遗传信息传递的中心法则

一、DNA 的生物合成——复制

（一）半保留复制

DNA 复制最重要的特征是半保留复制。半保留复制是指以亲代 DNA 分子的两条链为模板，通过碱基互补合成新链，在新合成的子代 DNA 分子中，一条链来自亲代，另一条链则是重新合成的，这种复制方式称为半保留复制（图 10-5）。

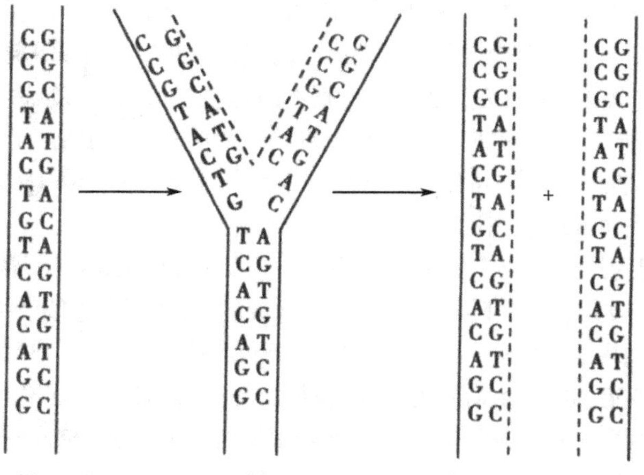

图 10-5　DNA 半保留复制

（二）DNA 复制的条件

1. 模板　DNA 复制有严格的模板依赖性，需以解开的亲代 DNA 的两条单链做模板。

2. 底物　DNA 复制以四种三磷酸脱氧核苷为原料，即 dATP，dGTP，dCTP，dTTP，简称 dNTP。因 DNA 的基本单位为单核苷酸（dNMP），故每聚合一分子核苷酸需水解掉一分子焦磷酸，其合成为耗能过程。

3. 引物　DNA 新链的合成不能从头开始，只能在已有核酸链的基础上，从 5′ 端向 3′ 端延伸，故在每段 DNA 链合成时，均需要一小段 RNA 作引物。

4. 各种酶和蛋白因子　DNA 复制过程需要的酶和蛋白因子主要有以下几种：

(1) 拓扑异构酶：用来改变 DNA 超螺旋状态，理顺 DNA 链，使 DNA 解链过程中不至打结。

(2) 解螺旋酶：使亲代 DNA 分子两条链之间的氢键断裂，形成模板链。

(3) DNA 单链结合蛋白：结合在已经解开的 DNA 单链上，防止其重新形成双螺旋，并保护 DNA 单链免受核酸酶的水解，保证模板链的完整。

(4) 引物酶：合成小段 RNA 引物。

(5) DNA 聚合酶：又称 DNA 指导的 DNA 聚合酶，能严格按照碱基配对原则，催化四种 dNTP 在模板链的指导下聚合形成新的 DNA 链。

(6)DNA 连接酶：催化相邻的 DNA 片段连接形成完整的 DNA 链。

(三)DNA 复制的过程

DNA 复制是一个连续的过程，为了描述方便，将其分为起始，延长，终止三个阶段。以下仅介绍原核生物 DNA 的复制过程。

1. 起始阶段 包括形成模板链和引物合成。

从固定的起始点开始，在拓扑异构酶作用下，亲代 DNA 的超螺旋结构逐渐松弛，解螺旋酶使 DNA 分子的一段双链解开成两股，形成 Y 字形结构，DNA 单链结合蛋白分别结合在两股单链上，使其形成稳定的模板链。复制中形成的这种 Y 字形结构，称为复制叉。引物酶能辨认起始部位，并以四种 NTP 为原料，以解开的一段 DNA 为模板，按 5 → 3′ 方向合成一小段 RNA 作为引物，其 3′ 端即 DNA 新链合成的起点。

2. 延长阶段 包括领头链和随从链的延长。

DNA 聚合酶从 RNA 引物的 3′ 端开始，以四种 dNTP 为原料，分别以亲代 DNA 的两条链为模板，按 5 → 3′ 方向同时合成与其模板链反向互补的两条 DNA 子链。随着复制的进行，复制叉向前移动，亲代 DNA 继续解链，子链则不断延长，形成边解链边复制的过程。因两条 DNA 子链都必须按 5 → 3′ 方向合成，故在复制过程中，一条 DNA 子链延长方向与解链方向（复制叉移动方向）一致，可以连续合成，称为领头链；另一条 DNA 子链延长方向与解链方向（复制叉移动方向）相反，只能在分段合成引物的基础上，不连续合成，称为随从链。因 DNA 复制的这个特点，又将其称为半不连续复制。DNA 复制的半不连续现象是日本科学家冈崎最先发现，故将随从链上不连续合成的 DNA 片段称为冈崎片段。

3. 终止阶段 包括切除引物，冈崎片段的延长和连接。

当复制延长到特定的终止区时，在 RNA 酶和 DNA 聚合酶的作用下，RNA 引物被切除，并依照模板链催化延长冈崎片段，以填补引物被切除留下的空隙。DNA 连接酶将随从链上两个相邻的冈崎片段连接起来，使其形成连续的 DNA 链。两条 DNA 子链分别与其模板链形成完整的子代 DNA 分子（图 10-6）。

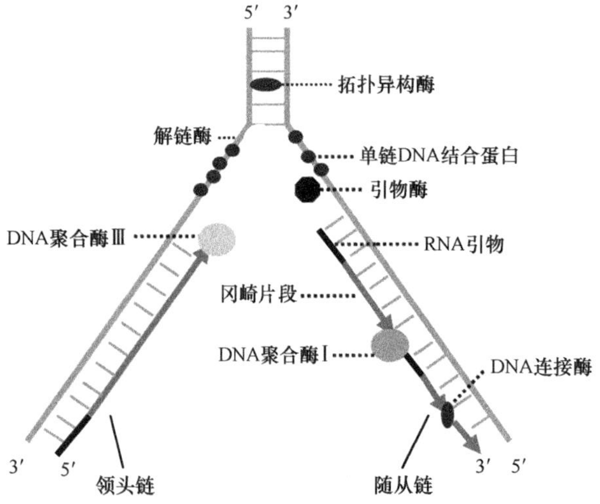

图 10-6 DNA 复制过程示意图

二、反 转 录

某些病毒（主要为 RNA 病毒）可以以其单链 RNA 为模板，合成 DNA，此过程称为反转录（又称为逆转录），催化此反应的酶称为反转录酶（逆转录酶），又称为依赖 RNA 的 DNA 聚合酶。大多数 RNA 病毒有致癌作用。

反转录过程包括三步：首先以 RNA 为模板合成与其互补的 DNA 链，形成 RNA-DNA 杂化双链；其次杂化双链上的 RNA 被水解，形成 DAN 单链；最后以新合成的 DNA 单链为模板，合成另一条与其互补的 DNA 链，形成双链 DNA 分子（图 10-7）。

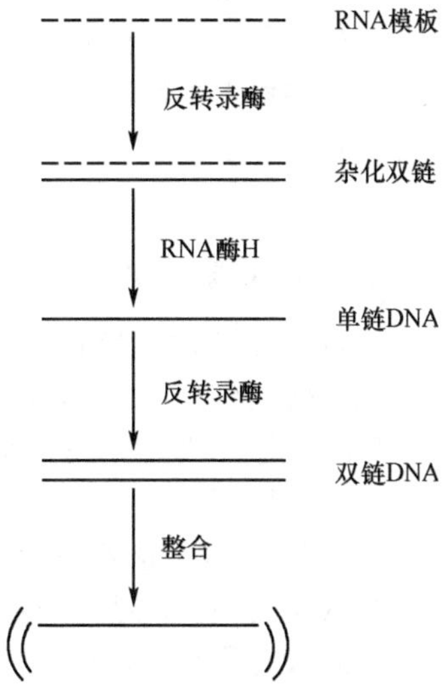

图 10-7　反转录过程示意图

反转录的发现，使中心法则得到补充，拓宽了 RNA 病毒致癌，致病的研究。同时，在实际工作中，可以利用反转录酶合成单链 DNA，有助于基因工程的实施。

三、DNA 的损伤和修复

生物体可受物理、化学等外界因素或内环境改变的影响，导致 DNA 的结构、功能发生改变，称为 DNA 损伤，又称突变。其实质为 DNA 分子中碱基序列的改变，包括碱基的置换、丢失、修饰、交联，DNA 骨架中磷酸酯键的断裂等。

（一）引起 DNA 损伤的因素

1. 物理因素　常见的有紫外线和电离辐射等。

2. 化学因素　通常为化学诱变剂或致癌剂，主要有以下几类：

(1) 烷化剂，如氮芥类。

(2) 脱氨剂，如亚硝酸盐。

(3) 碱基类似物，如 5- 氟尿嘧啶。

(4) 吖啶类，如溴乙啶。

(5) DNA 加合剂，如苯并芘。

(6) 抗生素及其类似物，如放线菌素 D、阿霉素等。

3. 自发因素　如碱基发生自发性水解脱落、脱氨基等。

4. 生物因素　如反转录病毒感染。

（二）DNA 损伤的类型

1. 错配　又称点突变，指 DNA 分子中一个碱基的变异，如一种碱基代替另一种碱基。

2. 缺失　一个或一段核苷酸链从 DNA 分子中丢失。

3. 插入　指 DNA 分子中没有的一个碱基或一段核苷酸链插入到 DNA 分子中。

4. 重排　又称重组，指 DNA 分子内发生较大片段的交换。

如缺失和插入的碱基数不是 3 的倍数，则会引起三联体密码的阅读方式发生改变，造成蛋白质中氨基酸顺序发生改变，导致合成完全不同的蛋白质。

DNA 损伤可引起以下后果：①进化，在环境有利于机体新特征表达的情况下，被选择性地保留下来，这种损伤就成为进化的基础；②只改变基因型，不改变表现型；③使生物体某些功能缺失；④致死。可见，DNA 损伤虽然是物质进化的基础，但也会引起生物体致病甚至致死，为保证遗传的稳定性，生物体能使大部分损伤的 DNA 得以修复。

案例分析 10-2：

1. 在 DNA 半保留复制中，由于严格遵守碱基互补规律，使亲代的遗传信息准确传递给子代，由此保证了遗传的稳定性，使物种得以延续。

2. 存在变异现象是因为在复制过程中，有可能出现 DNA 的损伤，产生变异现象，成为生物进化的基础。

（三）DNA 损伤的修复

DNA 修复是指针对已发生缺陷的 DNA 进行的补救措施。主要包括以下四种：

1. 光修复 又称直接修复，波长 300~600nm 的可见光可激活光修复酶，该酶可使嘧啶二聚体还原为非聚合状态，使 DNA 结构恢复正常。

2. 切除修复 是体内最重要的修复方式，可分为四个步骤：①由特异的核酸内切酶识别损伤部位，并将该处 DNA 单链切断；②在切口处，由 DNA 聚合酶作用，以另一条完整的 DNA 链为模板，进行修复合成；③在酶的作用下，将损伤片段切除；④用连接酶将新合成的 DNA 片段与原来的链连接。

3. 重组修复 又称复制后修复。当 DNA 损伤面积较大时，先进行复制，损伤部分无法做模板，复制出的子链存在缺口，可以通过与另一条母链上的同源序列交换而修复。

4. SOS 修复 又称为紧急修复，是由于 DNA 损伤广泛，难以继续复制而诱发的应激性修复。通过 SOS 修复，复制如能继续进行，细胞仍可存活，但 DNA 可能保留较多错误，使细胞有较高的突变率。

考 点：DNA 半保留复制；DNA 复制的半不连续性；反转录

第 3 节 RNA 的生物合成——转录

生物体以 DNA 为模板合成 RNA 的过程称为转录。此过程将 DNA 携带的遗传信息传递给 RNA，是基因表达的重要过程。

一、转录的条件

1. 模板 转录需以单链 DNA 为模板。结构基因的 DNA 双链中，只有一条链可以作为模板，通常将这条能指导转录的链称为有意义链；与其互补的另一条 DNA 链则称为反意义链。转录的这种特点称为不对称转录，其中包含两个方面的意思：①在同一基因区段内，DNA 只有一条链可以作为转录的模板；②模板链并非永远在同一条链上（图 10-8）。

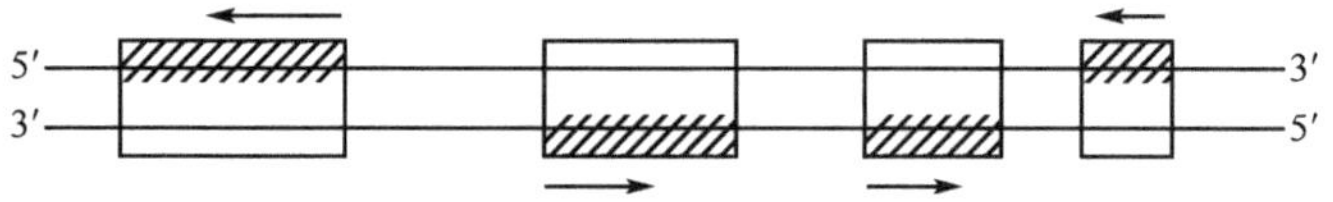

图 10-8 转录的不对称性

2. 底物 转录以四种三磷酸核苷为原料，即 ATP、GTP、CTP、UTP，简称 NTP。

3. RNA 聚合酶 又称 DNA 指导的 RNA 聚合酶。原核生物中，RNA 聚合酶含有 5 个亚基（$\alpha\alpha\beta\beta'\sigma$），称为全酶。其中，σ 因子能辨认转录起始点，故又称为起始因子。脱去 σ 因子的四聚体（$\alpha\alpha\beta\beta'$）称为核心酶，能催化四种 NTP 在模板链的指导下聚合形成 RNA 链。

二、转录的过程

转录也可分为起始、延长、终止三个阶段，以下仅介绍原核生物转录的过程（图 10-9）。

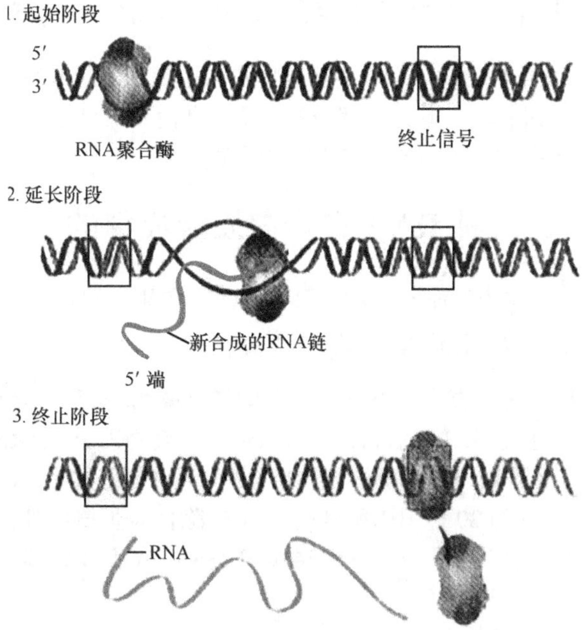

图 10-9　转录过程示意图

1. 起始阶段　首先由 RNA 聚合酶的 σ 因子辨认 DNA 的启动子，并带动 RNA 聚合酶的全酶与启动子结合形成起始复合物，同时使 DNA 分子构象改变，解开一段 DNA 双链。此时，σ 因子从起始复合物上脱离，转录进入延长阶段。

2. 延长阶段　RNA 链的延伸由核心酶催化。σ 因子释放后，核心酶沿着 DNA 模板链 3′ → 5′ 方向滑动，按照碱基互补原则，以四种 NTP 为原料，按 5′ → 3′ 方向进行 RNA 链的合成，使 RNA 链不断延伸。合成的 RNA 暂时与 DNA 模板形成 DNA-RNA 杂交双链，但此杂交双链不如 DNA 双链相互结合那样稳定，因此，分开的 DNA 双链趋于重新组合成原来的双螺旋模式，并使新合成的 RNA 链从 5′ 末端开始逐步从 DNA 模板上游离出来。

3. 终止阶段　当核心酶滑动到模板链的终止序列时，ρ 因子（终止因子）识别终止信号并与模板结合，阻止核心酶滑动。核心酶和新合成的 RNA 链从模板链上脱落，转录过程结束。脱落的核心酶与 σ 因子结合形成全酶，进行下次转录。

三、转录的加工成熟过程

经转录生成的 RNA 是不成熟的 RNA，需经过加工修饰才能转变为具有生物活性的 RNA。

mRNA 加工过程包括：在 5′ 端形成 5′-m7GpppGp-d 的帽子结构，可保护 mRNA5′ 端不被磷酸酶和核酸酶水解；在 3′ 端切去多余的核苷酸，并加上多聚腺苷酸尾巴；将不成熟 mRNA 的非编码区除去并将编码区连接起来形成完整、成熟的 mRNA。

tRNA 的加工包括：切除 5′ 端和 3′ 端多余的核苷酸序列；添加或修复 3′ 端 CCA 结构；修饰碱基形成多种稀有碱基。

rRNA 转录生成的前体为 45s，经剪接形成 5.8s、18s、28s，分别与不同蛋白质装配形成核蛋白体的大、小亚基，形成蛋白质合成的“场所”。

考点：转录；转录的条件；RNA聚合酶中核心酶和σ因子的作用

第4节 蛋白质的生物合成——翻译

蛋白质是生命的物质基础，蛋白质生物合成是基因表达的最终阶段。生物体以mRNA为模板，合成蛋白质的过程叫作翻译。翻译的实质就是把mRNA分子中四种核苷酸序列代表的遗传信息翻译为蛋白质分子中氨基酸的排列顺序。

一、三种RNA在蛋白质合成中的作用

蛋白质生物合成是一个由多种物质参与的复杂过程，其中三种RNA各自承担不同的作用。

（一）mRNA——蛋白质生物合成的直接模板

mRNA分子中从5′→3′方向，每三个相邻的核苷酸为一组，形成三联体，在蛋白质生物合成时代表一种氨基酸或其它信息，称为遗传密码或密码子。mRNA以三联体遗传密码的方式，决定了蛋白质分子中氨基酸的排列顺序。生物体内共有64组密码，其中61组分别代表了蛋白质分子中的20种编码氨基酸。AUG除代表蛋氨酸外，还可作为多肽链合成的起始信号，称为起始密码子。UAG、UAA、UGA则代表多肽链合成的终止信号，称为终止密码子。

遗传密码有以下几个特点（表10-1）：

1. 方向性 mRNA分子中密码子的排列具有方向性。起始密码位于5′端，终止密码位于3′端，翻译时从起始密码开始，沿mRNA5′→3′方向进行，直到终止密码为止，与此相应多肽链从N端向C端延伸。

表10-1 遗传密码表

5′末端（第1位碱基）	中间碱基（第2位碱基）				3′末端（第3位碱基）
	U	C	A	G	
U	苯丙氨酸	丝氨酸	酪氨酸	半胱氨酸	U
	苯丙氨酸	丝氨酸	酪氨酸	半胱氨酸	C
	亮氨酸	丝氨酸	终止密码	终止密码	A
	亮氨酸	丝氨酸	终止密码	色氨酸	G
C	亮氨酸	脯氨酸	组氨酸	精氨酸	U
	亮氨酸	脯氨酸	组氨酸	精氨酸	C
	亮氨酸	脯氨酸	谷氨酰胺	精氨酸	A
	亮氨酸	脯氨酸	谷氨酰胺	精氨酸	G
A	异亮氨酸	苏氨酸	天冬酰胺	丝氨酸	U
	异亮氨酸	苏氨酸	天冬酰胺	丝氨酸	C
	异亮氨酸	苏氨酸	赖氨酸	精氨酸	A
	甲硫氨酸（起始密码）	苏氨酸	赖氨酸	精氨酸	G
G	缬氨酸	丙氨酸	天冬氨酸	甘氨酸	U
	缬氨酸	丙氨酸	天冬氨酸	甘氨酸	C
	缬氨酸	丙氨酸	谷氨酸	甘氨酸	A
	缬氨酸	丙氨酸	谷氨酸	甘氨酸	G

2. 连续性　指两个相邻的密码子之间没有任何特殊的符号加以间隔，也不能重叠。如果 mRNA 链发生碱基插入或缺失，密码阅读时将出现错误，引起译码突变。

3. 简并性　除个别氨基酸以外，大多数编码氨基酸具有 2 组或 2 组以上的遗传密码，把这一特点称为遗传密码的简并性。

4. 摆动性　代表同一氨基酸的多种密码，其第一、第二位碱基大都相同，只有第三位不同，所以密码子的专一性主要由前两位碱基决定，当密码子的第三位碱基与反密码的第一位碱基不严格互补时，也能相互辨认。将这种密码子与反密码的配对出现不严格遵守碱基配对原则的现象称为摆动性。因此，当密码子第三位碱基突变时，仍能翻译出正确的氨基酸，保证合成的蛋白质一级结构不变，这对减少有害突变，保证遗传的稳定性具有一定意义。

5. 通用性　各种生物在蛋白质合成中都共用一套遗传密码，称为遗传密码的通用性。从最简单的病毒到最高等的人类都使用同一套密码，这是进化论关于生物具有同一起源的有力证据。

（二）tRNA——转运氨基酸的工具

氨基酸由各自特异的 tRNA “搬运”至核糖体，才能“组装”成多肽链。每一种 tRNA 分子上都有氨基酸结合部位，可与对应氨基酸特异地结合，同时通过反密码子与 mRNA 密码子互补配对结合，使 tRNA 携带的氨基酸准确地在 mRNA 上“对号入座”，由此可见，氨基酸本身并不能直接辨认它的密码子，而必须通过特异 tRNA 的媒介作用，才能识别对应密码子。

（三）rRNA——蛋白质生物合成的场所

rRNA 与多种蛋白质共同构成核糖体（又称核蛋白体），核糖体是蛋白质生物合成的场所，在蛋白质生物合成中起到“装配机”的作用。

核糖体由大小两个亚基组成。小亚基上有 mRNA 结合的部位，可容纳两个密码子；大亚基上有三个 tRNA 结合位点：第一个称为受位或 A 位，是氨基酰 -tRNA 进入核糖体后占据的位置；第二个称为给位或 P 位，是肽酰 -tRNA 占据的位置；第三个称为出位或 E 位，是已卸载的 tRNA 占据的位置。A 位与 P 位之间具有转肽酶活性，可催化肽键形成（图 10-10）。

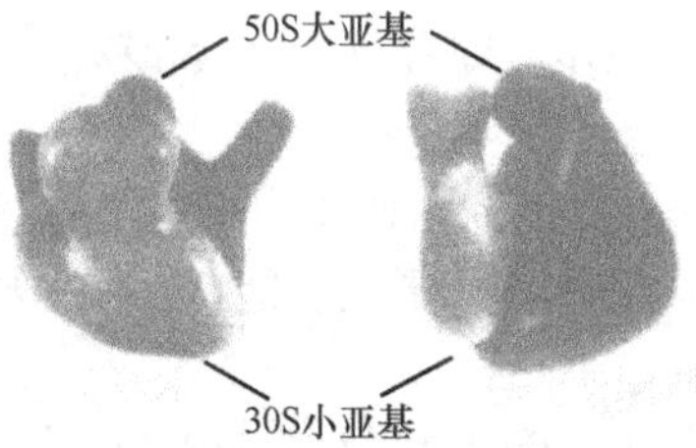

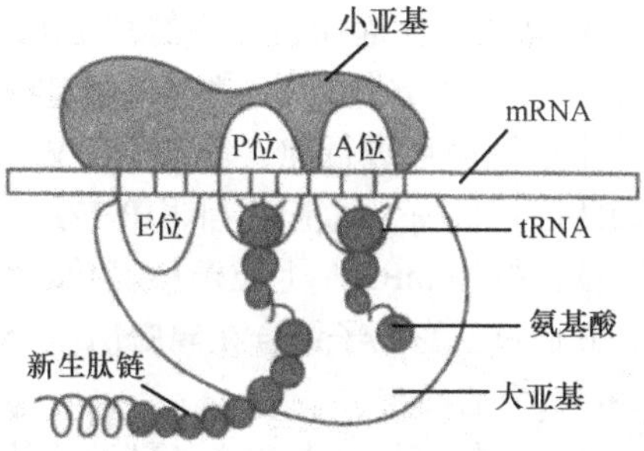

图 10-10　核糖体

二、蛋白质生物合成的过程

蛋白质生物合成可分为氨基酸的活化与转运、肽链的合成、肽链合成后的加工三个基本阶段。

（一）氨基酸的活化与转运

氨基酸必须经过活化才能参与蛋白质生物合成。在氨基酰 -tRNA 合成酶的催化下，由 ATP 提供能量，氨基酸与对应的 tRNA 结合形成氨基酰 -tRNA，称为氨基酸的活化。氨基

酰 -tRNA 合成酶具有高度专一性，它既能识别特异的氨基酸，又能识别特异的 tRNA，并使两者准确连接，从而保证了遗传信息的正确翻译。

（二）肽链合成——核糖体循环

核糖体循环是指活化的氨基酸，由 tRNA 携带至核糖体上，以 mRNA 为模板合成多肽链的过程。这一阶段是蛋白质生物合成的中心环节，合成的具体步骤可分为起始、延长、终止三个阶段。

1. 肽链合成的起始 此阶段是由核糖体大小亚基、模板 mRNA 及具有启动作用的氨基酰 -tRNA 结合形成起始复合物的过程（图 10-11）。这一过程还需要 Mg^{2+}、ATP、GTP 及几种起始因子参加。这一阶段并无肽键形成，只是为肽键形成做好准备。

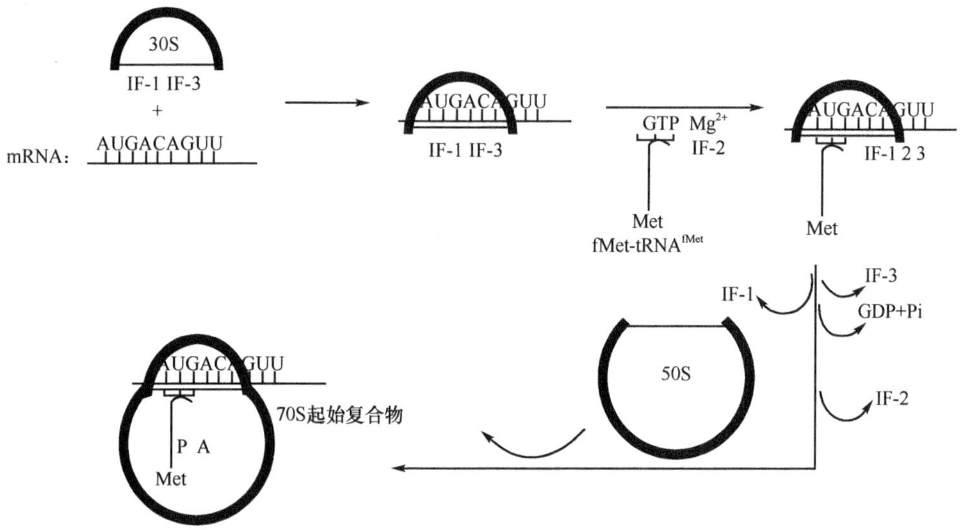

图 10-11 肽链合成的起始

2. 肽链的延长 在起始复合物的基础上，各种氨基酰 -tRNA 按 mRNA 上密码子的顺序在核糖体上一一对号入座，其携带的氨基酸依次通过肽键缩合形成新的肽链。这一过程是在核糖体上连续循环进行的，每个循环又可分为三步，即进位、转肽和移位。每次循环使新合成的肽链延长一个氨基酸（图 10-12）。

(1) 进位：按照 mRNA 上位于核糖体大亚基 A 位上的密码子，相应的氨基酰 -tRNA 对号入座，并通过反密码子结合在 mRNA 与 A 位对应的密码子上。这一过程需要延长因子 EF、GTP 和 Mg^{2+} 的参与。

(2) 转肽：在核糖体大亚基上的转肽酶的催化下，P 位上的肽酰 -tRNA 所携带的肽酰基（第一次延伸反应为蛋氨酰基）向 A 位转移并与 A 位上新进入的氨基酸的氨基缩合形成肽键，使肽链延长一个氨基酸单位，P 位则由空载 tRNA 占据。该反应需要 Mg^{2+} 与 K^{+} 的参与。

(3) 移位：在转位酶的作用下，使核糖体沿 mRNA 向 3′ 方向移动一个密码子的距离，原位于 A 位的肽酰 -tRNA 及其对应的密码子移到 P 位，空载 tRNA 移至 E 位，A 位空出，mRNA 的下一个密码子进入 A 位，为另一个能与之对应的氨基酰 -tRNA 的进位做好准备。当新的氨基酰 -tRNA 进入 A 位后，位于 E 位上的空载 tRNA 随之脱落。

肽链每增加一个氨基酸都需要经过上述三步反应。核糖体沿 mRNA 从 5′ → 3′ 方向滑动，相应地肽链合成从 N 端→ C 端延伸，直到终止密码出现在核糖体的 A 位为止。

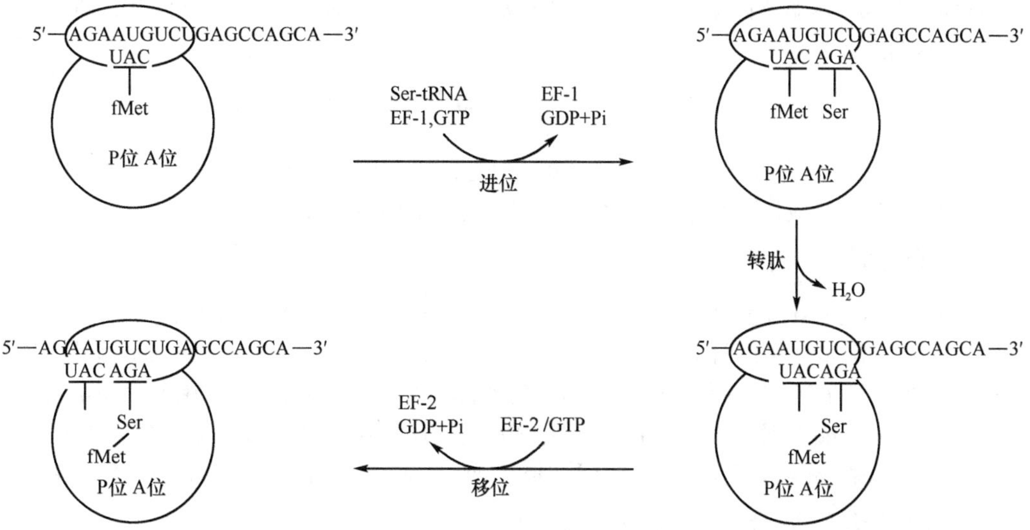

图 10-12　肽链的延长

3. 肽链合成的终止　当多肽链合成至 A 位上出现终止密码（UAA、UAG、UGA）时，释放因子能予以辨认并进入 A 位，诱导转肽酶水解 P 位上的多肽链脱离，然后由 GTP 提供能量，使 tRNA 和释放因子脱离，核糖体与 mRNA 分离，核糖体自身也解离成大、小亚基。解离后的大、小亚基可再次聚合，开始另一条肽链的合成（图 10-13）。

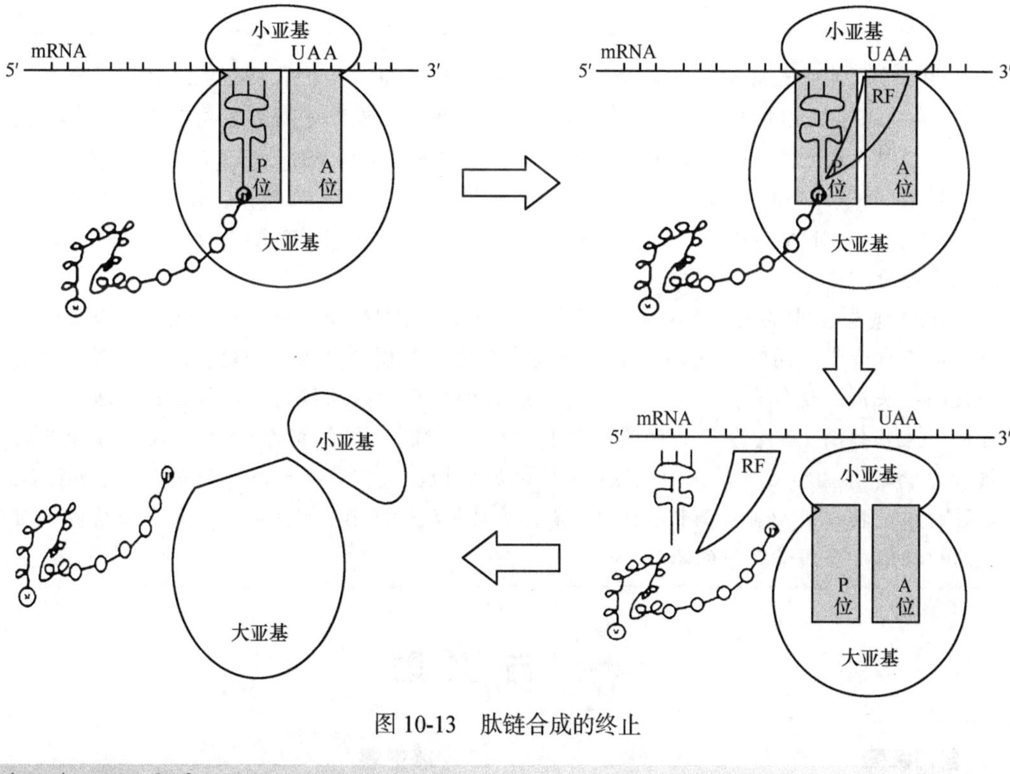

图 10-13　肽链合成的终止

（三）肽链合成后的加工

从核糖体上释放出来的多肽链，多数还不具有生物活性，需要经过一定的加工修饰才能成为具有一定空间结构和功能的蛋白质。常见的加工修饰方式有：切除 N 端的蛋氨酸、二硫键的形成、水解去除某些肽段或氨基酸残基、对某些氨基酸进行化学修饰、辅基的连接和亚基的聚合等。

三、蛋白质生物合成与医学的关系

蛋白质生物合成与遗传、分化、免疫、代谢、肿瘤药物作用等均有密切关系，因此，了解蛋白质生物合成对理解某些医学问题有十分重要的作用，下面仅列举两例说明。

（一）分子病

考点：翻译；三种RNA在蛋白质合成中的作用；蛋白质合成的基本过程

由于基因突变导致蛋白质一级结构改变，进而引起机体某些结构与功能异常，造成疾病，称为分子病。例如，由于基因突变引起mRNA变异而出现的异常血红蛋白就有200多种，镰刀形红细胞贫血就是其中的一种。这类患者血红蛋白β链中N端第6位氨基酸残基由正常的谷氨酸残基转变为缬氨酸，这是由于其结构基因中相应的核苷酸顺序由原来的CTT转变为CAT所致。此种血红蛋白结构和功能都异常，出现镰刀形红细胞，细胞脆性增加，容易破裂，产生溶血。

（二）抗生素对蛋白质生物合成的影响

多种抗生素作用于从DNA复制到蛋白质生物合成的遗传信息传递的各个环节，抑制细菌或肿瘤细胞的蛋白质生物合成，从而发挥其药理作用。例如丝裂霉素、博来霉素、放线菌素通过干扰复制和转录过程，发挥抗肿瘤作用；利福霉素通过抑制原核细胞的RNA聚合酶活性影响其转录过程，发挥抗菌作用；四环素、链霉素、氯霉素、红霉素等则干扰原核细胞的翻译过程，发挥抗菌作用。

小结

核苷酸代谢分为合成代谢和分解代谢。核苷酸的合成包括从头合成途径和补救合成途径，以从头合成途径为主。嘌呤碱最终氧化成尿酸，血尿酸过高易形成痛风症。胞嘧啶、尿嘧啶分解生成NH_3、CO_2及β-丙氨酸；胸腺嘧啶则分解成NH_3、CO_2及β-氨基异丁酸。

复制，转录，翻译是遗传信息传递的经典模式。以DNA为模板，合成DNA的过程称为复制；以DNA为模板，合成RNA的过程称为转录；以RNA为模板，合成蛋白质的过程称为翻译。

DNA复制最重要的特征是半保留复制，即子代DNA分子中，一条链是新合成的，一条链来自亲代；同时，DNA复制还具有半不连续复制的特点，即延长方向与解链方向一致的领头链为连续合成，延长方向与解链方向相反的随从链为不连续合成。通过转录过程，生物体将DNA分子中的遗传信息传递给RNA，新合成的RNA必须经过加工成熟后才能具有生物活性。三种RNA在蛋白质生物合成中各自承担不同的作用：mRNA是蛋白质生物合成的直接模板；tRNA是转运氨基酸的工具；rRNA与多种蛋白质共同组成的核糖体是合成蛋白质的场所。

自测题

一、名词解释

1. 半保留复制　2. 分子病　3. 转录　4. 翻译
5. 遗传密码

二、填空题

1. 基因信息的传递中，以亲代DNA为模板合成子链DNA的过程称为______，合成蛋白质的过程称为______。

2. 遗传密码的主要特点是______、______、______、______、______。

3. 核苷酸合成分为______合成和______合成。

4. DNA 复制过程中，能连续合成的子链称为______链，不能连续合成的是______链。

三、单选题

1. 人体内嘌呤核苷酸分解代谢的最终产物是（　　）
   A. 尿酸　　B. 氨
   C. 尿素　　D. 二氧化碳
   E. 水

2. 蛋白质合成过程中的直接模板为（　　）
   A. mRNA　　B. tRNA
   C. DNA　　D. rRNA
   E. 核糖体

3. 关于 DNA 复制，错误的说法是（　　）
   A. 为半保留复制
   B. 需要引物
   C. 复制时模板链与新链方向相同
   D. 亲代 DNA 的两条链均可做模板
   E. 为半不连续复制

4. 在遗传的中心法则中，基因信息传递的一般顺序是（　　）
   A. DNA →蛋白质→ RNA
   B. RNA →蛋白质→ DNA
   C. DNA → RNA →蛋白质
   D. 蛋白质→ RNA → DNA
   E. 蛋白质→ DNA → RNA

5. 5- 氟尿嘧啶和 6- 巯基嘌呤主要为下列哪种物质的常用抗代谢物（　　）
   A. 维生素　　B. 糖原
   C. 脂肪　　D. 蛋白质
   E. 核苷酸

6. 蛋白质生物合成时，肽链合成的方向是（　　）
   A. 5′ → 3′　　B. N → C
   C. C → N　　D. 3′ → 5′
   E. N → N

四、简答题

1. 从原料、模板、新链合成方向、引物、新链和模板链的关系、产物六个方面列表比较复制和转录的异同点。

2. 简述三种 RNA 在蛋白质的生物合成中的作用。

（张　信）

11

第十一章　肝脏生物化学

> 肝脏是人体内最大的消化腺，具有极其重要的功能，肝脏结构复杂，功能强大，与人的生命活动息息相关。肝脏不仅参与糖类、脂类、蛋白质、维生素和激素等重要物质的代谢，同时在物质的消化、吸收、排泄、解毒、凝血、免疫等方面同样发挥了重要作用，因此有人形象地把肝比喻是人体化学加工厂。

第1节　肝脏在物质代谢中的作用

案例 11-1

患者，男，54岁，这两年出现食欲不振，恶心，右上腹部不适，近期出现牙龈出血，颈部、前胸出现数颗蜘蛛痣。经医院检查诊断，确诊为乙肝及中度肝硬化。

问题：肝疾病引起蜘蛛痣的原因是什么？

一、肝脏在糖类、脂类、蛋白质代谢中的作用

（一）肝脏在糖代谢中的作用

肝脏在糖代谢中的重要作用是维持血糖浓度的相对恒定，是调节血糖浓度的主要器官。通过肝糖原的合成与分解及糖异生作用来实现。餐后血糖浓度升高时，肝脏将葡萄糖转化成肝糖原（肝糖原占肝重量的6%~8%）储存起来，从而使人体血糖不致太高；当饥饿时或运动以后，血糖呈下降趋势时，肝糖原迅速分解成葡萄糖释放入血，防止过低。当饥饿超过12小时以上，肝糖原几乎耗尽时，肝脏可将甘油、乳酸及生糖氨基酸等物质通过糖异生途径转变为葡萄糖或糖原，以维持空腹或饥饿状态下血糖浓度相对恒定。

考点：肝脏在糖代谢中起的作用

因此，在有严重肝病时，肝糖原的合成、分解及糖异生作用都降低，难以维持血糖的正常浓度，容易出现空腹低血糖及进食后一时性高血糖。

（二）肝脏在脂类代谢中的作用

肝脏在脂类的消化、吸收、运输、合成和分解等代谢过程中均发挥重要作用。

1. 分泌胆汁　肝脏能够分泌胆汁，胆汁的胆汁酸盐能乳化食物中的脂类，促进脂类的消化和吸收。肝胆疾病患者，由于肝脏合成、分泌或排泄胆汁酸的能力下降，出现厌油腻、脂肪泻，脂类食物消化不良等。

2. 合成酮体　肝脏分解脂肪生成的脂肪酸氧化不完全，生成乙酰乙酸、β- 羟丁酸及丙酮，这三者统称为酮体。肝脏是体内酮体合成的唯一场所，生成的酮体不能在肝脏中氧化利用，而经血液运输至其他组织，如脑、心、肾、骨骼肌等氧化利用（肝内生酮，肝外用），作为这些组织在饥饿状态下的能量。

3. 合成脂蛋白　肝能合成 VLDL，能把肝内合成的三酰甘油运输到脂肪组织内储存或运输到其他组织内利用。肝合成的 HDL 促进胆固醇的代谢。

4. 合成胆固醇　肝脏是人体内合成胆固醇最旺盛的器官，合成的胆固醇占全身合成胆固醇总量的 80%以上，是血浆胆固醇的主要来源，当肝脏功能受损时，胆固醇合成减少，磷脂合成障碍，肝脏内脂肪运出困难，使肝脏内脂肪堆积，导致脂肪肝。肝还合成并分泌卵磷脂 - 胆固醇脂酰转移酶（LCAT）等，促使胆固醇脂化，有利于运输。

（三）肝脏在蛋白质代谢中的作用

肝在蛋白质代谢方面也起着重要的作用，主要体现在：

1. 合成血浆脂蛋白　肝脏内蛋白质的代谢极为活跃，肝细胞有一个重要功能，就是合成与分泌血浆蛋白质。除 γ- 球蛋白外，几乎所有的血浆蛋白质都来自肝脏，如清蛋白（A）、球蛋白（G）、凝血因子、纤维蛋白原等。成人肝每日大约合成 12g 清蛋白，占肝合成蛋白质总量 1/4。血浆清蛋白除了是许多物质的载体外，在维持血浆胶体渗透压方面也起着重要作用。若人体血浆清蛋白低于 30g/L，人常常出现水肿和腹水。临床上通过测定血浆清蛋白与球蛋白的比值（A/G=1.5~2.5），来作为肝功能正常与否的判断指标之一。

2. 肝脏在蛋白质分解代谢中的作用　肝脏中和氨基酸分解代谢有关的酶含量丰富，因此氨基酸的代谢十分活跃。氨基酸可在肝进行转氨基、脱氨基以及脱羧基等反应。其中催化转氨基作用的丙氨酸氨基转移酶（ALT），对肝病的诊断上具有重要的意义。

3. 合成尿素　肝脏可将氨基酸分解产生的有毒的氨，通过鸟氨酸循环合成尿素以解除氨的毒性。所以肝是清除血氨的最重要的器官。当肝脏功能受损时，尿素合成障碍，血氨浓度升高，产生高血氨症，可引起肝性脑病。

二、肝脏在维生素、激素代谢中的作用

（一）肝脏在维生素代谢中的作用

肝脏在维生素的吸收、运输、储存、转化、代谢等方面具着极其重要的作用。①肝含有丰富的维生素。有些维生素，如维生素 A、维生素 E、维生素 K、维生素 B_{12} 等，主要储存在肝脏中，维生素 A 在肝中的含量占体内总量的 95%。②肝脏直接参与多种维生素的代谢转化，如肝脏可将 β- 胡萝卜素转变为维生素 A；将维生素 D_3 转变为 25-(OH)D_3。③许多种维生素在肝脏中参与辅酶的合成。维生素 PP 可以转变为 NAD^+ 及 $NADP^+$；泛酸可以转变为 HSCoA；维生素 B_6 能够转变为磷酸吡哆醛；维生素 B_2 可以转变为 FAD 或 FMN，维生素 B_1 转变为 TPP，在物质代谢中起着重要作用。另外，肝脏分泌胆汁酸盐可协助脂溶性维生素的吸收，因此当肝胆系统出现疾病时，可发生维生素吸收障碍。

（二）肝脏在激素代谢中的作用

激素在体内经过化学反应后，在肝脏中被分解转化，降低或失去其活性。这一过程叫作激素的灭活。有一些水溶性激素，如去甲肾上腺素可与肝细胞膜上的受体结合发挥调节作用，与此同时通过肝细胞内吞作用进入细胞内。而脂溶性激素，如雌激素、醛固酮在肝

细胞内与活性硫酸或葡萄糖醛酸等结合灭活。因此当肝有了疾病时，对激素的灭活功能降低，使体内雌激素、醛固酮等含量升高，出现男性乳房发育、蜘蛛痣、肝掌及水钠潴留等现象。

案例 11-1 分析

肝脏是人体激素灭活的主要器官，特别是雌激素必须经过肝脏后才能使其功能减弱或使其活性消失。当肝脏产生病变时，对雌激素灭活能力下降，结果造成雌激素在人体内大量堆积，引起体内小动脉扩张。蜘蛛痣是皮肤上小动脉扩张的结果

第 2 节　肝脏的生物转化作用

一、生物转化的概念及意义

（一）生物转化的概念

人体将各类非营养物质进行化学转变，以增加其极性，使其易随胆汁或尿液排出，这个转化过程称为生物转化。这些非营养物质既不是构成组织细胞的原料，也不能氧化供能，有的甚至还有毒性，可以对人体造成伤害，因此必须通过生物转化将其排出体外。根据其来源可分为：

1. 内源性物质　是体内代谢中产生的各种生物活性物质，如激素、神经递质等；有毒的代谢产物，如氨、胆红素等。

考点：生物转化的概念

2. 外源性物质　是外界进入体内的各种异物，如药物、食品添加剂、色素及其他化学物质等。

（二）生物转化的意义

非营养物质既不能作为构成组织细胞的原料，又不供应能量，机体只能将它们排出体外。一般情况下，非营养物质在经过生物转化后，其生物活性或毒性均降低甚至消失，但有些物质在经肝脏生物转化后毒性反而增强，因而不能将肝的生物转化作用统称为“解毒作用”。肝脏是进行生物转化作用的主要器官，在肝细胞微粒体、细胞液、线粒体等部位均存在与生物转化有关的酶类。

二、生物转化的反应类型

肝的生物转化反应可分为氧化、还原、水解和结合四种反应类型，其中氧化、还原、水解反应称为第一相反应，结合反应称为第二相反应。

（一）氧化反应

1. 微粒体氧化酶系　在生物转化的氧化反应中微粒体氧化酶系占有重要的地位。微粒体氧化酶系是需细胞色素 P_{450} 的氧化酶系，能够直接激活分子氧，使一个氧原子加到底物分子上，故称为加单氧酶系。加单氧酶系的特异性较差，可催化多种有机物质进行不同类型的氧化反应。反应式如下：

$$RH+NADPH+H^{+}+O_2 \rightarrow ROH+NADP^{+}+H_2O$$

可以看出，有机物质经羟化作用后水溶性大大增强，有利于排泄。

2. 线粒体单胺氧化酶系　单胺氧化酶属于黄素酶类，它存在于线粒体中，可催化组胺、

尸胺、酪胺、腐胺等肠道腐败产物氧化脱氨，生成相应的醛类或酸类。例如：

$$RH+O_2+H_2O \rightarrow RCHO+H_2O_2+NH_3$$

胺　　　　　　醛

3. 脱氢酶系　细胞液中含有以 NAD^+ 为辅酶的醇脱氢酶与醛脱氢酶，分别催化醇或醛脱氢，氧化生成相应的醛或酸类。例如：

$$CH_3CH_2OH \rightarrow CH_3CHO \rightarrow CH_3COOH$$

乙醇　　　　乙醛　　　　乙酸

（二）还原反应

肝微粒体存在着由 NADPH 及还原型细胞色素 P_{450} 供氧的还原酶，主要是硝基还原酶类和偶氮还原酶类，都为黄素蛋白酶类。还原的产物为胺。例如，硝基苯在硝基还原酶催化下还原生成苯胺，偶氮苯在偶氮还原酶催化下还原成苯胺。

（三）水解反应

肝细胞中有各种水解酶，如酰胺酶、酯酶及糖苷酶，水解酰胺键、酯键以及糖苷键。这类水解酶分布广泛，种类繁多，在肝外组织液中也含有这些酶类，如乙酰水杨酸的水解。

（四）结合反应

结合反应是体内最重要的生物转化方式，常常发生在非营养物质的一些功能基团上，如氨基、羟基或羧基等。一些非营养物质可以直接进行结合反应，有一些则需要先经过第一相反应后再进行第二相反应。结合反应可在肝细胞的微粒体、细胞液和线粒体内进行。

1. 葡萄糖醛酸结合反应　葡萄糖醛酸结合是最重要的结合方式。尿苷二磷酸葡萄糖醛酸（UDPGA）是葡萄糖醛酸的活性供体，肝细胞微粒体中有 UDP- 葡萄糖醛酸转移酶，能够将葡萄糖醛酸基转移到毒物或其他活性物质的氨基、羟基或羧基上，生成葡萄糖醛酸苷。结合后其毒性明显降低，并且很容易被排出体外。如胆红素、类固醇激素等。

2. 硫酸结合反应　以 3′ －磷酸腺苷 5′ －磷酸硫酸（PAPS）为活性硫酸供体。在肝细胞中有硫酸转移酶，能催化酚类、类固醇、芳香胺等与 PAPS 结合生成硫酸酯。例如，雌酮在肝脏内与硫酸结合而失活。

3. 乙酰基结合反应　在乙酰基转移酶催化下，由乙酰 CoA 作为供体，与芳香族胺类化合结合生成相应的乙酰化衍生物。

4. 甘氨酸结合反应　在肝细胞微粒体酰基转移酶的作用下，甘氨酸可与外来的含羧基的化合物结合，如甘氨酸与胆酸结合生成甘氨胆酸。

5. 甲基结合反应　肝细胞液及微粒体中具有多种转甲基酶，含有羟基、氨基或巯基的化合物可进行甲基化反应，甲基的供体是 S- 腺苷甲硫氨酸（SAM）。如尼克酰胺和 SAM 结合生成 N- 甲基尼克酰胺。

三、生物转化的特点

生物转化有以下特点：

（一）代谢过程的连续性和产物的多样性

物质的生物转化过程是相当复杂的，常常需要连续进行几种反应，产生几种产物。同一类或者同一种物质在体内可以进行多种不同的反应，产生不同的产物。例如，乙酰水杨酸水解生成的水杨酸，水杨酸既可以与甘氨酸反应，又可以与葡萄糖醛酸结合，还可以进行氧化反应。

（二）解毒和致毒的双重性

考点：生物转化的主要类型和特点

生物转化作用既有解毒作用又有致毒作用。大多数非营养物质经过生物转化后，其生物活性或毒性降低甚至消失，但有些物质经生物转化后却适得其反，反而产生了毒性。例如，解热镇痛类药物非那西丁在肝脏中发生去乙酰基不良反应，生成的对氨基乙醚可以使血红蛋白变成高铁血红蛋白，导致发绀毒性作用。又如致癌性极强的黄曲霉素 B_1 在体外并不能与核酸等生物大分子结合，但经氧化生成环氧化黄曲霉素 B_1 后可与鸟嘌呤第 7 位 N 结合而致癌。所以，简单认为肝的生物转化作用只是解毒是片面的。

链接

肝脏是药物代谢的主要器官

药物进入机体发挥药理作用时，肝脏是主要代谢器官，新生儿由于肝内酶系统发育不完善，对药物、毒物等的耐受性较差；老年人肝的重量和肝细胞数量明显减少，对多种药物的耐受性也降低，服用药物后，易发生中毒现象。因此，老人、小儿用药应注意剂量。

四、生物转化的影响因素

生物转化作用的影响因素有很多，包括年龄、性别、肝脏疾病及药物的诱导与抑制等体内外各种因素。

（一）年龄

新生儿特别是早产儿由于肝内酶系发育不完善，对于药物及毒物的转化能力不足，容易发生药物及毒物中毒。老年人因为器官退化，肝血流量及肾的廓清速率下降，药物在体内的半衰期延长，服药后药性较强，不良反应较大。在临床上对新生儿和老人使用药物时要特别谨慎，药物用量要较成人量低。

（二）性别

有些生物转化作用存在明显的性别差异。例如女性体内醇脱氢酶的活性一般都高于男性，对氨基比林的转化能力也比男性强。

（三）肝脏疾病

肝功能低下可以影响肝的正常生物转化功能，使药物或毒物的灭活速度下降，药物的治疗剂量与毒性剂量的差距直接减小，容易造成肝脏损害，因此对肝病患者用药应慎重。

（四）药物的诱导与抑制

某些药物或毒物可以诱导生物转化酶类的生成，使肝脏的生物转化能力增强。如长期服用苯巴比妥，可以诱导肝微粒体单加氧酶系的合成，从而使机体对苯巴比妥类催眠药产生耐药性。由于许多非营养性物质的生物转化作用经常受同一酶系催化，因此联合用药时可能发生药物间对酶的竞争性抑制作用，影响其转化效率。如保泰松与双香豆素合用时，前者抑制了后者的代谢，增强了双香豆素的抗凝作用，甚至引起出血现象，故同时服用多种药物时应予以注意。

第 3 节　胆汁酸代谢

案例 11-2

患者，女，35 岁，有不吃早饭的习惯。近几天常在饭后出现右上腹部持续性疼痛、阵发性加剧向右肩背放射；恶心。临床诊断为胆结石。医生建议手术治疗，摘除胆囊。

问题：1. 胆汁的主要成分是什么？

2. 胆汁的生理功能有哪些？

3. 经常不吃早饭容易患胆结石吗？

一、胆汁的分类与成分

胆汁是肝细胞分泌的一种液体，在胆囊中储存，经过胆管系统进入十二指肠。正常人 24 小时要分泌胆汁 300~700ml。

（一）胆汁的分类

肝最初分泌的胆汁称为肝胆汁，清澈透明，呈黄褐色或金黄色。肝胆汁进入胆囊后，胆汁浓缩，呈暗褐色或棕绿色，称为胆囊胆汁。胆汁的主要特征成分是胆汁酸、胆固醇、卵磷脂、无机盐、黏蛋白和多种酶类等。

（二）胆汁的成分

胆汁含有多种物质，既有促进脂类消化吸收的胆汁酸盐，又有体内一些代谢产物，如胆红素、胆固醇及经肝生物转化作用的非营养物质，所以胆汁既是分泌液也是排泄液。胆汁的主要特征性成分是胆汁酸盐。

二、胆汁酸盐的分类及代谢

胆汁酸是胆固醇在肝细胞内转化而来的，是肝脏清除胆固醇的主要方式。胆汁酸是存在于胆汁中一大类胆烷酸的总称，以钠盐或钾盐的形式存在，即胆汁酸盐，简称胆盐。

（一）胆汁酸的分类

胆汁酸可分为两类：初级胆汁酸和次级胆汁酸，每类又有游离型和结合型之分。

（二）胆汁酸的代谢

1. 初级胆汁酸的生成　在肝脏细胞内由胆固醇转变为胆汁酸叫作初级胆汁酸。胆固醇转变为初级胆汁酸的过程比较复杂，首先胆固醇在 7α- 羟化酶催化下，胆固醇转变为 7α- 羟胆固醇，然后再转变成初级游离胆汁酸，即鹅脱氧胆酸和胆酸，二者可与甘氨酸或牛磺酸结合，生成初级结合型胆汁酸。人胆汁中的胆汁酸以结合型为主。7α- 羟化酶是胆汁酸生成的限速酶。

2. 次级胆汁酸的生成　随胆汁流入肠腔的初级胆汁酸在协助脂类物质消化吸收的同时，在小肠下段及大肠受肠道细菌作用，初级结合胆汁酸水解释放出甘氨酸和牛磺酸，转变为初级游离胆汁酸，再发生 7α- 脱羟基，生成次级游离胆汁酸，即石胆酸和脱氧胆酸（鹅脱氧胆酸转变成石胆酸，胆酸转变成脱氧胆酸）。肠道中的各种胆汁（包括初级、次级、游离型与结合型）中有95%被肠壁重吸收，以回肠部对结合型胆汁酸的主动重吸收为主，其余在肠道各部被动重吸收，形成胆汁酸的肠肝循环。其余随粪便排出，正常人每日从粪便排出的胆汁酸为0.4~0.6g。

由肠道重吸收的胆汁酸（包括初级和次级胆汁酸，结合型和游离型胆汁酸）均由门静脉进入肝，在肝中游离型胆汁酸再转变成结合型胆汁酸，再随胆汁排入肠腔，此过程叫作胆汁酸的肠肝循环（图11-1）。胆汁酸肠肝循环的生理意义在于使有限的胆汁酸反复利用，促进脂类的消化与吸收。每日可以进行6~12次肠肝循环，使有限的胆汁酸能够发挥最大限度的乳化作用，以维持脂类食物消化吸收的正常进行。

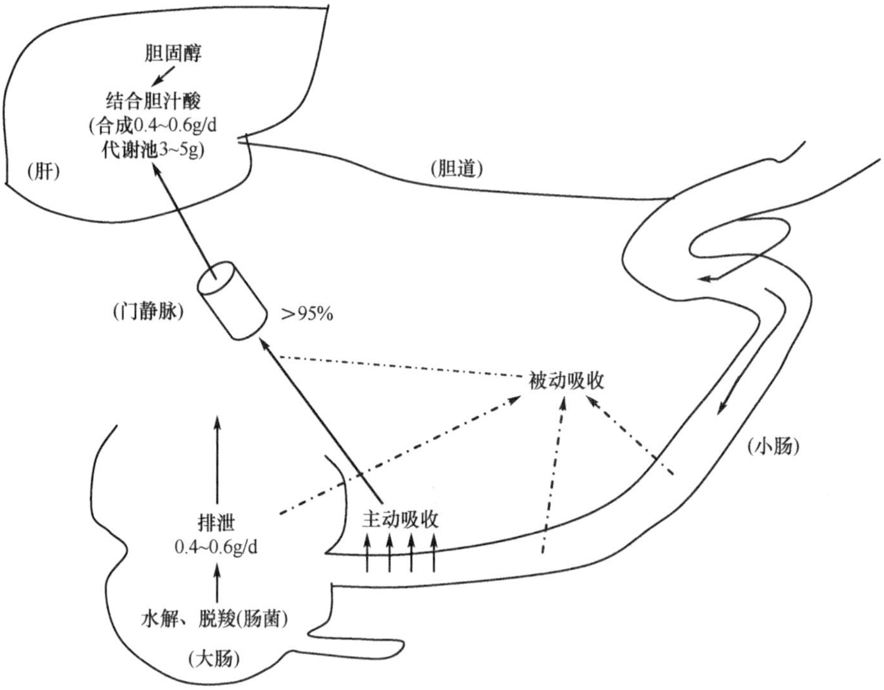

图11-1 胆汁酸的肠肝循环

三、胆汁酸的功能

（一）胆汁酸促进脂类消化吸收

胆汁酸分子内既有亲水性的羟基和羧基，又有疏水性的烃核和甲基。使胆汁酸构型上具有亲水和疏水的两个侧面，能够降低油水两相间的表面张力，这种结构让其成为较强的乳化剂，既有利于脂类乳化，又有利于脂类吸收。

（二）胆汁酸抑制胆固醇结石的形成

胆汁中的胆汁酸盐与卵磷脂可以让胆固醇分散形成可溶性微团，使之不易形成结晶沉淀。如果胆汁酸、卵磷脂和胆固醇比值降低，则可使胆固醇以结晶形式析出形成结石。

案例 11-2 分析

1. 胆汁是由肝细胞分泌的，其主要成分是胆汁酸、胆色素、胆固醇等。

2. 胆汁的生理功能：促进脂类物质的消化吸收、抑制胆固醇结石的形成。

3. 经常不吃或少吃早餐容易患胆结石。因为早晨不吃或少吃早餐，造成空腹时间过长，胆汁分泌减少，但胆固醇含量没有变化，时间长了，胆囊中胆固醇沉积，就会形成结石。

第 4 节 胆色素代谢

胆色素是含有铁卟啉的化合物在体内分解代谢后的产物，包括胆红素、胆绿素、胆素原和胆素等。在正常情况下这些化合物主要随胆汁排出体外。胆色素代谢以胆红素代谢为中心。胆红素是胆汁中的主要色素，呈橙黄色，有毒性。

一、胆色素的生成与运输

（一）胆红素的生成

人体内大部分胆红素是由衰老的红细胞在单核 - 吞噬细胞系统中被破坏、降解而来的。人每天可以产生 250~350mg 胆红素，其中 70% 以上来自衰老红细胞破坏释放的血红蛋白；其他主要来自含铁卟啉类如细胞色素 P_{450}、细胞色素 b_5 过氧化物酶、过氧化氢酶等的分解代谢。

体内红细胞不断更新，衰老的红细胞被破坏释放出血红蛋白，血红蛋白被分解为珠蛋白和血红素。血红素在微粒体中血红素加氧酶催化下，生成胆绿素。胆绿素进一步在细胞液中胆绿素还原酶（辅酶为 NADPH）的催化下，迅速被还原为胆红素。这时的胆红素呈现亲脂、疏水的特性，具有毒性。

链接

新生儿黄疸

新生儿黄疸是指新生儿时期，由于胆红素代谢异常引起血中胆红素水平升高，出现皮肤、黏膜及巩膜黄染为特征的疾病。本病有生理性和病理性两种。婴儿在出生 7 周后 Y 蛋白才达到正常成人水平，故易产生生理性黄疸，在出生后 2~3 天出现，4~6 天达到高峰，7~10 天消退。生理性黄疸除了有轻微性食欲不振外，无其他临床症状。苯巴比妥可以诱导 Y 蛋白的合成，临床上可以用苯巴比妥治疗新生儿生理性黄疸。若出生 24 小时即出现黄疸，2~3 周仍不退，甚至继续加重加深或者消退后重复出现或者出生后一周至数周内才出现黄疸，均为病理性黄疸。病理性黄疸持续时间长，危害大，婴儿表现为食欲差、尖叫甚至四肢抽搐，严重时造成呼吸衰竭而死亡。

（二）胆红素在血液中的运输

生成的胆红素难溶于水，自由透过细胞膜进入血液，在血液中主要与血浆清蛋白结合成胆红素 - 清蛋白复合物进行运输。这种结合增加了胆红素在血浆中的水溶性，便于运输；同时又限制了胆红素自由透过各种生物膜，使其不致对组织细胞产生毒性作用。正常人血浆胆红素浓度仅为 3.4~17.1μmol/L，所以正常情况下，血浆中的清蛋白足以结合全部胆红素。但有些化合物（磺胺类药物、抗炎药及镇痛药等）可同胆红素竞争与清蛋白结合，从而使胆红素游离出来，过多的游离胆红素干扰脑的正常功能，可以引起核黄疸（胆红素脑病）。

二、胆红素在肝中的代谢

（一）游离胆红素被肝细胞摄取

血中胆红素以“胆红素 - 清蛋白”的形式输送到肝脏，很快被肝细胞摄取。肝细胞摄取血中胆红素的能力非常强。肝细胞内有两种载体蛋白质（Y 蛋白和 Z 蛋白），两者均可与胆红素结合。这种结合使胆红素不能返流入血，从而使血胆红素不断的被摄入肝细胞内。胆红素与载体蛋白结合后，以“胆红素 -Y 蛋白”（胆红素 -Z 蛋白）形式运至内质网。

（二）胆红素在滑面内质网结合葡萄糖醛酸生成水溶性胆红素

肝细胞滑面内质网中有胆红素 - 尿苷二磷酸葡萄糖醛酸转移酶，可催化胆红素与葡萄糖醛酸以酯键结合，生成胆红素葡萄糖酸酯。在人胆汁中的结合胆红素主要是胆红素葡萄糖醛酸二酯（70%~80%），其次为胆红素葡萄糖醛酸酯（20%~30%）。胆红素经上述转化后叫作结合胆红素，其水溶性增强，与血浆清蛋白亲和力减小，容易从胆道排出，也容易透过肾小球随尿排出，但不易通过细胞膜和血 - 脑屏障，因此，不会造成组织中毒，是胆红素解毒的主要方式。与结合胆红素相比，在单核吞噬细胞系统内生成的及在血液中与清蛋白结合而运输的胆红素，没有与葡萄糖醛酸进行结合，叫作未结合胆红素。结合胆红素与未结合胆红素性质的比较（表 11-1）。

表 11-1　未结合胆红素与结合胆红素的性质比较

性质	未结合胆红素	结合胆红素
常用名称	游离胆红素	脂型胆红素
	间接胆经素	直接胆红素
	血胆红素	肝胆红素
溶解性	脂溶性	水溶性
与重氮试剂反应	缓慢、间接反应	迅速、直接反应
与葡萄糖醛酸结合	未结合	结合
经肾脏随尿排出	不能	能
透过细胞膜的能力	大	小
对脑的毒性作用	大	小

三、胆色素在肠道中的变化与胆色素的肠肝循环

（一）胆色素在肠道中的变化

结合胆红素随胆汁排入肠道后，自回肠下段至结肠，在肠道细菌作用下，由 β- 葡萄糖醛酸酶催化水解脱去葡萄糖醛酸，再逐步还原成为无色的胆素原，即中胆素原、粪胆素原和尿胆素原。粪胆素原在肠道下段接触空气氧化为黄褐色的粪胆素，是正常粪便中的主要色素。正常人每日从粪便中排出胆素原 40~280mg。

（二）胆色素的肠肝循环

在正常情况下，肠道中有 10%~20% 的胆素原可被重吸收入血，经门静脉入肝。其中

大部分（约 90%）由肝摄取并以胆素原经胆道排入肠道，叫作胆色素的肠肝循环。在这个过程中，少量（10%）胆素原可以进入体循环，通过肾小球滤出，经尿排出，即为尿胆素原。正常成人每天从尿排出的尿胆素原 0.5~4.0mg，尿胆素原与空气接触被氧化成尿胆素，是尿液中的主要色素。尿胆素原、尿胆素及尿胆红素临床上称为尿三胆。胆红素的生成及转变过程（图 11-2）。

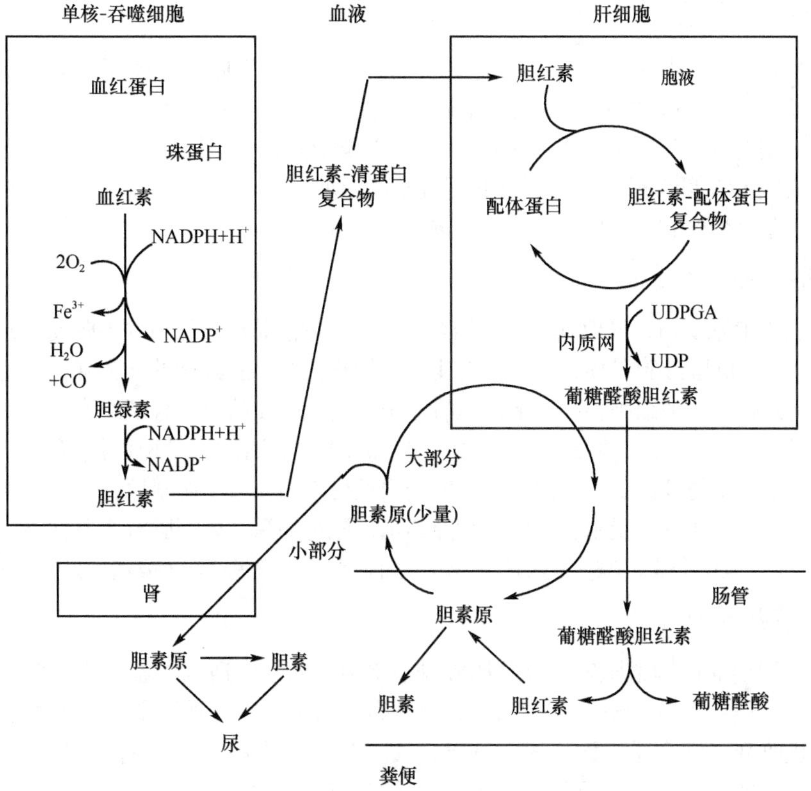

图 11-2　胆色素的生成和转变过程

四、血清胆红素与黄疸

案例 11-3

患者，女，42 岁，因上腹痛，皮肤发黄、瘙痒 2 个月，加重 1 周住院。体格检查：消瘦，皮肤、巩膜中度黄染，腹软，上腹压痛（+）。B 超：胰管扩张，胰头增大。胆囊肿大，胆总管肝内胆管扩张，剖腹探查及病理切片证实为发生在胰头部的胰腺癌。根据其病因确定为阻塞性黄疸。

问题：患者血、尿、粪的生化指标会如何改变？

考点：黄疸的概念

正常人血清中总胆红素含量很少，一般小于 17.1μmol/L（10mg/L），其中 4/5 是未结合胆红素，其余是结合胆红素。正常情况下，肝脏清除胆红素的能力远远大于机体产生胆红素的能力，如果体内胆红素生成过多，或肝脏摄取、转化、排泄过程中发生障碍均可引起血清胆红素浓度升高。当人体血清胆红素浓度超过 34.2μmol/L（20mg/L）时出现巩膜、黏膜及皮肤的黄染，叫作黄疸。黄疸的程度取决于血清胆红素的浓度，当血清胆红素高于 17.1μmol/L（10mg/L）但不超过 34.2μmol/L（20mg/L）的时候，肉眼看不到组织黄染，临床上叫作隐性黄染，当血清胆红素浓度超过 34.2μmol/L（20mg/L）时，有明显的黄染现象临床上叫作显性黄疸，临床上根据黄疸发病的原因不同，可以将黄疸分为三种类型。

（一）溶血性黄疸

各种原因（如恶性疟疾、药物、输血不当）导致的红细胞大量破坏，未结合胆红素产生过多，超过肝脏的处理能力，使血中胆红素增高而造成的黄疸，叫作溶血性黄疸，其特点是：血清总胆红素升高，以未结合胆红素含量增高为主，因未结合胆红素不能由肾小球滤过，故尿中无胆红素。由于肝脏对胆红素的摄取、转化和排泄增多，从肠道排出的胆素原增多，造成粪便和尿液中胆素增多，颜色均加深。

（二）肝细胞性黄疸

由于肝脏细胞受损，导致其摄取、结合、转化、排泄胆红素能力的下降而引起的黄疸。其特点是：由于肝脏细胞受损，将未结合胆红素转化为结合胆红素的能力降低，所以血中未结合胆红素升高；肝脏细胞肿胀，毛细血管通透性增强，使部分结合胆红素反流入血，因此血中结合胆红素升高，结合胆红素可经尿排出，故尿胆红素阳性；肝脏对结合胆红素的生成及排泄均减少，粪便颜色变浅；由于肝细胞受损程度不同，尿中胆素原含量变化不定，如从胆道中吸收的胆素原排泄受阻，尿中胆素原增加，尿色加深，如肝脏有实质性损害，结合胆红素生成减少，尿中胆素原减少，尿色变浅。肝细胞性黄疸常见于各种类型的肝炎、肝肿瘤等。

（三）阻塞性黄疸

考点：三种黄疸的血液、尿液、粪便颜色的变化

各种原因引起的胆道阻塞，导致胆汁排泄受阻，胆红素逆流入血，造成血清胆红素升高而出现的黄疸。其特点是：血中总胆红素升高，以结合胆红素浓度升高为主，未结合胆红素无明显改变；结合胆红素从尿中排出，故尿中胆红素呈阳性，胆管阻塞使尿胆素原及粪胆素原合成减少，所以粪便颜色变浅甚至呈灰白色，尿色也变浅。阻塞性黄疸常见于胆管炎症、肿瘤、结石、胆道蛔虫或先天性胆道闭塞等疾病。

三种类型黄疸的指标变化见表 11-2。

表 11-2 三种黄疸的指标变化的比较

指标	正常	溶血性黄疸	肝细胞性黄疸	阻塞性黄疸
血清胆红素总量	＜ 17.1μmol/L	＞ 17.1μmol/L	＞ 17.1μmol/L	＞ 17.1μmol/L
结合胆红素			↑	↑↑
未结合胆红素		↑↑	↑	
尿三胆	−	−	+	++
尿胆红素				
尿胆素原	少量	↑	不一定	↓↓
尿胆素	少量	↑	不一定	↓↓
粪便颜色	正常	深	变浅或正常	完全阻塞时为陶土色

案例 11-3 分析

患者血中结合胆红素增高，尿胆红素阳性，尿胆素原、胆素减少，粪胆素减少，粪便呈灰白色。

第 5 节 常用肝功能实验及临床应用

目前在临床上肝脏的生化检验项目已成为一项重要的常规工作。常用的肝功能检测项目可归纳如下：

一、血浆蛋白质代谢的测定

测定血浆总蛋白、清蛋白和球蛋白的含量以及清蛋白和球蛋白的比值（A/G）可以了解肝功。严重肝功能障碍最常见的是血浆清蛋白含量降低，γ- 球蛋白升高，致使 A/G 下降，甚至倒置，血浆甲胎蛋白（AFP）的测定阳性是原发性肝脏细胞肝癌的最灵敏、最特异的指标，血氨升高可作为判断肝性脑病的生化指标。

二、血清酶活性变化的测定

测定血清丙氨酸氨基转移酶（ALT）和天冬氨酸氨基转移酶（AST）可反映肝脏细胞的损伤程度，是急性肝炎黄疸期最早出现的异常指标，可协助诊断急性肝病。γ- 谷氨酰转移酶（γ-GT）在急性肝炎时有轻度或中度升高。碱性磷酸酶（AKP）在胆道有梗阻时明显升高，急性、慢性肝炎时轻度升高。乳酸脱氢酶（LDH）对肝硬化、肝坏死等疾病具有重要的诊断价值。

三、胆色素代谢的测定

单纯测定血清总胆红素可有助于了解有无黄疸、黄疸的程度。比较结合胆红素与未结合胆红素含量的变化，有利于诊断肝细胞性黄疸。测定尿胆红素、胆素原和胆素的水平，可以反映肝处理胆红素的能力，还可鉴别黄疸的类型。

小结

一个核心：糖类、脂类、蛋白质、维生素、激素代谢均在肝脏内完成。

两相转化：非营养物质的生化生物转化经过第一相反应和第二相反应其生物活性降低或消除，使其毒性减低或消除，溶解性增大，以利于排出体外。

两个循环：一个是胆汁酸的肝肠循环，初级胆汁酸在肠道中受细菌作用生成的次级胆汁酸经肠肝循环被再利用，完成对脂类消化吸收。另一个是胆色素的肠肝循环，胆红素在血液中与清蛋白结合而运输至肝脏，在肝脏内转化为葡萄糖醛酸胆红素，在肠道细菌的作用下被还原成胆素原，部分胆素原被肠黏膜重新吸收入肝脏，大部分又被排入肠道，小部分胆素原经肾脏排出。

三种黄疸：溶血性黄疸，肝细胞性黄疸，阻塞性黄疸。

自测题

一、名词解释

1. 生物转化作用　2. 胆色素　3. 黄疸

二、填空题

1. 生物转化中第一相反应包括______、______和______三种反应。
2. 初级游离胆汁酸包括______、______，次级游离胆汁酸包括______、______，与______和______结合就是结合胆汁酸。
3. 肝脏在糖代谢过程中是通过______、______和______途径来维持血糖的相对恒定。
4. 肝脏是储存维生素______、______、______、______的主要场所。
5. 根据黄疸的产生原因不同可以将黄疸分为______、______、______三种。

三、选择题

1. 影响生物转化的因素有（　　）
   A. 性别　　B. 年龄
   C. 药物　　D. 疾病
   E. 以上都是
2. 下列哪个不属于初级胆汁酸（　　）
   A. 甘氨胆酸　　B. 牛磺胆酸
   C. 脱氧胆酸　　D. 胆酸
   E. 鹅脱氧胆酸
3. 下列哪种物质不是在肝脏合成的（　　）
   A. 酮体　　B. 尿素
   C. 尿酸　　D. 胆固醇
   E. 胆汁酸
4. 胆红素是由下列哪种物质分解产生的（　　）
   A. 胆固醇　　B. 血红蛋白
   C. 胆汁酸　　D. 脂肪酸
   E. 磷脂
5. 结合胆红素是（　　）
   A. 胆红素 - 清蛋白　　B. 胆红素 -Y 蛋白
   C. 胆红素 -Z 蛋白　　D. 葡萄糖醛酸胆红素
   E. 胆素原

四、简答题

1. 比较结合胆红素与未结合胆红素的特点。
2. 比较三种黄疸概念及血、尿、粪便的变化。

（刘保东）

12

第十二章　水与电解质代谢

人体细胞内外的水溶液称为体液。体液分为细胞内液和细胞外液（包括组织间液与血浆）。体液由水以及溶于水中的无机盐、有机物组成的，这些通常统称为电解质。

体液构成机体的内环境。保持内环境的稳定是维持正常生命活动的必要条件。各种疾病会破坏内环境的稳定，对机体产生各种不利的影响，严重时甚至危及生命。因此，掌握水与无机盐的代谢与功能，对防治疾病有非常重要的意义。

案例 12-1

小明同学在外就餐后上吐下泻，出现了一系列脱水症状，在医院治疗期间，医生为小明开具了大量的输液处方。

问题：1. 医生为什么要给小明大量输液？

2. 输液处方中还应该具有哪些电解质？

第 1 节　体　　液

一、体液的含量与分布

体液以细胞膜为间隔，分为细胞内液和细胞外液，成年人体液约占体重的 60%，其中分布在细胞内的体液占体重 40%，是体内容量最大的体液，人体大部分生化反应都在细胞内液中进行。细胞外的体液占体重 20%，以血管为间隔又分为约占体重 15% 的组织间液和约占体重 5% 的血浆，它们是细胞生存的内环境。

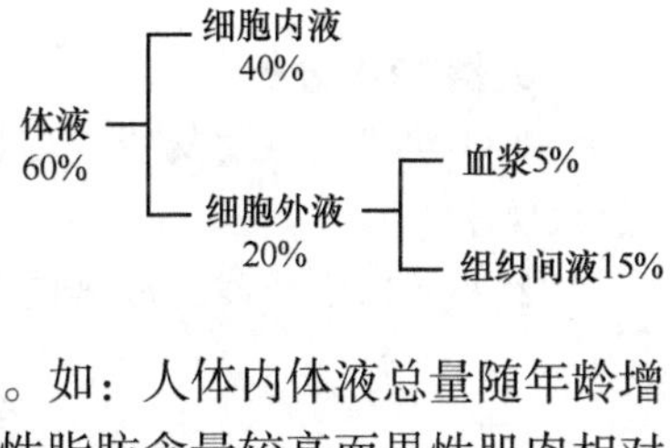

考点：细胞内外液含量。

体液的含量分布因年龄、性别和体型不同有很大差异。如：人体内体液总量随年龄增长而减少，由于肌肉的含水量高于脂肪，一般情况下，女性脂肪含量较高而男性肌肉相对发达，故男性含水量多于女性，因此不同人群对缺水的耐受存在差异性。

二、体液电解质的含量及分布特点

（一）体液电解质的含量

体液电解质常按含量分为主要电解质和微量元素两类，前者主要包括 K^+、Na^+、Ca^{2+}、Mg^{2+}、Cl^-、HCO_3^-、HPO_4^{2-}、有机酸根和蛋白质阴离子等，后者含量较少，主要有铁、铜、锌、硒、碘、钴、锰、钼、氟、硅等。

（二）体液电解质分布的特点

1. 体液电解质中，无论细胞外液或细胞内液阴、阳离子总量相等而呈电中性（表 12-1）。

2. 细胞内、外液中各种电解质的含量差异很大。细胞外液的阳离子以 Na^+ 为主，阴离子以 Cl^- 和 HCO_3^- 为主；细胞内液的阳离子以 K^+ 为主，阴离子以 HPO_4^{2-} 和蛋白质阴离子为主。

3. 细胞内液的电解质总量较细胞外液高，但细胞内液与细胞外液的渗透压基本相等。这是因为细胞内液含大分子蛋白质和二价离子较多，而这些电解质产生的渗透压较小。

4. 血浆与组织间液二者的电解质组成及含量比较接近，但血浆中蛋白质的含量远远大于组织间液，这种差别有利于血浆与组织间液之间水的交换。

考点： 细胞内外液的主要电解质阴、阳离子。

表 12-1　体液中电解质的分布与含量

电解质		血浆		细胞间液		细胞内液	
		离子（mmol/L）	电荷（mmol/L）	离子（mmol/L）	电荷（mmol/L）	离子（mmol/L）	电荷（mmol/L）
阳离子	Na^+	145	145	139	139	10	10
	K^+	4.5	4.5	4	4	158	158
	Mg^{2+}	0.8	1.6	0.5	1	15.5	31
	Ca^{2+}	2.5	5	2	4	3	6
	合计	152.3	156	145.5	148	186.5	205
阴离子	Cl^-	103	103	112	112	1	1
	HCO_3^-	27	27	25	25	10	10
	HPO_4^{2-}	1	2	1	2	12	24
	SO_4^{2-}	0.5	1	0.5	1	9.5	19
	蛋白质	2.25	18	0.25	2	8.1	65
	有机酸	5	5	6	6	16	16
	有机磷酸	—	—	—	—	23.3	70
	合计	138.75	156	144.75	148	79.9	205

案例 12-1 分析

1. 小明患急性胃肠炎，因剧烈腹泻和呕吐丢失了大量体液，故需要大量输液以纠正脱水现象。

2. 小明因呕吐和腹泻，造成消化液中的 K^+ 和 Na^+ 大量丢失，所以还应补钾、补钠。

第 2 节　水 代 谢

案例 12-2

水是生命之源。沙漠中的人常因找不到水而死亡。

问题：1. 水对人类为什么如此重要？

2. 正常成人一天的进水量是多少呢？

一、水的生理功能

1. 参与和促进物质代谢 水是体内的良好溶剂，能使物质溶解，促进化学反应的发生；水分子还直接参与体内物质代谢反应，在代谢过程中起着重要作用。

2. 调节体温 水的比热大，1g 水从 15℃升至 16℃时，需吸收 4.2J（1cal）热量，比等量固体或其他液体所需的热量多，水能吸收或释放较多的热量而本身的温度却无明显升降，从而使体温不致因机体产热或外界温度的变化而剧变。水的蒸发热大，1g 水在 37℃时，完全蒸发需吸收 2415J（575cal）热量，故蒸发少量汗液就能散发大量热量，这在高温环境时尤为重要。水的流动性大，导热性强，循环血液能使代谢产生的热在体内迅速均匀分布并通过体表散发。

3. 润滑作用 唾液有利于食物吞咽及咽部湿润，泪液能防止眼球干燥，关节滑液有助于关节活动，胸腔与腹腔浆液、呼吸道与胃肠道黏液都有良好的润滑作用。

4. 维持组织的形态与功能 结合水是指与蛋白质、核酸和蛋白多糖等物质结合而存在的水。它与自由状态的水不同，无流动性，因而对保持组织、器官的形态、硬度和弹性起到一定的作用。如心肌含水量约为 79%，血液含水量为 83%，但由于心肌主要含的是结合水，故能维持一定的形态；而血液中主要含的是自由水，故能循环流动。

二、水的摄入与排出

（一）水的来源

1. 饮水 包括饮料，饮水量随个人习惯、气候条件和劳动强度的不同而有较大差别。成人一般每天饮水约 1300ml。

2. 食物 各种食物含水量各不相同，成人每天随食物摄入的水量约 1000ml。

3. 代谢水 指糖、脂肪和蛋白质等营养物质在氧化过程中生成的水，称为代谢水（或内生水）。成人每天体内生成的代谢水约 300ml。

正常成人每日水的出入量见表 12-2。

表 12-2 正常成人每日水的出入量

摄入量（ml）		排出量（ml）	
饮水	1300	尿量	1500
食物含水	900	呼吸排出	350
代谢水	300	皮肤蒸发	500
		粪便	150
合计	2500	合计	2500

（二）水的排出

1. 呼吸蒸发 肺呼吸时可以以水蒸气形式排出水，成人每天由此蒸发的水约 350ml。肺排水量的变化取决于呼吸的深度和频率，如高热时呼吸加深、加快，排水量增多。

2. 皮肤蒸发 皮肤排水有两种方式：①非显性出汗。即体表水分的蒸发。成人每天由此蒸发水约 500ml，因其中电解质含量甚微，故可将其视为纯水。②显性出汗。为皮肤汗腺活动分泌的汗液，出汗量与环境温度、湿度及活动强度有关。汗液是低渗溶液，故高温考点：人体每天正常的水出入量；正常尿量、最低尿量、少尿。

作业或强体力劳动大量出汗后，除失水外也有 Na^+、K^+、Cl^- 等电解质的丢失，此时在补充水分的基础上还应注意电解质的补充。

3. 粪便排出 成人每日有 8000ml 左右的消化液进入消化道，内含多种电解质，大多数水分及电解质被重吸收，由粪便排出仅 150ml。

4. 肾排出 正常成人每天尿量约为 1500ml，但尿量受饮水量和其他途径排水量的影响较大。成人每天约由尿排出至少 35g 左右的固体代谢废物，每 1g 固体溶质至少需要 15ml 水才能使之溶解，故成人每天至少须排尿 500ml 才能将代谢废物排尽，因此 500ml 称为最低尿量。尿量少于 500ml 时称为少尿，尿量少于 100ml 时称为无尿，此时代谢废物将潴留在体内，造成尿毒症。

由此可知，正常成人每天水的摄入和排出保持动态平衡，大约为 2500ml。但当机体完全不能进水时，人体每天仍会丢失 1500ml 水（最低尿量 500ml，非显性出汗 500ml，肺呼出 350ml，粪便排出 150ml）。这是人体每天必然丢失的水量，也称为最低生理需水量。

（三）水的动态平衡

正常成人每日从尿中排出代谢废物约 35g，尿中最大浓度为 6%～8%，故每天至少排出 500ml 尿液，才能将体内的代谢废物完全排出，加上皮肤和呼吸蒸发的 1000ml 水分，每天至少需要 1500ml 水才能维持水平衡。因此，对于禁食的患者，每日最低补液量应为 1500ml，再根据额外丢失的情况，酌情增加补液量。

案例 12-2 分析

1. 没有水就没有生命，由此可见水对人类生存的重要性。水的生理功能包括参与和促进物质代谢、调节体温、润滑作用、维持组织的形态与功能等。

2. 正常成人饮水量一天为 1300ml。禁食的患者，每日最低补液量应为 1500ml，再根据额外丢失的情况，酌情增加补液量。正常人的饮水量要根据气温、身体状态、活动量等各方面的情况进行调整。适当多饮水有利健康。

第 3 节　无机盐代谢

一、无机盐的生理功能

（一）维持体液渗透压和酸碱平衡

无机盐在体内以解离状态存在，其中 Na^+、Cl^- 是维持细胞外液渗透压的主要离子；K^+、HPO_4^{2-} 是维持细胞内液渗透压的主要离子。所以适当含量的离子对保持组织与体液间的渗透压平衡有调节作用，并有保持细胞和各组织的正常结构和容量的作用。生理盐水就是根据血浆中各种无机盐离子浓度比例和渗透压等生理要求配制的。有些无机盐如 $NaHCO_3$、NaH_2PO_4、Na_2HPO_4 等本身就是缓冲剂，因而有调节和维持体内酸碱平衡的作用。

（二）维持细胞正常的新陈代谢

1. 维持或影响酶的活性 有些无机离子是酶的辅助因子或是辅基的组成部分。如磷酸化酶和各种磷酸激酶需要 Mg^{2+}，碳酸酐酶需要 Zn^{2+}，细胞色素氧化酶需要 Fe^{2+} 和 Cu^{2+} 等无机离子。此外，有些无机离子是一些酶的激活剂或抑制剂。如 Cl^- 和 K^+ 分别是唾液淀粉酶和果糖磷酸激酶的激活剂，而 Na^+ 和 Ca^{2+}、Mg^{2+} 分别是丙酮酸激酶和醛缩酶的抑制剂。

2. 构成体内有特殊功能的化合物 如血红蛋白和细胞色素中的铁、维生素 B_{12} 中的钴、甲状腺素中的碘、磷脂和核酸中的磷等。

（三）构成组织细胞成分

1. 所有组织细胞中都有电解质成分，例如钙、磷、镁是骨骼、牙齿组织中的主要成分。

2. 构成体内有特殊功能的化合物，如血红蛋白和细胞色素中的铁、维生素 B_{12} 中的钴、甲状腺素中的碘、磷脂和核酸中的磷等。

（四）维持神经肌肉的应激性

神经、肌肉的应激性和兴奋性与环境中的一些离子浓度有关：

$$\text{神经、肌肉应激性} \propto \frac{[Na^+]+[K^+]}{[Ca^{2+}]+[Mg^{2+}]+[H^+]}$$

考点：无机盐的生理功能

上式中 Na^+、K^+ 的离子浓度增高时，神经肌肉的应激性增强；Ca^{2+}、Mg^{2+}、H^+ 的离子浓度增高时，应激性就降低。神经肌肉的正常兴奋性即依赖这些离子的相互作用来维持。

（五）维持心肌的应激性

Ca^{2+} 和 K^+ 对心肌的应激性的影响与对神经、肌肉的应激性相反，其关系如下：

$$\text{肌肉应激性} \propto \frac{[Na^+]+[Ca^{2+}]+[OH^-]}{[K^+]+[Mg^{2+}]+[H^+]}$$

高血钾症时，由于 K^+ 对心肌有抑制作用，则可使心舒张期延长，心率减慢，严重时可使心肌停止于舒张期。低血钾症时，常出现心律失常，严重时可使心跳停止于收缩期。

二、钠、氯代谢

考点：肾对钠的排泄特点

1. 含量与分布　人体内钠含量为 40 ～ 50mmol(0.9 ～ 1.1g) / kg 体重。其中约 40%结合于骨骼的基质，约 50%存在于细胞外液，约 10%存在于细胞内液。血清钠浓度平均为 142mmol/L。氯主要存在于细胞外液，血清氯浓度平均为 103mmol/L。

2. 吸收与排泄　人体的钠与氯主要来自食盐 (NaCl)，成人每天食盐的需要量约为 6g，其摄入量因个人饮食习惯不同而差别很大。低盐饮食 NaCl 每天的摄入量也不应少于 0.5 ～ 1.0g，NaCl 几乎全部被消化道吸收。

Na^+、Cl^- 主要经肾随尿排出。肾对 Na^+ 排出有很强的调控能力，肾对钠的排泄特点：多吃多排、少吃少排、不吃不排。如果数天或数十天摄入无盐饮食，则尿钠排出量几乎近于零。此外，汗液和粪便亦可排出极少量的 Na^+、Cl^-，但如大量出汗或腹泻，丢失的 Na^+、Cl^- 也相当可观。

三、钾代谢

（一）含量与分布

人体内钾的含量约为 45mmol（2g / kg 体重）。其中约 98%分布于细胞内，约 2%存在于细胞外液。血清钾浓度为 3.5 ～ 5.5mmol/L，细胞内液钾浓度为 150mmol/L。红细胞内钾远远高于血清钾浓度，因此，测定血钾时一定要防止溶血。而且平衡速度较慢，静脉补钾约需 15 小时才能使细胞内外的钾达到平衡，心脏病患者需 45 小时左右才能达到平衡。因此，临床上在缺钾症的补钾治疗过程中，严禁静脉推注而尽量选择口服或静脉滴注，要坚持四不宜原则：补钾液体浓度不可过高，量不宜过多，不宜过快或过早，见尿补钾。

K^+、Na^+ 在细胞内、外分布极不均匀，主要是由于细胞膜上钠泵的作用。此外，还受物质代谢和酸碱平衡等的影响。

（二）钾代谢与物质代谢和酸碱平衡的关系

1. 当糖原合成、蛋白质合成时，钾从细胞外进入细胞内；反之糖原分解，蛋白质分解时钾由细胞内释放到细胞外。因此，在组织生长旺盛和创伤修复期或静脉输注葡萄糖溶液和胰岛素时，由于蛋白质或糖原合成加强，钾进入细胞内，导致血钾降低，所以应当注意适量补钾。严重创伤，感染、缺氧、大面积烧伤等情况下，蛋白质分解代谢增强，细胞内的钾释放到细胞外，导致高钾血症。

考点：肾对钾的排泄特点

酸中毒时，细胞外的 H^+ 浓度增高，部分 H^+ 与细胞内的 K^+ 进行交换，同时肾小管上皮细胞泌 H^+ 作用增强，泌 K^+ 作用减弱，可引起高血钾；碱中毒时，细胞内的 H^+ 与细胞外的 K^+ 进行交换，同时肾小管上皮细胞泌 H^+ 作用减弱，泌 K^+ 作用增强，可引起低钾血症。

2. 吸收与排泄 成人每天钾的需要量为 2 ～ 3g。体内钾主要来自食物，蔬菜和肉类均含有丰富的钾，故一般食物即可满足钾的生理需要。钾 90%被消化道吸收，未被吸收部分随粪便排出体外。

80%～ 90%的钾经肾由尿排出，肾对钾的排泄特点是：多吃多排，少吃少排，不吃也排。禁食或大量输液者常常出现缺钾现象，此时应注意适当补钾。约 10%的钾由粪便排出，严重腹泻时粪便中钾的丢失量可达正常时的 10 ～ 20 倍之多，故应注意钾的补充。此外，汗液也可排出少量钾。

四、钙、磷代谢

（一）体内钙、磷的含量、分布与功能

钙和磷是人体含量最丰富的无机元素。正常成人体内钙总量为 700 ～ 1400g，磷总量为 400 ～ 800g。其中 99%以上的钙和 85%以上的磷以羟磷灰石的形式构成骨盐，存在于骨、牙齿中；其余则以溶解状态分布于体液和软组织中（表 12-3）。

血液中的钙、磷含量很少，但它既可反映骨质代谢状况，又能反映肠道、肾对钙、磷的吸收和排泄状况。

表 12-3 体内钙、磷的分布

部位	钙		磷	
	含量（g）	占总钙的（%）	含量（g）	占总磷的（%）
骨、牙	1200	99.3	600	85.7
细胞内液	6	0.6	100	14
细胞外液	1	0.1	6.2	0.3

（二）钙的吸收与排泄

1. 钙的吸收 由于机体的生长发育阶段不同，正常成人每日钙的需要量为 0.6~1.0g，儿童、孕妇及乳母需要量增加，每日需钙为 1.0~1.6g。对钙的需要量和吸收量随年龄和生理状态的不同有较大差异。易导致钙缺乏症。

十二指肠和空肠上段为钙最有效的吸收部位。钙的吸收率一般为 25%～ 40%，当体内缺钙或钙需要量增加时，吸收率可随之增加。钙吸收受多种因素影响：

(1) 活性维生素 D_3(1，25-$(OH)_2$-D_3) 是影响钙吸收的最重要因素。

(2) 降低肠道 pH 值能促进钙的吸收。

⑶ 食物成分如过多的草酸、植酸、脂肪酸、碱性磷酸盐等可与钙形成难溶性钙盐，阻碍钙的吸收；镁盐过多也可抑制钙的吸收。

⑷ 钙吸收与年龄呈反比，年龄越大，吸收率越低。

2. 钙的排泄　人体每天摄入的钙，约有 80%从粪便排出、20%从肾排出。肠道排出的钙主要为食物中未被吸收和消化液中未被重吸收的钙。肾排钙比较恒定，不受食物钙含量的影响，但随血钙水平升降而增减。

链接

含钙丰富的食物家族有：

1. 牛奶　半斤牛奶，含钙 300mg，而且牛奶中的钙质人体更易吸取，牛奶应该作为日常补钙的主要食品。

2. 海带和虾皮　海带和虾皮是高钙海产品。

3. 豆制品　大豆是高蛋白食物，含钙量也很高。

4. 动物骨头　动物骨头里 80% 以上都是钙，但是不溶于水，难以吸收。

5. 蔬菜　如雪里蕻、小白菜、油菜等。

（三）磷的吸收与排泄

磷在食物中分布很广，可随钙一同吸收，且能在体内保存，不易缺乏。其每天需要量为 1 ～ 1.5g。磷的吸收部位及其影响因素与钙大致相同，食物中的 Ca^{2+}、Fe^{2+} 和 Mg^{2+} 过多时，易与磷酸根结合成不溶性的盐而影响其吸收。

体内的磷 60%～ 80%由尿排出；其余由粪便排出。故肾功能不全时可引起血浆无机磷升高，使磷与血浆钙结合而在组织中沉积，从而导致某些软组织发生异位钙化。

（四）血钙、血磷

1. 血钙　由于血液中的钙几乎全部存在于血浆中，所以血钙主要指血浆钙（临床上一般采用血清标本来进行测定）。血钙水平仅在极小范围内波动，正常人血钙浓度：成人为 2.25 ～ 2.75mmol/L。

考点：血钙、血磷

血钙主要以离子钙和结合钙两种形式存在，各约占 50%。结合钙绝大部分与血浆蛋白质（主要是清蛋白）结合，小部分与柠檬酸等结合为柠檬酸钙等。由于血浆蛋白结合钙不能透过毛细血管壁，故称为非扩散钙；离子钙和柠檬酸钙等可以透过毛细血管壁，则称为可扩散钙。血浆蛋白结合钙与离子钙之间处于一种动态平衡，此平衡受血液 pH 的影响。

$$\text{蛋白质结合钙} \underset{(HCO_3^-)}{\overset{(H^+)}{\rightleftharpoons}} Ca^{2+} + \text{蛋白质}$$

当血液〔H^+〕增高（即 pH 下降），如尿毒症合并代谢性酸中毒的患者，Ca^{2+} 浓度升高；当血液〔H^+〕降低（即 pH 升高），如碱中毒患者，Ca^{2+} 浓度则会下降，严重时可出现低血钙引起的抽搐现象。

2. 血磷　血磷实际上是指血浆中的无机磷，以 HPO_4^{2-} 和 $H_2PO_4^-$ 两种形式存在，前者占 80%，后者占 20%。由于磷酸根不易测定，所以通常以无机磷表示。正常人血磷浓度：成人为 0.96 ～ 1.62mmol/L。

血钙和血磷浓度保持一定的数量关系。当血钙和血磷浓度以“mg/dl”表示时，正常人 [Ca]×[P]=35 ～ 40，当两者乘积大于 40 时，钙、磷以骨盐的形式沉积于骨组织中；若乘积小于 35 时，则会影响骨组织的钙化和成骨作用，甚至会发生骨盐再溶解而产生佝偻病或软骨病。

（五）钙、磷代谢的调节

1. 甲状旁腺素 甲状旁腺素（PTH）是由甲状旁腺主细胞所分泌的一种由 84 个氨基酸残基组成的肽类激素。对钙、磷代谢的调节是通过其靶器官肾、骨来实现的，对小肠则间接通过维生素 D 发挥作用。

其主要生理作用是：①促进肾远曲小管重吸收钙，抑制肾近曲小管重吸收磷，促使血钙增高、血磷降低；②促进骨盐溶解（即溶骨），对肾、骨组织的作用均通过 cAMP 来实现的；③激活肾 1-α- 羟化酶活性，使 1，25-$(OH)_2$-D_3 合成增加间接促进小肠吸收钙、磷。PTH 总的作用是：血钙浓度增加，血磷浓度降低。

2. 降钙素 降钙素（CT）是由甲状腺滤泡旁细胞合成和分泌的一种含 32 个氨基酸残基的肽类激素，靶器官为骨、肾，有降低血钙和血磷作用。

其主要生理作用是：①在骨、肾组织中对抗 PTH，起着降低血钙、血磷的作用；②抑制肾小管对钙、磷的重吸收，使尿钙、尿磷的排出增加；③抑制肾 1-α- 羟化酶活性，使 1，25-$(OH)_2$-D_3 合成减少，从而间接抑制肠道对钙、磷的吸收。

3. 1，25– 二羟维生素 D_3 1，25-$(OH)_2$-D_3 是维生素 D 的活性形式。

其主要生理作用是：①促进小肠对钙、磷的吸收；②促进肾小管对钙、磷的重吸收；③促进骨代谢（促进溶骨与成骨作用）；④维持血钙、血磷水平和骨组织的正常钙化。总之，1，25-$(OH)_2$-D_3 的作用主要是促进肠中钙、磷的吸收，使血钙、血磷浓度均增加，为新骨钙化提供所需的钙和磷，促进了成骨作用。

钙磷代谢的激素调节见表 12-4。

表 12-4 钙磷代谢的激素调节

调节因素	成骨	溶骨	肠钙吸收	血钙	血磷	肾排钙	肾排磷
1，25-$(OH)_2$-D_3	↑	↑	↑↑	↑	↑	↓	↓
PTH	↓	↑↑	↑	↑	↑	↓	↑
CT	↑	↓	↓（生理剂量）	↓	↑	↑	↑

五、微量元素代谢

占人体总重量的万分之一以下的元素称为微量元素，如铁、锌、铜、锰、铬、硒、钼、钴、氟等。

铁代谢

1. 来源 人体铁的来源有二：一是食物中的铁；二是体内 Hb 分解释放出来的铁。后者的 80% 用于重新合成 Hb，20% 以铁蛋白等形式储存备用。

(1) 含量与分布：人体含铁总量为 40mmol（3 ～ 5g），或 50mg/kg 体重，女性略低于男性。铁在体内分布很广，其中血红蛋白铁占 65%，肌红蛋白铁占 10%，各种酶类含铁约占 1%，其余 25% 左右以铁蛋白、含铁血黄素和未知铁化合物等形式存于肝、脾、骨髓、肌肉和肠粘膜等器官中，在血浆中运输的铁仅占 0.1% 左右。

(2) 吸收与运输：铁主要在十二指肠和空场上段吸收，并受很多因素的影响。在肠腔 pH 条件下，Fe^{2+} 比 Fe^{3+} 溶解度大，易吸收，而食物中铁多以 Fe^{3+} 形式存在，故胃酸、维生素 C、半胱氨酸和谷胱甘肽等还原性物质能将 Fe^{3+} 还原为 Fe^{2+}，从而促进铁的吸收；某些氨基酸、柠檬酸、苹果酸和胆汁酸等可与铁结合成可溶性的螯合物，有利于铁的吸收；植酸、草酸和鞣酸等可与铁形成不溶性铁盐而阻碍铁吸收；此外，小肠黏膜细胞中存在与铁结合的特异受体，能根据需要控制铁的摄取，当铁在体内储存增多时则吸收减少，反之，储存铁不足时则增加铁的吸收，另外造血速度快，铁吸收增加，如献完血后就是如此。

从肠道吸收入血的 Fe^{2+} 在血浆铜蓝蛋白催化下被氧化生成 Fe^{3+}，然后再与血浆运铁蛋白结合而运输。运铁蛋白是一种结合三价铁的糖蛋白，有两条多肽链构成，每条多肽链有一个结合铁的位点。

(3) 储存与排泄：铁蛋白是铁储存的主要形式，大部分存在于肝、脾、骨髓和骨胳肌，其次在肠粘膜上皮细胞；铁在铁蛋白中以 Fe^{3+} 形式存在，在出血或其他需要铁的情况下，储存铁可以释放，参与造血及其他含铁化合物的合成。含铁血黄素内的铁也可利用，但不如铁蛋白内的铁易于动员，且含铁总量低于铁蛋白。

正常情况下，铁的吸收和排泄保持动态平衡。成年男性排铁量为 0.5 ～ 1.0mg/d，主要随胃肠道粘膜细胞脱落从粪便排出，少部分从泌尿生殖道和皮肤脱落的上皮中排出，生育期女性铁的排出较多，平均排出量约为 2mg/d。

(4) 生理功能：作为血红蛋白、肌红蛋白、细胞色素的组成成分，参与体内氧和二氧化碳的运输，组成呼吸链参与氧化磷酸化作用。此外铁还是过氧化氢酶等的辅助因子。

成人缺铁可导致贫血、未成年人缺铁可导致生长发育迟缓，免疫功能降低，而出现易感染、易疲劳等症状。据流行病学调查表明，我国 3 岁以下儿童为缺铁性贫血的高发人群，其发病率为 11% ～ 22%，农村为 16% ～ 29%；成年男性在城乡均为 10% 左右，女性显著高于男性，而城市女性约为男性的两倍。

由于误服过量铁制剂等可引起体内铁过多，可出现急性胃肠刺激症状及呕吐、黑色粪便等。慢性铁过多可出现肤色变深，甚至肝硬化等。

其他微量元素的主要生理功能见表 12-5。

表 12-5　几种微量元素的主要生理功能

微量元素	主要生理功能
氟	在形成骨髓组织、牙釉质等方面有重要作用。
碘	缺乏时可引起甲状腺肿，严重缺乏时可影响生长发育。
硒	缺乏时可能使心脏、关节等产生病变。
铁	为血红蛋白中氧的携带者，也是很多种酶的活性成分，缺乏时引起贫血
铜	为各种金属酶的成分，参与造血过程，缺乏时可引起低色素小细胞性贫血
钴	对血红蛋白的合成、红细胞的发育成熟均有重要作用，是组成 $VitB_{12}$ 分子的成分。
锌	具有促进生长发育、改善味觉等的作用。儿童缺乏可见体瘦、发育迟缓等

小结

细胞外液的阳离子以 Na^+ 为主，阴离子以 Cl^- 和 HCO_3^- 为主；细胞内液的阳离子以 K^+ 为主，阴离子以 HPO_4^{2-} 和蛋白质负离子为主。

水的生理功能：参与和促进物质代谢、调节体温、润滑作用。水的来源：饮水、食物、代谢水。水的排出：呼吸蒸发、皮肤蒸发、粪便排出、肾排出。

无机盐的生理功能：维持体液渗透压和酸碱平衡、参与新陈代谢、维持神经肌肉的应激性。肾对钠的排泄特点：多吃多排、少吃少排、不吃不排。肾对钾的排泄特点是：多吃多排，少吃少排，不吃也排。血钙主要以离子钙和结合钙两种形式存在，正常人 $[Ca]\times[P]=35\sim40$，当两者乘积大于 40 时，钙、磷以骨盐的形式沉积于骨组织中；若乘积小于 35 时，则会影响骨组织的钙化和成骨作用，甚至会发生骨盐再溶解而产生佝偻病及软骨病。

自测题

一、名词解释

1. 体液　2. 微量元素　3. 最低尿量

二、单项选择题

1. 血钙指（　　）
   A. 血浆中的总钙量　B. 血浆中的离子钙
   C. 血浆中的结合钙　D. 血浆中的磷酸钙
   E. 血浆中的碳酸钙
2. 甲状旁腺素对钙磷代谢的影响为（　　）
   A. 使血钙↑，血磷↑　B. 使血钙↑，血磷↓
   C. 使血钙↓，血磷↑　D. 使血钙↓，血磷↓
   E. 使尿钙↑，尿磷↑
3. 电解质是指（　　）
   A. 体液中的各种无机盐
   B. 细胞外液中的各种无机盐
   C. 细胞内液中的各种无机盐
   D. 一些低分子有机物以离子状态溶于体液中
   E. 体液中的各种无机盐和一些低分子有机物以离子状态溶于体液中
4. 血浆中含量最多的阳离子是（　　）
   A. Na^+　B. K^+
   C. Ca^{2+}　D. Mg^{2+}
   E. Fe^{2+}
5. 正常人保持水平衡主要通过（　　）
   A. 肾排尿量　B. 定量饮水
   C. 皮肤蒸发　D. 呼吸蒸发
   E. 粪便排出
6. 正常成人每天最低需水量约为（　　）
   A. 100ml　B. 2000ml
   C. 1500ml　D. 2500ml
   E. 500ml
7. 可使血钙升高而血磷降低的激素是（　　）
   A. 降钙素　B. 醛固酮
   C. 甲状旁腺素　D. 1，25-$(OH)_2$-D_3
   E. 甲状腺素
8. 影响肠道内钙吸收的主要因素是（　　）
   A. 肠道 pH　B. 食物含钙量
   C. 食物性质　D. 肠道内草酸盐含量
   E. 体内 1，25-$(OH)_2$-D_3 含量
9. 下列哪种是调节体内钙磷代谢的激素（　　）
   A. 胰岛素　B. 醛固酮
   C. 甲状旁腺素　D. 胰高血糖素
   E. 肾上腺素
10. 肾脏对 Na^+ 的排泄特点是（　　）
    A. 多吃多排，少吃少排，不吃不排
    B. 多吃多排，少吃少排，不吃也排
    C. 多吃少排，少吃少排，不吃不排
    D. 多吃少排，少吃少排，不吃也排
    E. 多吃多排，少吃多排，不吃不排
11. 肾脏对 K^+ 的排泄特点是（　　）
    A. 多吃多排，少吃少排，不吃不排
    B. 多吃多排，少吃少排，不吃也排
    C. 多吃少排，少吃少排，不吃不排
    D. 多吃少排，少吃少排，不吃也排
    E. 多吃多排，少吃多排，不吃不排
12. 1，25-$(OH)_2$-D_3 的生理功能不包括（　　）
    A. 促进小肠对钙、磷的吸收
    B. 促进肾小管对钙、磷的重吸收
    C. 促进骨代谢
    D. 维持血钙、血磷水平和骨组织的正常钙化
    E. 促进上皮组织角化增生
13. 体内水的去路不包括（　　）
    A. 呼吸蒸发　B. 皮肤蒸发
    C. 粪便排出　D. 肾排出
    E. 呕吐排除
14. 水的生理功能不包括（　　）
    A. 参与和促进物质代谢
    B. 调节体温
    C. 润滑作用
    D. 保持组织、器官的形态、硬度和弹性
    E. 维持神经肌肉的应激性

（程燕飞）

13 第十三章 酸碱平衡

人体内各种体液必须具有适宜的酸碱度，这是维持正常生理活动的重要条件之一。正常人血液的 pH 值为 7.35 ～ 7.45。组织细胞在代谢过程中不断产生酸性和碱性物质；还有一定数量的酸性和碱性物质随食物进入体内。机体可通过一系列的调节作用，使体液 pH 值维持在恒定的范围内，这个过程称为酸碱平衡。

考点：酸碱平衡的概念

第 1 节 体内酸碱物质的来源

一、酸性物质的来源

人体内的酸性物质和碱性物质部分来自体内物质的分解代谢，部分来自食物、药物及饮料等。正常膳食情况下人体内产生的酸性物质多于碱性物质。

（一）体内物质代谢产生

1. 挥发性酸 挥发性酸即 H_2CO_3，H_2CO_3 是由糖、蛋白质、脂肪在体内彻底氧化分解的产物 CO_2 与 H_2O 结合而成。由于 H_2CO_3 在肺部可重新分解生成 CO_2 经呼吸排出体外，故称为挥发性酸。H_2CO_3 是体内产生量最多的酸性物质。正常成人每日产生 CO_2 300 ～ 400L。

2. 固定酸 物质代谢产生的酸性物质如丙酮酸、乳酸、乙酰乙酸、β- 羟丁酸、硫酸、磷酸、尿酸等都不能由肺呼出，称为固定酸。体内的酸性物质主要来源于糖、蛋白质、脂肪的分解代谢，所以富含糖、蛋白质、脂肪的谷类食物和动物性食物如大米、面粉、土豆、肉类等均属于成酸食物。

考点：挥发性酸、固定酸的概念并举例其代表物质

（二）体外摄入

机体通过饮食、药物可直接获得一些酸性物质，如醋酸、柠檬酸、阿司匹林、维生素 C 等。但这些外源性酸性物质数量较少。

二、碱性物质的来源

1. 体内物质代谢产生 体内物质代谢可产生少量的碱性物质，如氨、胺类物质、胆碱、胆胺等。

2. 体外摄入 蔬菜、水果中含有丰富的有机酸盐，如苹果酸、柠檬、草酸的钠盐或钾盐。其中的酸根离子与 H^+ 结合成有机酸后被氧化成 CO_2 与 H_2O 排出体外，剩余的 Na^+ 与 K^+ 则在血液中生成碳酸氢盐，增加了血液的碱性。所以蔬菜、水果属于成碱食物。

第2节 酸碱平衡的调节

考点：酸碱平衡的调节方式

机体对酸碱平衡的调节主要是通过血液的缓冲作用、肺的呼吸功能、肾的重吸收和排泄功能等作用协同来实现。

一、血液的缓冲作用

人体各部分体液都具有一定的自身调节作用，其中以血液的缓冲体系最为重要。无论是体内代谢产生，还是体外摄入的酸性或碱性物质，首先要经过血液的稀释并被血液的缓冲体系所缓冲，使其由较强的酸或碱转化为较弱的酸或碱。

（一）血液的缓冲体系

血液的缓冲体系由一系列相应的弱酸及其弱酸盐组成，又称为缓冲对。

1. 血浆的缓冲体系 血浆的缓冲体系含有下列缓冲对：

$$\frac{NaHCO_3}{H_2CO_3} \qquad \frac{Na_2HPO_4}{NaH_2PO_4} \qquad \frac{Na\text{-}Pr}{H\text{-}Pr}$$

其中，以 $NaHCO_3$ / H_2CO_3 缓冲对最为重要。

2. 红细胞的缓冲体系 红细胞的缓冲体系含有下列缓冲对：

考点：血浆和红细胞中各自的主要缓冲体系

$$\frac{KHCO_3}{H_2CO_3} \qquad \frac{K_2HPO_4}{KH_2PO_4} \qquad \frac{KHb}{HHb} \qquad \frac{KHbO_2}{HHbO_2}$$

（Hb：血红蛋白、HbO_2 氧合血红蛋白）

其中以血红蛋白缓冲体系最为重要。

血浆 pH 主要取决于 [$NaHCO_3$] / [H_2CO_3] 的比值。正常人血浆 $NaHCO_3$ 浓度平均为 24mmol/L，H_2CO_3 浓度平均为 1.2mmol/L，两者比值为 20/1。血浆 pH 可以通过亨德森 - 哈塞巴（Henderson-Hassalbach）方程式来计算：

$$pH = pK_a + \lg[NaHCO_3] / [H_2CO_3]$$

式中的 pK_a 是 H_2CO_3 的电离平衡常数的负对数，在 37℃时为 6.1，将此值与 [$NaHCO_3$] / [H_2CO_3] 的比值代入上式可计算出血浆的 pH：

$$pH = 6.1 + \lg 20/1 = 6.1 + 1.3 = 7.4$$

考点：血浆 pH 与 [$NaHCO_3$] /[H_2CO_3] 比值的关系

由上式可见，只要血浆中 [$NaHCO_3$] / [H_2CO_3] 的比值保持在 20/1，血液 pH 即为 7.4，因此，血液的 pH 取决于两者浓度的相对比值而不是取决于它们的绝对浓度。若一方浓度发生改变，另一方浓度也随之改变，使两者比值接近 20/1，则血浆 pH 仍保持在 7.35 ～ 7.45。所以酸碱平衡调节的实质，就在于调节 [$NaHCO_3$] / [H_2CO_3] 的比值，从而维持血浆 pH 值的相对恒定。

$NaHCO_3$ 的浓度反映代谢性 H^+ 的过量或不足，受肾的调节，称为代谢性因素；H_2CO_3 的浓度反映呼吸性的 H^+ 过量或不足，受呼吸的调节，称为呼吸性因素。

（二）血液缓冲体系的缓冲作用

1. 对固定酸的缓冲 固定酸（HA）进入血液时，主要由 $NaHCO_3$ 进行缓冲，将酸性较强的固定酸缓冲为酸性较弱的挥发性酸（H_2CO_3），H_2CO_3 经血液循环运输到肺，在肺部分解为 H_2O 与 CO_2，CO_2 经肺呼出体外，从而使血液 pH 值保持相对恒定。

$$HA + NaHCO_3 \rightarrow NaA + H_2CO_3$$

血浆中的其他缓冲对由于含量较少，对固定酸进行缓冲后的产物也不像 H_2CO_3 那样容易被肺调节。而 $NaHCO_3$ 是血浆中含量最多的碱性物质，对固定酸的缓冲能力也最大，在一定程度上可以代表血浆对固定酸的缓冲能力，所以习惯上将血浆中 $NaHCO_3$ 的称为碱储。碱储的多少可以用二氧化碳结合力（CO_2-CP）来表示。

2. 对挥发性酸的缓冲 挥发性酸主要由红细胞中的血红蛋白缓冲体系缓冲，此过程与血红蛋白的运氧过程相偶联（图 13-1）。

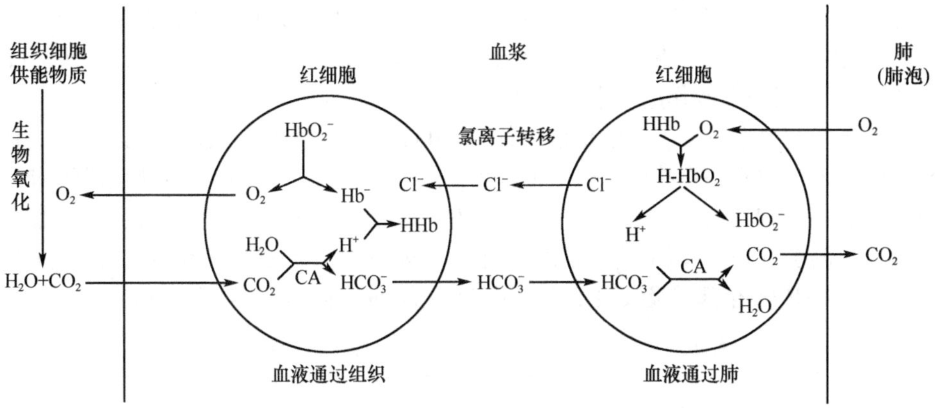

图 13-1 血红蛋白缓冲体系对 H_2CO_3 的缓冲

(1) 当血液流经组织时，体内组织细胞代谢过程中产生的 CO_2 扩散至血浆和红细胞中，红细胞中含有丰富的碳酸酐酶（CA），可将 CO_2 和 H_2O 转化为 H_2CO_3，H_2CO_3 则解离成 H^+ 和 HCO_3^-。同时，红细胞内的 HbO_2^- 释放出 O_2，自身转变为 Hb^-，Hb^- 碱性较强，可与 H_2CO_3 电离出的 H^+ 结合生成酸性比 H_2CO_3 更弱的 HHb，使血液 pH 值维持相对恒定。

经过缓冲，红细胞内 HCO_3^- 因浓度升高而向血浆转移，血浆中等量 Cl^- 的进入红细胞以维持电荷平衡（氯离子转移）。

(2) 当血液流经肺时，HHb 与 O_2 结合生成 $HHbO_2$，$HHbO_2$ 酸性较强，可电离出 H^+ 和 HbO_2^-，H_2CO_3 则分解为 CO_2 和 H_2O，CO_2 由肺呼出，使红细胞中 HCO_3^- 浓度下降，促进血浆中 HCO_3^- 向红细胞中转移，并与 $HHbO_2$ 电离出的 H^+ 结合形成 H_2CO_3 以维持循环。同时 Cl^- 向血浆转移维持电荷平衡（氯离子转移）。

3. 对碱的缓冲 当碱性物质（BOH）进入血液后，可由血浆缓冲体系中的酸性成分（H_2CO_3，NaH_2PO_4，H-Pr）进行缓冲，将较强的碱缓冲为较弱的碱。其中，H_2CO_3 含量最多，且易通过肺调节，所以是缓冲碱性物质的主要成分。

考点： 对固定酸、挥发性酸以及碱性物质进行缓冲的主要成分

$$BOH + H_2CO_3 \rightarrow BHCO_3 + H_2O$$

二、肺对酸碱平衡的调节

肺通过改变肺泡通气量来控制 CO_2 的排出量，以调节血浆 H_2CO_3 浓度，保持血液正常的 pH 值。当血液中二氧化碳分压升高或 pH 值降低时，通过中枢和外周化学感应器，使呼吸中枢兴奋，呼吸加深加快，CO_2 排出增多；反之，当血液中二氧化碳分压降低或 pH 值升高时，呼吸中枢兴奋性下降，呼吸变浅变慢，CO_2 排出减少。肺是通过呼吸运动的频率和幅度来调节血浆 H_2CO_3 浓度，从而维持 HCO_3^- 和 H_2CO_3 的比值接近正常，以保持 pH 相对恒定。肺的调节一般在酸碱紊乱 10 ～ 30 分钟后发生。

三、肾对酸碱平衡的调节

机体在代谢过程中产生大量的酸性物质，需不断消耗 $NaHCO_3$ 和其他碱性物质来中和，因此必须及时补充碱性物质和排出多余的酸。故肾对酸碱平衡的调节，主要以排酸保碱（$NaHCO_3$）为主，以维持血液 pH 的相对恒定。其调节机制主要是：

（一）$NaHCO_3$的重吸收

正常情况下，人体每天从肾小球滤过的 $NaHCO_3$ 约为 4500mmol/L，但从终尿中排出的 $NaHCO_3$ 仅为 2mmol/L，可见，99% 的 $NaHCO_3$ 被肾小管重吸收，其中 80% ～ 90% 被近曲小管重吸收。这种重吸收作用对维持酸碱平衡极为重要。

肾小管上皮细胞中含有碳酸酐酶（CA），可催化 CO_2 和 H_2O 反应生成 H_2CO_3，H_2CO_3 解离产生 H^+ 和 HCO_3^-，H^+ 被分泌至肾小管腔，同时，原尿中 $NaHCO_3$ 解离生成的 Na^+ 进入肾小管上皮细胞与 H^+ 进行交换，此过程即为 H^+-Na^+ 交换。Na^+ 进入肾小管上皮细胞，与肾小管上皮细胞内 HCO_3^- 一起被重吸收入血液形成 $NaHCO_3$。此过程没有 H^+ 的真正排出，只是管腔中的 $NaHCO_3$ 全部重吸收回血液，用以补充缓冲固定酸所消耗的 $NaHCO_3$（图 13-2）。

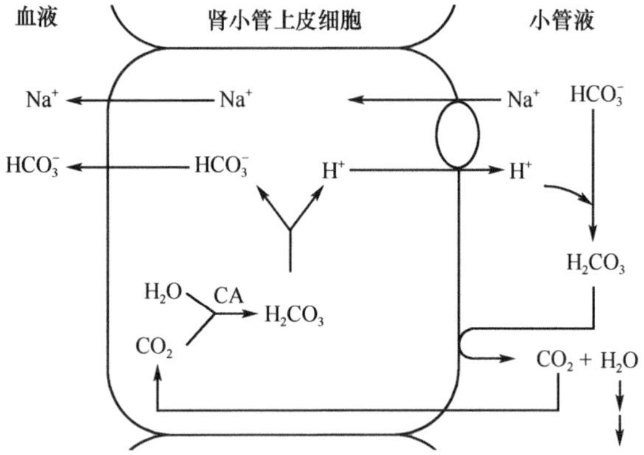

图 13-2　$NaHCO_3$ 的重吸收

肾小管对 $NaHCO_3$ 的重吸收，是随着机体对 $NaHCO_3$ 的需求而改变的，当血浆 $NaHCO_3$ 浓度高于正常值时，肾小管对 $NaHCO_3$ 的重吸收减少，$NaHCO_3$ 由尿排出，使血浆 $NaHCO_3$ 含量恢复正常。

（二）尿液的酸化

通过肾小球滤过产生的原尿 pH 值与血浆一样平均为 7.4，原尿中 Na_2HPO_4/NaH_2PO_4 缓冲对的浓度比值也与血浆相同，为 4/1。当原尿流经远曲小管和集合管时，肾小管上皮细胞中 H_2CO_3 解离的 H^+ 进入管腔，与管腔中 Na_2HPO_4 解离出的 Na^+ 行交换，被重吸收的 Na^+ 与肾小管细胞内的 HCO_3^- 一起转运入血液形成 $NaHCO_3$，提高血浆中 $NaHCO_3$ 的浓度。H^+ 与 $NaHPO_4^+$ 转变为 NaH_2PO_4 随尿排出，结果使终尿中 Na_2HPO_4/NaH_2PO_4 的比值降为 1/99，pH 值降至 4.8 左右，这一过程称为尿液的酸化（图 13-3）。

远端小管和集合管还可分泌 H^+、K^+，均可与 Na^+ 进行交换，分别称为 H^+-Na^+ 交换和 Na^+-K^+ 交换，二者之间存在相互抑制。当机体酸中毒时，小官分泌 H^+ 浓度增加，H^+-Na^+ 交换加强，交换 Na^+-K^+ 抑制，造成血中 K^+ 浓度增高。

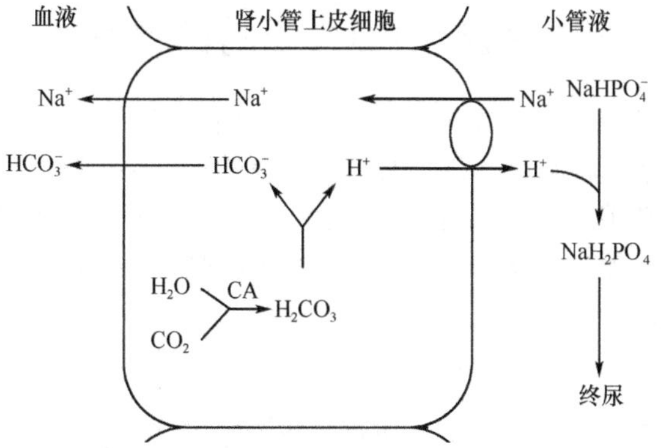

图 13-3 尿液的酸化

（三）泌氨作用

肾小管上皮细胞具有泌氨作用（图 13-4）。肾小管上皮细胞内的氨有两个来源，主要由血液运来的谷氨酰胺水解产生谷氨酸和氨，也可由氨基酸的脱氨基作用产生氨。肾小管上皮细胞可将氨分泌至管腔，于此同时肾小管上皮细胞内的 H^+ 通过 H^+-Na^+ 交换进入管腔，二者结合为 NH_4^+，NH_4^+ 与管液中的酸根离子（Cl^-、SO_4^{2-} 等）结合成铵盐随尿排出。同时，小管液中的 Na^+ 重吸收进入肾小管上皮细胞，与 HCO_3^- 一起进入血液形成 $NaHCO_3$，维持血浆中 $NaHCO_3$ 浓度的相对平衡。

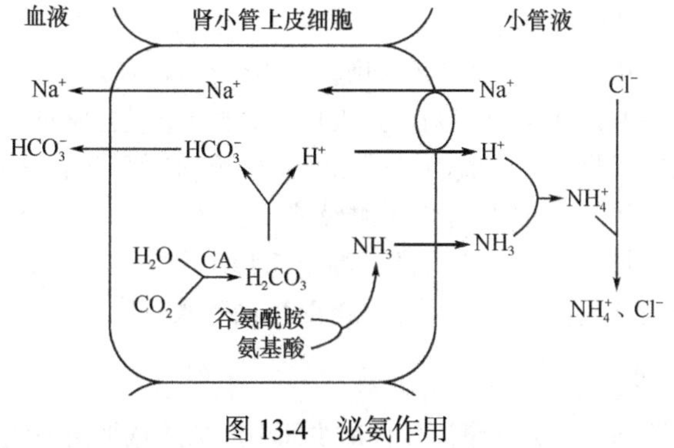

图 13-4 泌氨作用

NH_3 的分泌与 H^+ 的分泌密切相关。酸性越强，NH_3 的分泌越多，而随着 NH_3 的分泌，小管液中 H^+ 浓度降低，更有利于小管细胞继续分泌 H^+。反之，如果 H^+ 的分泌被抑制，尿中 NH_4^+ 的排出也随之减少。所以，肾小管细胞的泌氨与泌 H^+ 作用互相加强，互相促进。NH_3 的分泌是肾脏调节酸碱平衡的重要机制。

考点：肺和肾调节酸碱平衡的机制及特点

肾在酸碱平衡中虽然发挥作用较慢，但作用强而持久，不仅能从根本上排出多余的酸和碱，而且能调节 $NaHCO_3$ 的含量，所以在调节酸碱平衡中起着至关重要的作用。

第 3 节 酸碱平衡失调

尽管机体对酸碱平衡有一系列完整的调节机制，但当体内酸性或碱性物质过多，超出了机体的调节能力，或机体的调节机制出现障碍时，血浆中 $NaHCO_3$ 与 H_2CO_3 的含量发生改变，将会导致酸碱平衡失常。

一、酸碱平衡失调的基本类型

根据酸碱平衡失常的复杂程度可分为单纯型酸碱平衡紊乱和混合型酸碱平衡紊乱。根据血液 pH 值是否正常可将酸碱平衡失常分为代偿性酸碱平衡失常（pH 值为 7.35 ～ 7.45）和失代偿性酸碱平衡失常（pH 值小于 7.35 或大于 7.45）。根据单纯型酸碱平衡紊乱发生的原因，可将单纯型酸碱平衡失常分为四类，分别为呼吸性酸中毒、呼吸性碱中毒、代谢性酸中毒、代谢性碱中毒。

（一）呼吸性酸中毒

由于各种原因导致呼吸功能障碍，使 CO_2 排出障碍，血浆 H_2CO_3 含量原发性升高而引起的酸碱平衡失调称为呼吸性酸中毒。

由于 H_2CO_3 原发性升高，肾小管上皮细胞 H^+ - Na^+ 交换加速，肾泌 H^+，泌 NH_3 作用增强，$NaHCO_3$ 重吸收增多，所以血浆 $NaHCO_3$ 含量继发性升高。通过这种代偿作用，如果 $[NaHCO_3]/[H_2CO_3]$ 的浓度比值仍接近 20/1，血液 pH 值依然维持在正常范围之内，则称为代偿性呼吸性酸中毒。若 H_2CO_3 含量继续升高，超出了肾的代偿调节能力，则 $[NaHCO_3]/[H_2CO_3]$ 的浓度比值下降，pH 值随之下降，低于 7.35，称之为失代偿性呼吸性酸中毒。

呼吸性酸中毒常见于肺炎，肺气肿，呼吸中枢抑制药物使用过量等。

（二）呼吸性碱中毒

各种原因引起的肺通气量过度，CO_2 排出量过多，血浆 H_2CO_3 含量原发性降低而引起的酸碱平衡失调称之为呼吸性碱中毒。

由于 H_2CO_3 原发性降低，肾小管上皮细胞 H^+ - Na^+ 交换减慢，肾泌 H^+，泌 NH_3 作用减弱，$NaHCO_3$ 重吸收减少，排出增多，所以血浆 $NaHCO_3$ 含量继发性降低。通过这种代偿作用，如果 $[NaHCO_3]/[H_2CO_3]$ 的浓度比值仍接近 20/1，血液 pH 值依然维持在正常范围之内，则称为代偿性呼吸性碱中毒。若 H_2CO_3 含量继续降低，超出了肾的调节能力，则 $[NaHCO_3]/[H_2CO_3]$ 的浓度比值上升，pH 值随之升高，高于 7.45，称之为失代偿性呼吸性碱中毒。

呼吸性碱中毒常见于癔病、高热、手术麻醉时辅助呼吸过度、高山缺氧、精神过度紧张等。

（三）代谢性酸中毒

各种原因导致血浆 $NaHCO_3$ 含量原发性减少而引起的酸碱平衡失调，称为代谢性酸中毒。

代谢性酸中毒时，$NaHCO_3$ 含量原发性降低，各种原因导致血液 H^+ 浓度升高，呼吸中枢兴奋性增强，呼吸加深、加快，CO_2 排出量增多，血液 H_2CO_3 含量继发性降低。同时 H^+ - Na^+ 交换加速，肾泌 H^+，泌 NH_3 作用增强，$NaHCO_3$ 重吸收增多，排出量减少。通过代偿，如果 $[NaHCO_3]/[H_2CO_3]$ 浓度的比值接近 20/1，血液 pH 维持在正常范围之内，则称之为代偿性代谢性酸中毒。若 $NaHCO_3$ 含量继续下降，$[NaHCO_3]/[H_2CO_3]$ 浓度的比值降低，血液 pH 值低于 7.35，则称之为失代偿性代谢性酸中毒。

代谢性酸中毒是临床上最常见的酸碱平衡失调。常见于固定酸产生、摄入过多，例如由糖尿病等引起的酮症酸中毒；或因肾功能衰竭而导致 H^+ 排出受阻；肠瘘、肠液丢失过多以及急性重腹泻时大量丢失 $NaHCO_3$ 等。

（四）代谢性碱中毒

各种原因导致血浆 $NaHCO_3$ 含量原发性升高而引起的酸碱平衡失调，称为代谢性碱中毒。

代谢性碱中毒时，$NaHCO_3$ 原发性升高，导致血液 H^+ 浓度降低，呼吸中枢兴奋性降低，呼吸变浅、变慢，CO_2 排出量减少，血液 H_2CO_3 含量继发性升高。同时 H^+- Na^+ 交换减弱，肾泌 H^+，泌 NH_3 作用减弱，$NaHCO_3$ 重吸收减少，排出量增多。通过代偿，如果 [$NaHCO_3$] / [H_2CO_3] 浓度的比值接近 20/1，血液 pH 维持在正常范围之内，则称之为代偿性代谢性碱中毒，如果 [$NaHCO_3$] / [H_2CO_3] 浓度的比值升高，血液 pH 值高于 7.45，则称之为失代偿性代谢性碱中毒。

考点： 酸碱平衡失常的基本类型及特点

代谢性碱中毒常见于剧烈呕吐引起的胃液大量流失，碱性药物摄入过多，大量使用利尿剂，低钾血症等。

二、判断酸碱平衡的生化指标

（一）血液 pH

血液 pH 可用于衡量酸碱平衡的程度。正常人血液 pH 为 7.35 ～ 7.45，平均为 7.40。pH 高于 7.45，为失代偿性碱中毒，pH 低于 7.35，为失代偿性酸中毒。血液 pH 并不能反映酸碱平衡失常是属于呼吸性酸碱中毒还是代谢性酸碱中毒。

（二）二氧化碳分压（PCO_2）

PCO_2 是指物理溶解于血浆中的 CO_2 所产生的张力。正常动脉血为 35 ～ 45mmHg，平均为 40 mmHg。PCO_2 可反映肺泡的通气量水平，是反映呼吸性成分的指标。PCO_2 大于 45 mmHg，说明肺通气量不足，体内 CO_2 蓄积，H_2CO_3 含量升高，见于原发性呼吸性酸中毒；PCO_2 小于 35 mmHg，说明肺通气过度，CO_2 排出过多，H_2CO_3 含量降低，见于原发性呼吸性碱中毒。

（三）二氧化碳结合力（CO_2-CP）

CO_2-CP 是指温度为 25℃、动脉血 PCO_2 为 40 mmHg，时，血浆中以 $NaHCO_3$ 形式存在的 CO_2 的量。正常值为 22 ～ 31mmol/L，平均为 27 mmol/L。

CO_2-CP 主要反映 $NaHCO_3$（碱储）的含量，既受代谢性因素的影响，也受呼吸性因素的影响。CO_2-CP 降低，见于代谢性酸中毒或呼吸性碱中毒；CO_2-CP 升高，见于代谢性碱中毒或呼吸性酸中毒。

（四）标准碳酸氢盐（SB）和实际碳酸氢盐（AB）

SB 是指在标准条件下（温度 37℃，PCO_2 为 40 mmHg，血氧饱和度为 100%）所测得的血浆中 $NaHCO_3$ 的含量。SB 只受代谢性因素的影响，不受呼吸性因素的影响。是判断代谢性酸碱中毒的重要指标。AB 是指在隔绝空气的条件下所测得的血浆中 $NaHCO_3$ 的实际含量，AB 既受代谢性因素的影响，又受呼吸性因素的影响。

正常人 AB=SB，都在 21 ～ 27mmol/L 的范围内，平均为 24mmol/L。

酸碱平衡失常的类型及某些生化诊断指标的变化见表 13-1。

表 13-1　酸碱平衡失调的类型及生化指标的变化

生化指标	呼吸性酸中毒	呼吸性碱中毒	代谢性酸中毒	代谢性碱中毒
原发性改变	[H_2CO_3] ↑	[H_2CO_3] ↓	[NaHCO]₃ ↓	[NaHCO]₃ ↑
pH	↓	↑	↓	↑
PCO_2	↑↑	↓↓	↓	↑
CP-CO_2	↑	↓	↓↓	↑↑
AB 与 SB	AB ＜ SB	AB ＞ SB	AB=SB 均↓	AB=SB 均↓

小结

机体使体液 pH 值维持在恒定的范围内的过程称为酸碱平衡。血液通过缓冲体系（主要为 $[NaHCO_3]/[H_2CO_3]$）对多余的酸和碱进行缓冲，但不能真正排出多余的酸和碱；肺通过呼吸来调节 H_2CO_3 的含量；肾通过 $NaHCO_3$ 的重吸收、泌氨作用和尿液的酸化起到排酸保碱的作用。不仅能从根本上排出多余的酸和碱，而且能调节 $NaHCO_3$ 的含量。尽管机体对酸碱平衡负荷有很大的缓冲能力和有效的调节功能，但许多因素可以引起酸碱平衡负荷过度或调节机制障碍导致体液酸碱平衡失常。酸碱平衡失常的基本类型包括呼吸性酸中毒、呼吸性碱中毒、代谢性酸中毒和代谢性碱中毒。

自测题

一、名词解释

1. 酸碱平衡　2. 挥发性酸　3. 固定酸　4. 碱储　5.PCO_2　6.CP-CO_2

二、填空题

1. 正常人血液的 pH 为______。机体调节酸碱平衡的方式有：______、______和______。
2. 血浆主要缓冲对是______，红细胞中的主要缓冲对是______。
3. 肺通过调节血浆______的浓度来维持机体的酸碱平衡。
4. 肾排酸保碱维持机体酸碱平衡的三种机制是______、______和______。
5. 代谢性酸中毒时，血浆 $[HCO_3^-]$ 原发性______，$[H_2CO_3]$ 代偿性______。
6. 血浆 pH 值的大小主要取决于______的比值。

三、选择题

1. 机体在分解代谢过程中产生的最多的酸性物质是（　　）
   A. 碳酸　B. 乳酸　C. 丙酮酸　D. 磷酸　E. 硫酸
2. 正常人血液 pH 值为 7.4 时，血浆 $NaHCO_3$ 与 H_2CO_3 的浓度比值是（　　）
   A. 4 ∶ 1　B. 20 ∶ 1　C. 1 ∶ 20　D. 1 ∶ 4　E. 10 ∶ 1
3. 对挥发酸进行缓冲的最主要物质是（　　）
   A. 碳酸氢钠　B. 无机磷酸盐　C. 碳酸氢钾　D. 血红蛋白　E. 蛋白质
4. 对固定酸进行缓冲的主要系统是（　　）
   A. 碳酸氢盐缓冲系统
   B. 磷酸盐缓冲系统
   C. 血浆蛋白缓冲系统
   D. 还原血红蛋白缓冲系统
   E. 氧合血红蛋白缓冲系统
5. 从肾小球滤过的碳酸氢钠被重吸收的主要部位是（　　）
   A. 肾小球　B. 近曲小管　C. 髓袢　D. 致密斑　E. 远曲小管
6. 引起呼吸性碱中毒的主要原因是（　　）
   A. 吸入 CO_2 过少　B. 输入 $NaHCO_3$ 过多　C. 肺泡通气量减少　D. 输入库存血　E. 呼吸中枢兴奋，肺通气量增大
7. 临床上最常见的酸碱平衡失调的类型是（　　）
   A. 呼吸性酸中毒　B. 呼吸性碱中毒　C. 代谢性酸中毒　D. 代谢性碱中毒　E. 呼吸性酸中毒和代谢性酸中毒
8. 呼吸性酸中毒的原发性改变是（　　）
   A. $NaHCO_3$ 含量上升　B. $NaHCO_3$ 含量下降　C. H_2CO_3 含量上升　D. H_2CO_3 含量下降

E. CP-CO_2 下降

9. 代谢性酸中毒的原发性改变是（　　）

A. $NaHCO_3$ 含量上升　　B. $NaHCO_3$ 含量下降

C. H_2CO_3 含量上升　　D. H_2CO_3 含量下降

E. CP-CO_2 上升

10. 体内固定酸主要通过（　　）排出。

A. 呼吸排出　　B. 粪便排出

C. 尿液排出　　D. 胆汁排出

E. 汗液排出

四、简答题

1. 简述肾在调节酸碱平衡中的作用。
2. 机体是如何调节酸碱平衡的？
3. 酸碱平衡失调有哪些类型，各有什么特点？
4. 简述代谢性酸中毒时肾的代偿调节作用。
5. 当血液 pH 为 7.4 时，是否有酸碱平衡紊乱？为什么？

（李翠玲）

实验指导

实验一　酶的专一性

【实验目的】

通过实验，验证酶对底物催化的专一性。

【实验原理】

唾液淀粉酶可将淀粉水解成麦芽糖及少量葡萄糖，二者均属还原性糖，能使班氏试剂中的二价铜离子还原成一价亚铜离子，生成砖红色氧化亚铜（Cu_2O）沉淀。但唾液淀粉酶不能催化蔗糖水解，且蔗糖本身也不具有还原性，故不能与班氏试剂发生颜色反应。以此证明酶对底物催化的专一性。

【实验器材】

试管、试管架、试管夹、滴管、蜡笔、烧杯、恒温水浴箱、沸水浴箱等。

【实验试剂】

1. 1% 淀粉溶液　称取可溶性淀粉 1g，加 5ml 蒸馏水调成糊状，再加 80ml 蒸馏水，加热并不断搅拌，使其充分溶解，冷却后用蒸馏水稀释至 100ml。此液需新鲜配制。

2. 1% 蔗糖溶液　称取 1g 蔗糖，加蒸馏水至 100ml 溶解。

3. pH 6.8 缓冲溶液　取 0.2mol/L Na_2HPO_4 溶液 154.5ml，0.1mol/L 柠檬酸溶液 45.5ml，混合后即成。

4. 班氏试剂

（1）甲液　溶解结晶硫酸铜（$CuSO_4 \cdot 5H_2O$）17.3g 于 100ml 热的蒸馏水中，冷却后稀释至 150ml。

（2）乙液　取柠檬酸钠 173g 和无水碳酸钠 100g 于 600ml 蒸馏水中，加热溶解，冷却后稀释至 850ml。

最后把甲液缓慢倒入乙液中，混匀后即成。此试剂可长期保存。

5. 稀释唾液　用清水漱口，清除食物残渣。含蒸馏水 15 ～ 30ml 做咀嚼动作，2 分钟后将稀释唾液收集于样品杯中备用（唾液淀粉酶的活性存在个体差异，且受唾液稀释倍数影响，事先确定稀释倍数）。另外，从其中取出少量（约 5ml），加热煮沸，制备出煮沸唾液。

【实验步骤】

取三支试管，编号，如下加入试剂。

管号	1% 淀粉	1% 蔗糖	稀释唾液	煮沸唾液	pH6.8 缓冲溶液
1	10 滴	—	5 滴	—	20 滴
2	10 滴	—	—	5 滴	20 滴
3	—	10 滴	5 滴	—	20 滴

各管混匀后置于 37℃水浴中保温 5 ～ 10 分钟。取出各管分别加班氏试剂 20 滴，混匀

后置于沸水浴中煮沸，可用试管夹帮助置于沸水浴箱的孔内（若停电时改用酒精灯加热，则要小心防范溶液煮沸时喷出）。观察结果并做记录。

【实验结果】

1. 如实填写以下实验结果，并对原因作简单解释。

管号	颜色、沉淀	原因
1		
2		
3		

2. 试以唾液淀粉酶为例，解释“酶的专一性”。

（莫小卫）

实验二 温度、pH、激活剂、抑制剂对酶促作用的影响

【实验目的】

通过实验，观察温度、pH、激活剂、抑制剂对酶促作用的影响。

【实验原理】

酶促反应在低温时，反应速度较慢甚至停止；随着温度升高，反应速度逐渐加快；当达到最适温度时，酶促反应速度达到最大值，人体最适温度在37℃左右。如温度过高，反应速度反而下降，甚至停止，这主要由于酶蛋白因高温变性失活之故。

酶活性与溶液的pH有关。pH既影响酶蛋白质本身构象，也影响底物的解离程度，从而改变酶与底物结合和催化作用，故每种酶都有其自身最适pH的作用环境，过酸或过碱均可引起酶蛋白质变性而降低或失去活性。唾液淀粉酶的最适pH为6.8，氯离子对该酶活性有激活作用，铜离子则有抑制作用。

本实验用碘与淀粉及其水解产物（大分子糊精、麦芽糖）的颜色反应，来比较唾液淀粉酶在不同条件下催化淀粉水解的速度，从而判断温度、pH、激活剂、抑制剂对酶促作用的影响。

淀粉————→糊精————→麦芽糖

（与碘呈蓝色）（与碘呈紫红至红色）（与碘不呈色）

【实验器材】

1. 试管、试管架、试管夹、滴管、蜡笔。

2. 恒温水浴箱、沸水浴箱、冰浴（冰箱）。

【实验试剂】

1. 1%淀粉溶液（见实验一）。

2. 新配制的稀释唾液（见实验一）。

3. 不同pH缓冲溶液。

(1) pH6.8缓冲溶液（见实验一）。

(2) pH5.0缓冲溶液：取0.2mol/L Na_2HPO_4溶液515ml，0.1mol/L柠檬酸溶液485ml，混合后即成。

(3) pH8.0缓冲溶液：取0.2mol/L Na_2HPO_4溶液972ml，0.1mol/L柠檬酸溶液28ml，混合后即成。

4. 0.9%NaCl溶液（即生理盐水）。

5. 1%$CuSO_4$ 溶液：取 $CuSO_4 \cdot 5H_2O$ 15.625g 溶于 1000ml 的蒸馏水中。

6. 碘液：取碘 2g，碘化钾 4g，共溶于 1000ml 的蒸馏水中，贮存于磨口玻璃瓶待用。

【实验步骤】

1. 温度对酶活性的影响

(1) 取三支试管，标号，按下表加入试剂。

管号	1% 淀粉	pH6.8 缓冲溶液
1	5 ~ 10 滴	5 ~ 20 滴
2	5 ~ 10 滴	5 ~ 20 滴
3	5 ~ 10 滴	5 ~ 20 滴

(2) 混匀后，三支试管分别置于冰浴、沸水浴、恒温水浴箱（37℃）中预热 5 分钟，再向各管加入稀唾液 5 滴，继续在原水浴中放置 10 分钟。

(3) 取出各管，各滴加碘液一滴（切忌摇动），观察颜色并记录结果。

2. pH 对酶活性的影响

(1) 取三支试管，编号，按下表加入试剂。

管号	pH5.0 缓冲液	pH6.8 缓冲液	pH8.0 缓冲液	1% 淀粉	稀唾液
1	15 滴	—	—	5 滴	5 滴
2	—	15 滴	—	5 滴	5 滴
3	—	—	15 滴	5 滴	5 滴

(2) 将各管混匀，同时置于恒温水浴箱（37℃）中 10 分钟。

(3) 取出各管，各滴加碘液一滴（切忌摇动），观察颜色并记录结果。

3. 激活剂、抑制剂对酶活性的影响

(1) 取三支试管，编号，按下表加入试剂。

管号	蒸馏水	0.9%NaCl 溶液	1%$CuSO_4$ 溶液	pH 8.0 缓冲液	1% 淀粉	稀唾液
1	10 滴	—	—	15 滴	5 滴	5 滴
2	—	10 滴	—	15 滴	5 滴	5 滴
3	—	—	10 滴	15 滴	5 滴	5 滴

(2) 将各管混匀，同时置于恒温水浴箱（37℃）中 10 分钟。

(3) 取出各管，各滴加碘液一滴（切忌摇动），观察颜色并记录结果。

【实验结果】

1. 根据实验结果，正确填写下列各表，并作简单分析。

(1) 温度影响

管号	加碘后颜色	原因
1（冰浴）		
2（沸水浴）		
3（恒温水浴）		

(2) pH影响

管号	加碘后颜色	原因
1（pH 5.0）		
2（pH 6.8）		
3（pH 8.0）		

(3) 激活剂和抑制剂影响

管号	加碘后颜色	原因
1（蒸馏水）		
2（0.9%NaCl）		
3（15$CuSO_4$）		

2. 加入碘液观察结果以前，切忌摇动。你不妨试试观察后把不起蓝色反应的试管摇动几下或再滴加碘液，很可能变为蓝色。为什么？

（莫小卫）

实验三　糖耐量及糖耐量试验（OGTT）

【实验目的】

检测机体对葡萄糖代谢的调节能力。

【实验原理】

正常人口服一定量的葡萄糖后，暂时升高的葡萄糖促使胰岛素分泌增加，血糖在短时间内降至空腹水平，此为耐糖现象或糖耐量。

若内分泌失调或神经系统功能紊乱，则调节血糖功能失常，在食入大量葡萄糖后，血糖浓度可急剧上升，短时间不能恢复正常水平，或血糖无明显升高，甚至不升高，称耐糖现象失常。

采用世界卫生组织推荐的75g葡萄糖标准糖耐量试验（OGTT），分别检测空腹血糖和口服葡萄糖后30分钟、1小时、2小时、3小时的血糖和尿糖，观察血糖水平及有无糖尿出现，以了解受试者耐糖现象是否正常。

【实验步骤】

1. 受试者试验前三天正常饮食，停止使用影响血糖浓度的各种药物，如胰岛素、胰高血糖素、糖皮质激素等。试验前一天晚餐后即不再进食，并应避免有明显的食欲不振，或影响胃肠道吸收的其他因素。

2. 次晨空腹静脉取血2ml，并同时收集尿液，分别测定血糖和尿糖浓度（送检）。

3. 将75g葡萄糖溶于250~300ml温开水中，5分钟内饮完，饮后30分钟、1小时、2小时、3小时各取血一次，同时收集尿液标本，分别做血糖定量测定及尿糖定性测定。

4. 将各次测定结果填写在下表中，以时间为横坐标，血糖浓度为纵坐标绘制糖耐量曲线，并进行分析讨论。

【实验器材】

一次性注射器，一次性尿杯。

【实验物品】

75g 葡萄糖。

【实验结果】

空腹	血糖（mmol/L）	尿糖	分析讨论
口服葡萄糖后 30 分钟			
口服葡萄糖后 1 小时			
口服葡萄糖后 2 小时			
口服葡萄糖后 3 小时			

【参考值】

1. 空腹血糖正常值 3.9 ～ 6.1mmol/L。

2. 口服葡萄糖后 30 分钟～ 1 小时，血糖达高峰（一般为 7.8 ～ 9.0 mmol/L），峰值 < 11.1 mmol/L。

3. 2 小时血糖 <7.8 mmol/L。

4. 3 小时血糖恢复至空腹水平。

5. 各检测时间点的尿糖均为阴性。

【注意事项】

1. 空腹血糖已明显增高的重症病人，或已经确诊的糖尿病人，不再做此试验，以免一次食入大量葡萄糖加重患者的症状。

2. 不能口服或患有影响葡萄糖吸收的患者，如吸收障碍综合征、艾迪生病、胃肠道手术等，可改用静脉注射法。注射葡萄糖量按每千克体重 0.5g 计算，并折算成 20% 或 50% 葡萄糖注射液的毫升数，于 5 分钟内注入，注射后 30 分钟、1 小时、2 小时、3 小时各采血一次，并测其葡萄糖含量。正常人于注射后 30 分钟出现血糖高峰值，1.5 小时后开始下降，2~3 小时恢复注射前水平。

3. 对于 50 岁以上的人，因其对葡萄糖的耐受力有下降趋势，故不宜做 OGTT。

4. 试验前，受试者应注意休息，避免体力劳动，不能抽烟、喝咖啡及茶，至少 8 小时不能进食。

5. 为防止在留取标本期间，血糖被细胞利用，尿糖被细菌分解，血液标本应用氯化钠 - 草酸钾抗凝，尿标本可加甲苯防腐。

【临床意义】

OGTT 是糖尿病和低糖血症的重要诊断性试验。

1. 糖耐量降低　血糖达 7.8 ～ 11.1mmol/L 属于糖耐量降低，是正常血糖代谢与糖尿病之间的中间状态。见于糖尿病患者，其特征为：空腹血糖往往超过正常；服糖后血糖值更高，并且维持高血糖的时间长，2 小时后，不能恢复至正常空腹水平，同时尿糖为阳性。糖耐量降低还可见于甲状腺功能亢进，严重肝脏疾病等。

2. 糖耐量增高　见于肾上腺皮质功能减退患者，其特征为：空腹血糖正常或偏低，服糖后血糖升高不明显。

3. 肾性糖尿　由肾小管重吸收功能降低，肾糖阈下降，致肾小球滤过液中正常浓度的葡萄糖不能完全重吸收，因此，出现糖尿称肾性糖尿。

（杨莉萍）

实验四　ALT 活性测定（赖氏法）

【实验目的】

验证 ALT 在不同组织中活性大小不同。

【实验原理】

L- 丙氨酸和 α- 酮戊二酸在 ALT（最适 pH 为 7.4）的催化下反应生成丙酮酸和 L- 谷氨酸，丙酮酸与 2，4- 二硝基苯肼作用，生成丙酮酸 -2，4- 二硝基苯腙，其在碱性条件下显棕红色。在其他影响因素不变的情况下，颜色深浅与酶活性成正比。本实验以肝和肌肉组织进行比较。

$$\text{L-丙氨酸} + \alpha\text{-酮戊二酸} \xleftrightarrow{\text{ALT}} \text{丙氨酸} + \text{L-谷氨酸}$$

$$\text{丙酮酸} + 2,4\text{-二硝基苯肼} \xleftrightarrow{-H_2O} \text{丙酮酸-2，4-二硝基苯腙}$$

【实验器材】

恒温水浴箱、试管、试管架、滴管、研钵和细砂、滤纸、漏斗、解剖器材、脱脂棉等。

【实验试剂】

1. 0.1mol/L 磷酸盐缓冲液（pH 为 7.4）　称取磷酸氢二钠（Na_2HPO_4）11.928g，磷酸二氢钾（KH_2PO_4）2.176g，加蒸馏水溶解并稀释至 1000ml。

2. ALT 基质液　称取 DL- 丙氨酸 1.79g 和 α- 酮戊二酸 29.2mg 于烧杯中，加 0.1mol/L pH 为 7.4 磷酸盐缓冲液 80 ml，煮沸溶解后待冷，用 1mol/L NaOH 调节 pH 至 7.4（约加 0.5 ml），再用 0.1mol/L pH 为 7.4 磷酸盐缓冲液稀释至 100 ml，混匀加氯仿数滴，置冰箱保存数周。

3. 2，4- 二硝基苯肼　称取 2，4- 二硝基苯肼 19.8mg，用 10mol/L HCl 10ml 溶解后，加蒸馏水至 100ml，置于棕色瓶内，冰箱保存。

4. 0.4mol/L NaOH 溶液　将 16gNaOH 溶解于蒸馏水中，加蒸馏水至 1000ml。

【实验步骤】

1. 肝浸提液和肌浸提液的制备。将家兔处死后，立即取出肝和大腿肌肉，分别以冰生理盐水洗去血液，再用滤纸吸去多余生理盐水。取新鲜肝和肌组织各 10g，分别剪碎并各加入 pH 为 7.4 磷酸盐缓冲液 10 ml，加细砂研碎，研成匀浆后再加 pH 为 7.4 磷酸盐缓冲液 20 ml 混匀，用棉花过滤，此即为肝和肌的浸液提液。

2. 取试管三支编号后按下表操作：

加入物	空白管	1 号管	2 号管
ALT 基质液	1ml+3 滴	1ml	1ml
肝浸液	–	3 滴	–
肝浸液	–	–	3 滴
37℃水浴	20 分钟	20 分钟	20 分钟
2，4- 二硝基苯肼	10 滴	10 滴	10 滴
37℃水浴	20 分钟	20 分钟	20 分钟
0.4mol/L NaOH 溶液	5ml	5ml	5ml

比较三管颜色变化。

【实验报告】

1. 根据实验结果，正确填写下表内容，并对实验结果作简单分析。

管号	颜色变化	结果分析
空白管		实验指导
1		
2		

2. 说明 ALT 活性测定的临床意义。

（杨玉玲）

参 考 文 献

陈孝英 . 2013. 生物化学基础 . 北京：科学出版社 .
程伟 . 2007. 生物化学 . 第 2 版 . 北京：科学出版社 .
黄纯 . 2015. 生物化学 . 第 3 版 . 北京：科学出版社 .
李秀敏 . 张文利 . 2011. 生物化学 . 北京：科学出版社 .
刘家秀 . 2015. 生物化学 . 北京：科学出版社 .
田华 . 2012. 生物化学 . 第 3 版 . 北京：科学出版社 .
田余祥 . 2013. 生物化学 . 北京：科学出版社 .
杨淑兰，张玉环 . 2010. 生物化学基础 . 北京：科学出版社 .
赵瑞巧 . 2014. 生物化学 . 第 2 版 . 北京：科学出版社 .

教学大纲

（50学时）

一、课程性质和课程任务

本大纲是教师开展中专生物化学课堂教学必须遵守和执行的纲领性文件，是评价教师教学质量的重要标准，也可作为学生上课前预习和课后复习的指导、对学生进行考核的依据。

生物化学是中等职业学校护理、助产等医学相关专业必修的一门基础课程，既是一门连接基础与基础、基础与临床的专业基础课，又是一门处于前沿和中心位置的学科。通过本学科课程的学习帮助学生掌握生物化学的基本理论知识和常用操作技能，为后续课程的学习、职业能力与可持续发展能力培养奠定基础。

通过本课程的学习，使学生掌握生物化学的基础理论、基础知识和基本技能，为后续的基础与临床课程学习打下坚实的基础。

二、课程教学目标

（一）学科知识与技能目标

1. 掌握人体内生物大分子的分子组成和结构，了解结构与功能的关系。

2. 掌握物质代谢、水盐代谢、酸碱平衡的特点，理解代谢生理意义，培养均衡营养等健康观，能进行基础健康教育。

3. 理解遗传信息传递的过程及规律。

4. 了解物质代谢的基本过程，了解代谢异常与疾病发生的关系。

5. 掌握基本生化实验技能。

（二）职业素养目标

1. 具有客观认识生命的科学态度，具备良好的伦理道德观念。

2. 热爱生命，积极向上，具有良好的职业素养与职业道德。

3. 有实事求是、严谨认真的学习态度，具备乐于探索、勇于创新的精神。

三、教学内容与学时分配

教学内容	教学要求			教学活动参考
	了解	理解	掌握	
一、绪论				
1. 生物化学的概念			√	理论讲授 多媒体 案例分析 案例讨论
2. 生物化学发展史简介	√			
3. 人体生物化学研究的主要内容		√		
4. 生物化学与医药学的关系		√		

教学内容	教学要求			教学活动参考
	了解	理解	掌握	
二、蛋白质的结构与功能				
（一）蛋白质的分子组成				理论讲授 多媒体 案例分析 案例讨论
1. 蛋白质的元素组成			√	
2. 蛋白质的基本单位——氨基酸			√	
（二）蛋白质的分子结构				

续表

教学内容	教学要求			教学活动参考
	了解	理解	掌握	
1. 肽和肽键			√	
2. 蛋白质的一级结构			√	
3. 蛋白质的空间结构		√		
4. 蛋白质结构与功能的关系	√			
（三）蛋白质的理化性质				理论讲授 多媒体 案例分析 案例讨论
1. 蛋白质的两性解离及等电点			√	
2. 蛋白质的胶体性质			√	
3. 蛋白质的沉淀		√		
4. 蛋白质的变性			√	
5. 蛋白质的紫外吸收性质与呈色反应	√			
（四）蛋白质的分类				
1. 按组成分类	√			
2. 按功能分类	√			
三、核酸的结构与功能				理论讲授 多媒体 案例分析 案例讨论
（一）核酸的分子组成				
1. 核酸的元素组成		√		
2. 核酸的基本成分			√	
3. 核酸的基本单位—核苷酸			√	
4. 几种重要的游离核苷酸		√		
（二）核酸的分子结构				
1. 核酸的一级结构			√	
2. 核酸分子的空间结构		√		
（三）核酸的理化性质				
1. 紫外线吸收性质	√			
2. DNA 的变性、复性与分子杂交	√			
四、酶				理论讲授 多媒体 案例分析 案例讨论
（一）概述				
1. 酶的概念			√	
2. 酶促反应的特点			√	
3. 酶的命名与分类	√			
（二）酶的结构与功能				理论讲授 多媒体 案例分析 案例讨论
1. 酶的分子组成		√		
2. 酶的活性中心			√	
3. 酶原与酶原激活		√		
4. 同工酶		√		
5. 酶的作用机理		√		
（三）影响酶促反应速度的因素				
1. 底物浓度的影响		√		
2. 酶浓度的影响		√		
3. 温度的影响			√	
4. pH 的影响			√	
5. 激活剂的影响		√		
6. 抑制剂的影响			√	
（四）酶与医学的关系				
1. 酶与疾病的发生	√			
2. 酶与疾病的诊断	√			
3. 酶与疾病的治疗	√			
五、维生素				理论讲授 多媒体 案例分析 案例讨论
（一）概述				
1. 维生素的概念			√	
2. 维生素分类		√		
3. 维生素缺乏症的原因		√		
（二）脂溶性维生素				
1. 维生素 A			√	
2. 维生素 D			√	
3. 维生素 E		√		
4. 维生素 K		√		
（三）水溶性维生素				
1. 维生素 B_1		√		
2. 维生素 B_2		√		

续表

教学内容	教学要求			教学活动参考
	了解	理解	掌握	
3. 维生素 PP		√		
4. 维生素 B_6		√		
5. 泛酸		√		理论讲授 多媒体 案例分析 案例讨论
6. 生物素		√		
7. 叶酸		√		
8. 维生素 B_{12}		√		
9. 维生素 C			√	
六、生物氧化				
（一）生物氧化的概念和特点				
1. 生物氧化的概念			√	
2. 生物氧化的特点		√		
（二）线粒体的氧化体系				
1. 呼吸链的概念			√	理论讲授 多媒体 案例分析 案例讨论
2. 呼吸链的组成		√		
3. 线料体中两条重要的呼吸链			√	
4. 氧化磷酸化与 ATP			√	
（三）能量生成、利用和转移				
1. 高能化合物			√	
2. ATP 的生成	√			
（四）CO_2 的生成		√		
（五）非线粒体氧化体系				
1. 微粒体中的生物氧化酶	√			
2. 过氧化物酶体中的生物氧化酶	√			
七、糖代谢				理论讲授 多媒体 案例分析 案例讨论
（一）概述				
1. 糖的生理功能		√		
2. 糖的消化吸收	√			
3. 糖代谢概况		√		
（二）糖的分解代谢				
1. 糖的无氧分解			√	
2. 糖的有氧氧化			√	
3. 磷酸戊糖途径		√		
（三）糖原的合成与分解				
1. 糖原合成与分解		√		
2. 糖原合成与分解的生理意义			√	
（四）糖异生				理论讲授 多媒体 案例分析 案例讨论
1. 糖异生途径		√		
2. 糖异生的生理意义			√	
（五）血糖				
1. 血糖的概念、来源与去路			√	
2. 血糖浓度的调节		√		
3. 血糖水平异常		√		
八、脂类代谢				
（一）概述				
1. 脂类的分布与含量		√		
2. 脂类的生理功能		√		
（二）甘油三酯代谢				
1. 甘油三酯的分解代谢		√		
2. 酮体的生成和利用			√	
3. 甘油三酯的合成代谢	√			
（三）类脂代谢				
1. 甘油磷脂的合成与分解	√			理论讲授 多媒体 案例分析 案例讨论
2. 磷脂代谢与脂肪肝		√		
（四）胆固醇代谢				
1. 胆固醇的来源		√		
2. 胆固醇的合成	√			
3. 胆固醇的转化与排泄			√	
（五）血脂及血浆脂蛋白				
1. 血脂			√	
2. 血浆脂蛋白的分类与功能		√		

续表

教学内容	教学要求			教学活动参考
	了解	理解	掌握	
3. 血浆脂蛋白代谢紊乱	√			案例讨论
九、氨基酸代谢				
（一）蛋白质的营养作用				
1. 蛋白质的生理功能		√		
2. 蛋白质的需要量		√		
3. 蛋白质的营养价值		√		
（二）氨基酸的一般代谢				
1. 氨基酸的代谢概况		√		
2. 氨基酸的脱氨基作用			√	
3. 氨的代谢			√	
4. α-酮酸的代谢	√			理论讲授 多媒体 案例分析 案例讨论
（三）个别氨基酸的代谢				
1. 氨基酸的脱羧基作用	√			
2. 一碳单位的代谢	√			
3. 含硫氨基酸的代谢	√			
4. 芳香族氨基酸的代谢	√			
（四）糖、脂、蛋白质代谢的联系				
1. 糖与脂类代谢间的联系	√			
2. 糖与氨基酸代谢间的联系	√			
3. 脂类与氨基酸代谢间的联系	√			
十、核苷酸代谢与遗传信息的传递				
（一）核苷酸代谢				
1. 核苷酸的合成代谢	√			理论讲授 多媒体 案例分析 案例讨论
2. 核苷酸的分解代谢		√		
（二）DNA 的生物合成——复制复制				
1. DNA 的生物合成——复制			√	
2. 反转录		√		
3. DNA 的损伤和修复	√			

教学内容	教学要求			教学活动参考
	了解	理解	掌握	
（三）RNA 的生物合成——转录				
1. 转录的条件		√		
2. 转录的过程		√		
3. 转录的加工成熟过程	√			理论讲授 多媒体 案例分析 案例讨论
（四）蛋白质的生物合成——翻译				
1. 三种 RNA 在蛋白质合成中的作用			√	
2. 蛋白质生物合成的过程		√		
3. 蛋白质生物合成与医学的关系	√			
十一、肝脏生物化学				
（一）肝脏在物质代谢中的作用				
1. 肝脏在糖类、脂类、蛋白质代谢中的作用		√		
2. 肝脏在维生素、激素代谢中的作用		√		
（二）肝脏的生物转化作用				
1. 生物转化的概念及意义			√	
2. 生物转化的反应类型	√			
3. 生物转化的特点			√	
4. 生物转化的影响因素		√		理论讲授 多媒体 案例分析 案例讨论
（三）胆汁酸代谢				
1. 胆汁的分类与成分	√			
2. 胆汁酸盐的分类及代谢	√			
3. 胆汁酸的功能	√			
（四）胆色素代谢				
1. 胆色素的生成与运输		√		
2. 胆红素在肝中的代谢		√		
3. 胆色素在肠道中的变化与胆色素的肠肝循环		√		
4. 血清胆红素与黄疸			√	
（五）常用肝功能实验及临床应用				
1. 血浆蛋白质代谢的测定	√			

续表

教学内容	教学要求			教学活动参考
	了解	理解	掌握	
2. 血清酶活性变化的测定		√		理论讲授 多媒体 案例分析 案例讨论
3. 胆色素代谢的测定	√			
十二、水与电解质代谢				
（一）体液				
1. 体液的含量与分布			√	
2. 体液电解质的含量与分布特点		√		
（二）水代谢				
1. 水的生理功能			√	理论讲授 多媒体 案例分析 案例讨论
2. 水的摄入与排出			√	
（三）无机盐代谢				
1. 无机盐的生理功能			√	
2. 钠、氯代谢		√		
3. 钾代谢			√	

教学内容	教学要求			教学活动参考
	了解	理解	掌握	
4. 钙、磷代谢		√		理论讲授 多媒体 案例分析 案例讨论
5. 微量元素代谢	√			
十三、酸碱平衡				
（一）体内酸碱物质的来源				
1. 酸性物质的来源			√	
2. 碱性物质的来源			√	
（二）酸碱平衡的调节				理论讲授 多媒体 案例分析 案例讨论
1. 血液的缓冲作用		√		
2. 肺对酸碱平衡的调节		√		
3. 肾对酸碱平衡的调节		√		
（三）酸碱平衡失调				
1. 酸碱平衡失调的基本类型			√	
2. 判断酸碱平衡的生化指标	√			

四、学时分配建议（50学时）

教学内容	学时数		
	理论	实践	小计
一、绪论	1		1
二、蛋白质的结构与功能	3		4
三、核酸的结构与功能	3		3
四、酶	3	4	7
五、维生素	2		2
六、生物氧化	3		3
七、糖代谢	5	2	7
八、脂类代谢	5		5
九、氨基酸代谢	5	2	7
十、核苷酸代谢与遗传信息的传递	4		3
十一、肝脏生物化学	2		2
十二、水与电解质代谢	3		3
十三、酸碱平衡	3		3
合计	42	8	50

五、教学大纲说明

（一）适用对象与参考学时

本教学大纲可供中等卫生职业教育护理、助产及医学相关专业使用，总学时为50学时，其中理论教学42学时，实践教学8学时。

（二）教学要求

1. 本课程对理论教学部分要求有掌握、理解、了解三个层次。掌握是指对生物化学中所学的基本知识、基本理论具有深刻的认识，并能灵活地应用所学知识分析、解释生活现象和临床问题。理解是指能够解释、领会概念的基本含义并会应用所学技能。了解是指能够简单理解、记忆所学知识。

2. 本课程突出培养能力教学理念，在实践技能方面分为熟练掌握和学会两个层次。熟练掌握是指能够独立娴熟地进行正确的实践技能操作。学会是指能够在教师指导下进行实践技能操作。

（三）教学建议

1. 课堂教学中积极采用现代化教学手段，利用教学资源，加入案例教学法，加强直观教学，增加课堂教学的信息量，凸显数字化课程特色，充分发挥教师的主导作用和学生的主体作用。力求体现教材的科学性、思想性、先进性和护理以及助产的专业性与职业性，力求体现中等卫生职业教育教学的新理念、新技术和新方法，以此提升中等卫生职业教育护理、助产专业学生的职业能力与可持续发展能力。加强生化理论临床护理及护士执业资格考试的联系，以案例引领、问题导入的方式组织学生开展教学，加深学生对教学内容的理解和掌握，树立正确的健康营养观念，培养学生分析问题和解决问题的能力，为后续专业课程学习与优秀职业素质养成奠定基础。

2. 实践教学中要给予学生更多动手实践的机会，使学生掌握规范的实践操作技能，强化学生的动手能力和专业实践操作技能。

3. 教学评价应通过课堂提问、布置作业、单元目标测试、案例分析讨论、期末考试等多种形式，对学生进行学习能力、实践能力和应用新知识能力的综合考核，以期达到教学目标提出的各项任务。本课程的教学还应以生物化学临床实践的需要为依据，遵循生物化学理论与临床护理实践相结合的原则，通过形式多样的教学方法和手段，加强学生的操作技能训练，融知识传授、能力培养和素质教育为一体，以达到在护理专业教学工作中理论知识和实践技能、职业素质等方面的具体教学目标。

自测题参考答案

第二章　蛋白质的结构与功能

1. C 2. D 3. C 4. B 5. A 6. B 7. E 8. C 9. E 10 . C

第三章　核酸的结构与功能

1. C 2. D 3. E 4. D 5. B 6. C 7. D 8. C 9. E 10. E 11. D 12. A

第四章　酶

1. A 2. B 3. C 4 . B 5. D 6. B 7. E 8. A 9. D 10. B 11. D 12. B 13. C 14. E 15. C

第五章　维生素

1. D 2. B 3. D 4. E 5. B 6. E 7. B 8. A 9. C 10. A

第六章　生物氧化

1. C 2. C 3. A 4. E 5. E 6. C 7. E

第七章　糖代谢

1. A 2. B 3. B 4. D 5. D 6. D 7. E 8. C 9. E 10. C 11. E 12. E 13. C 14. B 15. D 16. D 17. C 18. C 19. B 20. E

第八章　脂类代谢

1. D 2. C 3. C 4. D 5. D 6. A 7. B 8. D 9. E 10. A 11. D 12. D

第九章　氨基酸代谢

1. B 2. C 3. B 4. C 5. A 6. D 7. D 8. B 9. B 10. B

第十章　核苷酸代谢与遗传信息的传递

1. A 2. A 3. C 4. C 5. E 6. B

第十一章　肝脏生物化学

1. E 2. C 3. C 4. B 5. D

第十二章　水与电解质代谢

1. B 2. B 3. E 4. A 5. B 6. C 7. C 8. E 9. C 10. A 11. D 12. E 13. E 14、E

第十三章　酸碱平衡

1. A 2. B 3. D 4. A 5. B 6. E 7. C 8. C 9. B 10. C